핫하고
힙한 영국

아주 오래 산
사람에게만
보이는
영국의 매력

핫하고

권석하 지음

힙한 영국

유아이북스

제가 왜 이 책을 내는지에 대해 여기서 설명 드리고자 합니다. 영국을 말하는 책은 많다고는 할 수 없지만 적지도 않습니다. 그러나 모두 단기간에 영국을 살다 간 사람들이 쓴 견문록이지, 영국에 오래 살아온 사람이 쓴 책은 저의 책 말고는 없습니다. 그래서 저는 영국에 뿌리를 내리고 '영원히' 사는 사람의 책임감으로, 지난 10년간 영국에 대한 글을 한국 언론 여기저기에 줄기차게 써 왔습니다. 《핫하고 힙한 영국》도 그런 글들의 결실입니다.

저는 영국을 가깝고도 먼 나라라고 표현한 적이 있습니다. 우리가 매일 접하는 영어가 이 나라의 말이고, 우리는 단 하루라도 영어를 접하지 않고는 일상을 이어 갈 수가 없습니다. 그런데도 우리는 그 영어의 고향 영국을 잘 모릅니다. 알려고도 하지 않습니다. 그러나 우리 생활 속에 영어를 통해 들어온 문화가 얼마나 많은지를 아신다면 정말 놀라실 거라 생각합니다. 그래서 우리는 영국을 바로 알아야 한다고 감히 주장합니다.

우리는 왜 영국을 알려고 하지 않는 걸까요? 대답은 '아는 듯해서 이해하려고 하지 않는다'입니다. 그러나 '아는 듯하다'와 '안다'는 분명 다릅니다. 우리가 영국을 알아야 할 이유는 차고도 넘칩니다. 구태의연한 이유이지만, 세계 인구 3분의 1과 지구 면적 5분의 1을 차지하는 53개국 영연방의 수장국이 바로 영국이라는 사실이 그중 하나입니다. 영국이란 나라는 우리보다 땅은 겨우 10%밖에 크지 않고, 인구는 우리의 남북 합계인 약 7720만 명보다 1000만 명 정도나 더 적습니다. 그런데 영국의 엘리자베스 2세 여왕 서거 장례식을 세계 인구의 53%인 41억 명이 보았다는 사실은 영국이 가지는 영향력을 말합니다. 영국에는 분명히 여러분이 모르는 뭔가가 있어 뚜렷한 산업이 없음에도 불구하고 세계 5위의 경제력을 아직 유지하고 있습니다. 경제 5위권 국가 중 인구 1억 명 이하의 국가는 약 8380만 명의 독일과 영국뿐입니다.

영국은 더 이상 여러분이 알고 있는 안개의 나라도 아니고, 신사의 나라도 아닙니다. 영국에는 이제 국가 경제를 좀먹는 영국병도 없습니다. 영국에는 여러분이 모르는, 딱히 집어서 말할 수 없는 저력과 매력이 분명 있습니다. 저는 그 저력과 매력을 이 책을 통해 조국에 계시는 여러분께 소개하고 같이 나누고자 합니다.

지난 반세기에 가까운 저의 영국 생활 동안, 모국 한국도 제가 떠날 때보다 훨씬 더 살기 좋은 나라가 된 걸 귀향할 때마다 느낍니다. 현재 한국에 살고 있는 저의 첫 손자 주하가 이 책을 읽고 이해할 수 있을 때쯤인 20년 뒤에는 여러분과 저의 모국이 얼마나 더 아름다운 세상이 되어 있을지 궁금합니다. 여러분, 감사합니다.

권석하

차례

1장

세계의 화두, 영국 왕실 이야기

2장

영국과 한국, 두 나라를 잇는 끈

3장

가까이에서 바라본 영국인의 삶

4장

홍차와 부동산이 만나는 사회

5장

지금의 영국인을 만든 영국인

1장

세계의 화두,
영국 왕실 이야기

1926년 4월 21일 생으로, 본명은 '엘리자베스 알렉산드라 메리'다.
즉위 70주년인 2022년에 영면했으며, 영국 역사상 가장 재위 기간이
긴 군주이자 세계 역사상 두 번째로 재위 기간이 긴 군주에 올랐다.

굿바이 릴리벳!
영국이 사랑한 여왕

영국의 새 시대가 열리다

이제 막 시작된 영국의 새 왕 찰스 3세의 시대를 신임 총리 리즈 트러스는 '우리들의 새 캐롤린 시대(our new Carolean age)'라고 명명했다. 그러면서 찰스 3세에 대한 충성loyal service을 약속했다. 캐롤린 시대의 '캐롤린'은 찰스의 라틴어 어원이다. 튜더, 스튜어트, 조지안, 빅토리안, 에드워디안, 하우스 오브 윈저 왕조로 이어져 내려오는 영국 역사가 새 시대를 열었다는 맥락이다.

하지만 트러스 총리는 찰스 3세의 어머니인 엘리자베스 2세 여왕

엘리자베스 2세 여왕의 유해가 영국 런던 버킹엄궁에서 웨스트민스터 사원으로 운구되고 있다.

이 세계에서 가장 위대한 지도자 중 한 명이었다는 칭송도 잊지 않았다. 또 그녀로 인해 영국이 위대한 국가였다고도 했다. 현지 시간으로 2022년 9월 8일 세상을 뜬 엘리자베스 2세 여왕은 70년을 재위해 영국 역사상 가장 오랜 군주라는 기록을 세웠다. 또 96세로 가장 장수한 군주이자, 세상의 권력자 중 적이 단 한 명도 없는 유일무이한 군주였다는 평가도 받는다. 특히 트러스 총리는 여왕을 '현대 영국의 반석rock'이었다고 추억했다. 그러면서 "여왕은 항상 즐거움을 누리는 데 주저하지 않았다"면서 그녀가 두 개의 짧은 영상skit에 출연한 것을 새삼 상기시켰다.

두 개의 영상에 나타난 여왕의 면모

트러스 총리가 언급한 '두 개의 영상'은 여왕의 인간적 면모를 보여 주는 가장 훌륭한 일화다. 이 일화를 소개하기 전, 영국 바깥 사람들은 잘 모르는 여왕의 개인적인 면모를 먼저 기려 보고자 한다. 세상 사람들은 오로지 언론을 통해서만 여왕을 봐서 그런지 엄숙하고 진지한 사람으로만 안다. 그러나 여왕은 우리가 아는 것과는 상당히 다른 면모를 갖고 있다고 친구들과 친지들은 말한다. 그들에 의하면 여왕은 어릴 때부터 줄곧 쾌활하고 유머러스했다. 여왕은 집안의 첫 자식이자 첫 손주여서 어릴 때부터 온 집안의 사랑을 아주 많이 받고 자랐다. 그래서인지 자신도 사랑이 충만한 인간형으로 성장했다.

측근들은 여왕이 "사랑스럽고, 장난기 많고, 확신을 가진 아이였다"고 입을 모아 증언했다. 성탄절에는 선물 포장을 뜯어 손님들에게 보여 주려고 달려가곤 했다고 기억한다. 심지어 캔터베리 대주교는 할아버지였던 조지 5세 등에 올라탄 어린 여왕이 할아버지를 궁전 바닥을 말처럼 기게 만드는 것을 보고 기절초풍할 정도로 놀랐다고 기억했다. 조지 5세에게 엘리자베스는 60살이 다 되어 본 첫 손주였기 때문에 귀여워할 수밖에 없었다. 부모가 왕실 임무를 보러 해외 순방을 가면 엘리자베스는 궁으로 가서 할아버지와 시간을 보냈다. 부모보다 조부모와 더 가까웠던 셈이다. 어릴 적의 사랑스럽고 귀여운 모습 덕분인지 여왕은 줄곧 '릴리벳Lilibet'이라는 애칭으로 불리기도 했다.

　호사가들에 의하면 요즘 유행하는 MBTI 16가지 성격 유형 분류 중 여왕은 9번 타입이라고 한다. 잘 순응하고, 낙관적이며, 적응을 잘 하고, 분쟁을 싫어하고 평화를 사랑하는 유형이다. 또 여왕은 ISFJ형이라 내성적introverted, 감성적sensing, 감정적feeling, 심사숙고judging형이라는 분석도 나온다. ISFJ형은 보통 친절하고 일을 맡으면 분명하게 해내며 믿을 만하다. 그러면서도 자신이 해낸 일을 자랑하지 않는다. 그러나 주위 사람들을 세밀하게 신경써서 관리하지는 않는 대범한 유형의 성격이다.

　이제 일화를 소개해 보자. 우선 2012년 런던올림픽 개막식 때다. 당시 버킹엄궁으로 검은색의 런던 택시가 들어가면서 영상은 시작된다. 이어 제임스 본드 역의 다니엘 크레이그가 택시에서 나와 궁궐 계단을 가볍게 뛰어올라가 복도로 걸어 들어간다. 그 뒤를 여왕의 애견인 웰시코기들이 따라간다. 그러고는 시종의 안내로 여왕의 접견실로 들어선다. 그때까지 여왕은 책상에 앉아 뭔가를 쓰고 있다. 제임스 본드가 들어온 걸 아는지 모르는지 뒤도 돌아보지 않고 있다. 차렷 자세로 서 있던 제임스 본드가 드디어 참지 못하고 가벼운 기침을 하자 여왕은 뒤를 돌아보면서 "굿 이브닝, 미스터 본드"라고 말하며 일어선다. 그러고는 분홍색 드레스를 입은 여왕과 본드가 버킹엄궁 뒤 정원에 대기하고 있던 헬리콥터에 같이 탄다. 여왕과 본드를 태운 헬리콥터는 고색창연한 런던 시내 상공을 비행하며 런던탑 앞 타워브리지의 두 첨탑 사이를 지나 올림픽경기장이 있는 동쪽으로 향한다. 이런 광경은 개막식이 열리는 주경기장의 대형 스크린은 물론 전 세계에 방영됐다. 그때만 해도 모두들 실시간 생중계인 줄 알았고, 누구도 마지막 순간에 무슨 일이 벌어질지 몰랐다.

여왕이 헬리콥터에서 뛰어내리다?

드디어 헬리콥터는 주경기장 상공에 도달한다. 모두들 헬리콥터가 주경기장에 착륙하면 여왕이 본드와 같이 내려서 손을 흔들면서 주빈석으로 올라갈 줄 알았다. 그러나 기상천외한 드라마가 벌어졌다. 헬리콥터 조종사가 뒷자리의 본드에게 엄지손가락을 세워 신호를 보내자 본드가 문을 열고 아래 상황을 살핀다. 화면은 상공에 선회하는 헬리콥터를 밑에서 비춘다. 그런데 갑자기 분홍 드레스를 입은 여왕이 헬리콥터 문 밖으로 뛰어내리는 것이 아닌가? 순간적으로 세계는 경악에 빠질 수밖에 없었다. 여왕이 헬리콥터에서 뛰어내려? 다시 화면은 추락하던 여왕이 낙하산을 펼치고 천천히 내려오는 광경을 보여 주고 있었다. 모두들 이 영상이 생중계가 아니라는 사실을 감쪽같이 몰랐다. 나도 현장에서 여왕(물론 여왕 모습을 한 대역)이 치마를 뒤집어쓴 채 낙하산을 타고 내려오는 장면에 너무 놀라 입을 벌리고 쳐다보았다. 낙하산이 경기장에 도착할 때쯤 007 주제가가 주경기장에 울려 퍼지자 '여왕 폐하가 입장하신다'는 안내와 함께 실제 여왕 부부가 등장함으로써 6분 15초의 영상은 막을 내렸다. 이때 서야 현장의 관객들과 세계인들은 그 놀라운 장면이 연출된 일종의 촌극임을 눈치챘고, 실소를 금하지 못하고 여왕의 파격적인 유머와 런던올림픽의 의외성에 박수를 쳤다.

당시 런던올림픽은 올림픽 개막식은 반드시 엄숙하고 거대해야 한다는 통념을 깨 버렸다. 영화감독 대니 보일의 개막식에는 이렇게 영국인들의 실없는 그러나 폐부를 찌르는 썰렁한 특유의 유머가 그대로 나타나 있다. 특히 제임스 본드와 여왕의 협연은 여왕의 전적인 협조 없이는 불가능했다. 처음에 작가 프랭크 코트렐 보이스와 제작진 사이에서 이런 아이디어가 떠올랐을 때만 해도 여왕이 직접 출연한다는 것은 감히 생각지도 못했다고 한다. 제작진은 그냥 버킹엄궁에 개막식날 여왕이 어떤 옷을 입을 것인지를 알고자 문의했다. 그러자 여왕의 의상 담당자는 "왜 그런 걸 묻느냐"고 물었고, 제작진은 올림픽 개막식에 다니엘 크레이그와 여왕 대역이 출연하는 영상 필름을 촬영하는데 대역이 입을 옷을 준비하려고 한다고 답했다. 그런데 다음 날 여왕 의상 담당자가 코트렐 보이스와 제작진에게 궁으로 들어오라고 말했다. 아무런 생각 없이 궁으로 들어간 제작진에게 의상 담당관은 여왕이 대역이 아니라 직접 출연하고 싶어 한다면서 당장 면담을 하라고 해서 여왕을 만났다. 그 뒤로 제작진은 수시로 궁으로 여왕을 만나러 갔고, 여왕은 일일이 제작에 관여하면서 직접 출연까지 했다(헬기 낙하 장면만 대역이다). 심지어 어떤 헬리콥터가 타워브리지 첨탑 사이와 보도의 사각형 공간을 무사히 지나갈 수 있는지까지 제작진에게 알려 주면서 해박한 항공기 지식을 뽐냈다. 그뿐만 아니라 자신이 대사 하나를 반드시 말하겠다고 간청을 해서 결국 영상의 단 한 줄짜리 대사인 "굿 이브닝, 미스터 본드"를 직접 했다. 다니엘 크레이그도 한마디 하지 않았는데, 자신만 유일하게 대사를 쳤다고 여왕은 두고두고 자랑하면서 흐뭇해했다고 한다. 여왕은 가족들은 물론 심지어 남편 필립 공에게까지 올림픽 개막식날 자신이 무얼 하는지, 무슨 일이 벌어질지 입을 굳게 다문 채 비밀을 지켰다고 한다.

즉위 70주년 '패딩턴 베어와의 대화'

다음 영상은 여왕 개인의 축제이자 영국의 축제였던 2022년 6월의 즉위 70주년 백금 기념식 개막식 현장이다. 특히 축제 서막이었던 '패딩턴 베어와의 대화'가 핵심이다. 이 영상도 2012년 올림픽 영상의 작가 프랭크 코트렐 보이스의 작품이다. 이 영상에는 '본드·여왕 퍼포먼스'에서 연기의 재미를 본 여왕의 활약이 더 두드러진다. 영상은 여왕의 시종이 홍차 주전자와 홍차 잔이 담긴 쟁반을 들고 버킹엄궁 방(실제로 버킹엄궁 안의 여왕 접견실에서 촬영되었다. 이 방에서 총리와의 주간 담화가 이루어진다)으로 걸어 들어가면서 시작된다.

시종은 여왕과 영국인들이 사랑하는 인형 캐릭터인 패딩턴 베어가 마주 앉아 있는 차탁에 주전자와 잔을 놓는다. 패딩턴 베어가 여왕에게 먼저 "아름다운 70주년 기념식이 되기를 바랍니다"라고 덕담을 하고, 여왕은 패딩턴 베어에게 "차(tea)?"라고 묻는다. 그러자 패딩턴 베어는 다짜고짜 홍차 주전자 꼭지에 입을 대고 목에서 소리가 나도록 마구 들이켠다. 여왕은 조금 당황스럽지만 그러나 귀엽다는 표정으로 말리지 않고 지켜만 본다. 드디어 잘못을 지적하는 시종의 기침 소리와 고갯짓에 뭔가 크게 잘못했음을 안 패딩턴 베어는 "정말 미안합니다"라면서 의자 위에 올라가서 팔을 뻗어 여왕의 잔에 홍차를 따른다. 그러나 이미 주전자에서는 차가 몇 방울 안 나온다.

여왕이 "괜찮다(Never mind)!"고 하자 패딩턴 베어는 당황하면서 뒤로 앉으려다가 의자가 밀리면서 몸의 균형을 잃는다. 그 결과 주전자는 패딩턴 베어의 손을 떠나 공중에 뜨고, 이를 잡으려고 패딩턴 베어가 몇 번 주전자를 저글링한다. 그러다가 결국 테이블 위 케이크에 주전자가 떨어지고 만다. 케이크 크림이 튀어 시종 얼굴이 엉망

'패딩턴 베어와의 대화' 영상을 관람하는 영국인들.

이 된다. 이를 여왕은 손자 재롱을 보듯 흐뭇하게 쳐다본다. 결국 당황한 패딩턴 베어는 여왕에게 "혹시 마멀레이드 샌드위치를 드시겠습니까?"라면서 모자를 벗어 그 안의 샌드위치를 꺼낸다. 마멀레이드 잼은 오렌지로 만들어 이상한 맛이 나는데, 영국인들만 좋아하는 특이한 잼이다. 패딩턴 베어는 "저는 만약을 위해서 항상 마멀레이드 샌드위치를 가지고 다닙니다"라고 말한다. 그러자 여왕도 자신의 핸드백을 들더니 "나도 여기에 나중을 위해서 마멀레이드 샌드위치를 넣어서 가지고 다니는데?"라고 자랑스럽게 뻐기는 듯한 표정으로 샌드위치를 꺼내 보인다. 여왕의 썰렁한 유머가 빛을 발하는 순간이다. 영국인들은 이 장면에서 박장대소를 하면서 웃었고, 지금도 이 장면을 보면서 여왕을 그리워한다.

이후 버킹엄궁 앞 광장에 모인 수만 명의 영국인들이 유니언잭 국기를 흔들면서 축제의 시작을 알리는 환성을 지르자, 여왕과 패딩턴 베어는 함께 찻숟가락을 들고는 찻잔을 두드리면서 영국 록그룹 퀸의 '위 윌 록 유We will rock you'에 박자를 맞춘다. 이렇게 2분 30초의 영상이 끝이 나자 여왕의 즉위 70주년 행사가 시작된다.

여왕이 가졌던 은밀한 꿈

사실 여왕이 찻숟가락으로 장단을 맞추는 장면은 다들 그것만은 정말 안 할 것이라고 생각해서 여왕에게 요청하기를 상당히 주저했다고 한다. 그러나 제작진의 걱정은 완전히 기우였다. 여왕은 너무나 즐기면서 촬영을 끝냈다. 여왕은 자신의 증손자와 증손녀가 이 장면을 좋아할지를 무엇보다 걱정했는데, 주빌리 개막식 현장에 있던 아홉 살의 증손자 조지 왕자와 일곱 살의 증손녀 샬롯 공주 둘 다 너무 좋아해서 여왕도 아주 흐뭇해했다는 후문이다.

작가는 패딩턴 베어 영상에서 여왕의 대사가 많았던 이유가 여왕이 패딩턴 베어보다 더 출연료가 쌌기 때문이라는 농담을 했다. 배우를 쓰면 일일이 출연료를 주어야 했는데 여왕은 자원봉사니 출연료를 줄 필요가 없었다는 말이다. 작가는 "여왕은 기가 막히게 연기를 잘했다. 필름에서도 그렇게 보이지 않느냐?"라며 반문했다. BBC와의 인터뷰에서도 "정말 놀랍도록 훌륭한 코믹 필름이었고 절묘한 타이밍의 코믹 연기였다"고 했다.

그런데 놀라운 것은 이 영상 아이디어를 버킹엄궁에서 먼저 제시했다는 사실이다. 성품이 서로 비슷한 여왕과 패딩턴 베어가 같이 출연하는 영상을 여왕 즉위 70주년 개막 작품으로 만들면 어떠냐는 제안이었다. 영국인들은 지나치게 공손하고, 패딩턴 베어처럼 바보같이 너그럽고, 누구에게나 친절한 캐릭터를 사랑한다. 영국인 자신들을 보는 듯하다고 생각하는 탓이다. 그러면서도 패딩턴 베어는 엉뚱하고 유머스럽고 약간은 어리석은 사고뭉치다. 아버지 칫솔로 귀를

후벼 나온 귓밥을 굳이 맛보고는 그 맛에 놀라 씻어 내려고 세제를 들이켜는가 하면, 그 칫솔로 이를 닦는 아버지에게 굳이 말해서 토하게 만드는 식이다. 그런 패딩턴 베어로부터 느껴지는 성품을 여왕도 삶을 통해 보여 줬기에 여왕 즉위 70주년 기념식 개막 영상으로는 더할 나위 없는 주제라는 것이었다.

여왕은 패딩턴 베어 영상에서 본드 영상에 비해 대사도 훨씬 많이 했다며 흐뭇해했다고 한다. 쑥스러워하지도 않고 긴장도 하지 않고 거의 NG 없이 연기를 했다고 한다. 대화 장면에서 실제 패딩턴 베어가 앞에 있지 않았는데도 여왕은 전문 배우처럼 능청스럽게 자신의 연기를 잘했다고 한다. 작가는 여왕 사후 BBC와의 인터뷰에서 "여왕은 언제나 비밀스럽게 배우의 꿈을 꿨다고 한 말을 들었다"는 아나운서의 말에 "분명히 맞습니다"라고 대답하기도 했다. 그런 여왕의 꿈이 영국 현대 역사의 기념비 같은 두 개의 행사(런던올림픽, 즉위 70주년)를 빛내는 개막 작품 출연으로 이끈 것인지 모른다.

하긴 무심하던 필립 공의 마음을 잡은 계기가 연극이었으니 연기는 여왕에게 필생의 업이다. 여왕은 열세 살 때 열여덟 살의 필립 공에게 첫눈에 반해 연애편지를 쓰고 사관학교 면회까지 가면서 쫓아다녔으나 성공하지 못했다. 당시 청년 필립에게 여왕은 그저 소녀에 불과했다. 필립이 사관학교를 졸업한 후 임관해서 바다로 임무 수행을 나간 뒤에도 여왕은 줄창 편지를 써 댔다. 편지 열 통이 오면 필립은 마지못해 회답을 한 통했다. 그것도 공주의 편지에 할 수 없이 예의로 하는 듯한 사무적인 내용의 회답이었다. 그러다가 필립은 1943년 성탄 휴가 때 조지 6세의 배려로 윈저성에 머물다가 열일곱 살의 엘리자베스가 '알라딘' 무언극에 출연하는 것

젊은 시절의 여왕. 환한 미소에서 장난기가 보이는 듯하다.

을 봤다. 그때 완연히 성숙한 백조로 변한 공주 엘리자베스의 매력에 빠져 버리게 된 것이다. 74년을 해로한 둘의 인연을 맺어준 것도 어쩌면 여왕의 연기였는지 모른다. 배우를 해도 성공했을 듯하다는 세평대로 여왕 본인 역시 언젠가 "나는 여왕이 안 되었으면 아마 배우가 되었지 싶다"라는 고백을 할 정도였다.

여왕이 출연한 두 편의 영상은 유튜브에서 '제임스 본드와 엘리자베스 2세 여왕의 2012 런던올림픽 퍼포먼스'와 '폐하! 마멀레이드 샌드위치 드실래요?(Ma'amalade sandwich Your Majesty?)'라고 검색하면 볼 수 있다. 만일 보지 않았다면 반드시 보시라고 강추한다. 2012년 올림픽이 끝난 후 유고브 여론조사에 의하면 '본드·여왕 영상'은 '영국인이 TV를 보는 방식을 영원히 바꾼 순간'을 묻는 질문

1위에 올랐다. 5위를 차지한 1969년의 아폴로 우주선의 달 착륙 장면을 제칠 정도로 여왕의 깜짝 출연은 그만큼 영국인들에게 충격을 줬다. 이와 같은 촌극은 근엄한 여왕의 귀여운 면을 드러내어 영국인들이 여왕을 진정으로 사랑하게 만들었다. 지금 여왕이 영면에 든 이후 두 영상을 다시 보는 영국인들이 엄청 늘었다. 두 영상은 여왕을 그리워하는 영국인들이 두고두고 찾아볼 듯하다. 이렇게 여왕의 유머러스한 면은 여왕의 성품을 가장 잘 말해 주는 것이며 이런 여왕을 영국인들은 사랑한다.

"우리는 다시 만날 겁니다!"

사실 여왕은 이런 영상이 아니더라도 영국의 군주 중 가장 많이 TV에 출연했다. 처음으로 전 세계에 TV 생중계된 1952년 2월 대관식부터 시작해 1957년 영국 군주로서는 처음으로 TV를 통해 영국과 영연방 국민들에게 성탄 인사를 할 만큼 국민들과 화면을 통해서라도 직접 소통하려고 노력했다. 그 이후 매년 성탄 인사를 TV를 통해 해 왔다. 물론 써 준 내용을 읽는 데 불과하지만, 영국인들은 여왕의 성탄 인사를 보면서 한 해를 돌아보고 다가오는 새해를 맞았다. 여왕의 성탄 인사를 한 해를 마감하는 행사로 여길 정도였고 여왕도 상당히 연설에 공을 들이고 즐겼다고 한다. 무엇보다 영국인들은 여왕의 성탄 인사를 통해 일상이 변화 없이 계속된다는 안정감을 느꼈다고 회상한다.

여왕은 왕실 가족의 일상생활을 연출하지 않고 있는 그대로 보여 주는 것으로도 유명했다. 자신의 일상을 대상으로 '제3자의 눈으로 보는 기록영화fly-on-the-wall documentaries(카메라를 의식하지 않게 하고 촬영을 하는 기법)' 촬영을 1969년 처음 허락한 군주이기도 했다. 이 기록영화는 세계에서 무려 3억 5000만 명이 시청한 빅히트 프로그램이 됐다. 당시 이 프로그램은 '돌직구Daredevil'라고 평할 만큼 충격이었던 프로그램이었다.

2020년 4월 여왕은 윈저성에서 TV를 통해 코로나 팬데믹으로 고생하는 영국 국민들에게 비장한 연설을 해 많은 영국인들을 울렸다. 그녀는 연설 마지막에 "우리는 아직도 더 참아 내야 할 것들이 있지만 곧 좋은 날이 돌아올 것이라는 데 위안을 받아야 합니다. 우리는 우리의 친구들과 다시 만날 것이고, 우리는 우리들 가족과 다시 만날 것이고, 우리는 다시 만날 겁니다(we will meet again)"라고 말해 전국을 숙연하게 만들었다. 여왕이 "우리는 다시 만날 겁니다"라고 했는데 이제 여왕을 다시 만날 수 없다고 영국인들은 한탄한다.

여왕의 마지막 미션

인간은 자신이 세상을 뜰 날을 정할 수 없다지만, 여왕은 날짜는 물론 장소까지 자신이 봉직하던 조국의 국익을 위해 정해 놓고 떠난 듯하다는 말도 나온다. 우선 열세 살에 만나 첫눈에 반해 82년을 함께한 필립 공의 장례식(2021년 4월)까지 직접 치른 후 세상을 떠났다. 당시 윈저성 성 조지 예배당chapel에서 검은 상복을 입고 모자를 쓴 채 고개를 숙이고 혼자 앉아 있는 키 162센티미터의 여왕의 모습에 영국인 모두 울었다. 그리고는 2022년 6월 즉위 70주년 백금 기념일도 국민들과 영연방 국민들의 축복 속에 성공적으로 치렀다.

필립 공 사후, 여왕은 밖으로는 의연하게 잘 버티는 듯 보였다. 그래서 영국인들은 대처 전 총리와는 달리 여왕은 자신의 어머니처럼 103살은 버텨 줄 거라 생각했다. 그러면서도 영국인들은 걱정을 했지만, 최소 즉위 70주년까지는 버텨서 신민들의 축하를 맘껏 받기를 바랐다. 국민 염원에 보답이라도 하듯 다행히 여왕은 잘 버텨 주었다. 그러나 영국인들은 이제 와 돌아 보면 속으로는 (여왕 스스로가 말했듯) 힘들 때 기댈 수 있는 반석rock를 잃은 듯 급속도로 약해졌었을 거라고 마음 아파한다.

여왕은 영면 딱 이틀 전, 보리스 존슨 총리의 사임과 신임 리즈 트러스 총리까지 맞고 자신의 임무를 끝마치고는 내가 할 일은 다 했다는 듯이 74년 해로의 필립 공 옆으로 가고 말았다. 정말 대단한 일은, 우연이겠지만 영면 장소도 영국 국익을 위한 최선의 장소를 골랐다는 사실이다. 항상 8·9월 두 달간 휴가를 보내던 스코틀랜드 황

무지 안의 밸모럴성에서 영면했으니 말이다. 덕분에 스코틀랜드 국민들은 에든버러성과 여왕의 스코틀랜드 왕궁인 홀리루드성 사이에 있는 자일스 대성당에서 편안하게 조문을 할 수 있었다. 브렉시트 이후 안 그래도 독립 기운이 팽배한 대영제국의 분열을 막는 데 마지막까지 큰 공을 세우고 갔다는 평가가 그래서 나온다.

이틀 전만 해도 꼿꼿이 서서 특유의 매력적인 미소로 두 총리를 맞던 여왕이 갑자기 세상을 떴다는 소식에 영국인들은 망연자실했다. 특히 주말이면 런던으로 와서 머물던 윈저성 주변에는 한없이 우는 국민들이 숱하게 몰려들었다. 이제 영국인들은 여왕의 카랑카랑한 목소리를 못내 그리워할 듯하다. 여왕의 목소리는 상류층 특유의 악센트인 유리를 자른 듯(cut-glass tones : 단어를 딱딱 부러지게 분명하게 발음하는 방법) 약간 높으면서도 부드러운 발음(piping, stilted voice)으로 귀를 사로잡았다. 4일간 24시간 개방하는 여왕의 영구가 있는 빈소에는 영국인들이 몰려들었다. 한밤중에도 두세 시간, 마지막에는 24시간도 넘게 줄을 서면서 끝도 없이 조의를 표했다. 4일간 약 25만 명이 조문을 했다. 영국인들이 벌써부터 여왕을 이렇게 그리워하니 분명 여왕은 세상에 적이 없던 유일한 권력자, 행복했던 군주였음이 분명하다.

'반신반인(半神半人)' 영국 여왕의 특권

엘리자베스 2세 영국 여왕은 인간이 아니라 반신반인半神半人이었다. 그리스 신화 이야기가 아니라 실제 영국법으로 그랬다. 여왕은 해외 여행을 갈 때 '사람'이라면 누구나 갖고 가야 하는 여권이 필요 없었다. 운전할 때도 면허증이 필요 없었다. 타는 차에는 번호판도 없었다. 속도 제한을 지키지 않아도 되고, 안전벨트를 매지 않아도 됐다. 공식적으로 세금도 내지 않았도 되었다. 나중에는 자진해서 일부는 세금을 내기도 했다.

그러면 여왕은 법 위에 있었나? 그렇다. 영국에서 여왕은 확실히 법 위에 있었다. 왜냐하면 여왕은 법을 지키지 않아도 되기 때문이었다. 그렇다면 여왕은 죄를 저질러도 기소가 되지 않았는가? 그렇다.

엘리자베스 여왕이 가지는 특권에 영국인들은 전혀 반발이 없었다.

여왕이 살인을 저지른다고 해도 교도소에 갈 일은 없었다. 검찰, 경찰, 개인, 기관 누구도 여왕 개인을 상대로 기소하거나 소송을 걸 수 없었다.

영국은 민주주의 국가라면서 왜 중세 제도 같은 법들이 21세기에도 존재할까? 영국에서는 왕정제 폐지 운동을 벌여도 불법이라는 점을 감안하면 중세와 다름없다고 해도 과언이 아니다. 물론 왕정제 폐지 운동을 한다고 잡혀 가지는 않지만, 살아 있으나 사용하지 않는 법은 그렇게 되어 있다. 불합리하게 보이는 이 모든 것들이 가능했던 이유는 다시 강조해 여왕이 법 위에 있기 때문이었다. 그 이유도 단순하다. 영국의 모든 법은 여왕이 자신의 이름으로 공표했다. 자신이 만든 법이라 지키지 않아도 된다는 말이다. 이렇게 보면 분명 영국 군주는 온전한 인간이 아니고 반은 신이다. 여왕뿐만이 아니라 뒤를 이은 찰스 3세 왕도 특권을 이어 받는다. 그러고 보면 영국은 분명 입헌 군주국이다.

군림하되 통치도 하는 절대군주

놀랄 일은 그뿐만이 아니다. 여왕 재위 시절, 흔히 '영국 여왕은 군림하되 통치하지 않는다(the Queen reigns but does not rule)'라고 알려졌는데 이도 사실이 아니다. 누가 영국 여왕을 종이호랑이라고 했는지 모르지만 절대 그렇지 않다. 21세기에도 여왕은 절대군주 absolute monarchy였다. 엘리자베스 2세 여왕이 생전 행사할 수 있었던 권력을 나열하면 정말 책 한 권으로도 모자랄 만큼 많다. 이렇게 얘기하면, 영국은 의회가 정치를 하는 대의 민주주의를 만든 국가이어서 민주주의를 근본으로 하는 입헌 군주제라고 배웠는데 어찌 절대군주라고 하는지 헷갈릴 수 있다. 하나하나 따져 보기 전에 이것 하나부터 확실하게 해 놓고 넘어가자. 앞에서 입헌 군주국이라고 하긴 했지만, 영국은 정확히 따지면 입헌 군주제 국가가 아니다. 왜냐하면 영국에는 문서로 된 헌법이 없기 때문이다. 그래서 정확하게 영국을 규정한다면 불문헌법 군주제uncodified constitutional monarchy라고 해야 맞다. 문서화된 헌법이 없다면서 어떻게 불문헌법 군주제란 단어에 헌법이란 말이 들어가는지 또 헷갈릴 수 있다. 헌법이 없다면서 어떻게 영국이란 국가가 혼선 없이 돌아가는지도 의문일 터이다.

거기에 대한 답은 바로 성문헌법을 대신하는 '헌법적 관례constitutional conventions'에 의해 국가가 돌아가고 통치된다는 데 있다. 물론 영국에도 성문법인 법률law이 있고, 그 하위 법률(act·ordinance·regulation)도 존재한다. 영국을 불문법의 나라라고 가르치는 한국 교과서는 분명 틀린다. 문서로 된 헌법이 없다는 뜻이지, 법이 없는 불문법의 국가가 아니다. 법이 없는 국가가 어떻게 존재할 수 있나? 단지 국가 제도를 크게 규정하는 문장이 적힌 문서화된 성문헌법이 없다는 뜻이다. 그렇게 보면 결국 영국은 문서화된 헌법이 아니라 오래된 관례conventions, 관습custom, 전통tradition에 의해서 움직인다. 세상 모든 일이 분명하고 명확하게 규정돼 있어야 한 치의 오차도 없이 돌아갈 수 있다고 믿는 사람들이라면 영국은 정말 놀라운 나라이다.

그중에서도 가장 놀라운 사실은 영국 행정과 정치의 수장인 총리라는 직책에 대한 명확한 법적 근거조차 없다는 점이다. 총리가 어떤 절차에 의해 선출, 임명되고 무슨 일을 하는지에 대한 법이 전혀 없다. '총리라는 직책 역시 어떤 법규나 헌법 문서에 의거해 자리 잡지 않고 오래된 관례에 의해 존재하게 되었다(The office of prime minister is not established by any statute or constitutional document but exists only by long-established convention)'는 설명이 가장 정확하다. 놀라운 일이 아닌가? 어떻게 한 나라의 실질 통치자가 아무런 법적 근거 없이 하원 과반수 당의 당수가 총리가 된다는 법률도 없이 그냥 관례에 의해서만 총리가 되는가? 영국이라는 국가를 움직이는 가장 중요한 총리 자리가 아무런 법적 근거 없다는 사실이 가장 영국을 잘 표현한다.

총리는 왕의 집사장에 불과하다

영국 왕정제에서 원래 총리는 왕의 집사장 같은 역할이다. 그래서 지금도 영국 총리Prime Minister는 정식 직명이 아니다. 정식 직명은 수석재무상The First Lord of the Treasury이다. 영국 총리직제는 누군 가에 의해서나 법으로 만들어지지 않았고 300여 년의 영국 정치사 를 통해 하나하나 쌓이면서 '그냥 생겨났다'고 해야 할 정도로 생성 과정이 모호하다. 그래서 영국 총리 직책을 '역사 사고事故의 결과물 (The result of accidents of history)'이라고도 한다.

영국에 살다 보면 최소한 하루에 한두 번은 TV에서 보게 되는 곳 이 총리 실주거지이자 사무실인 런던 다우닝가 10번지의 관저이 다. 이곳의 출입문 편지함 놋쇠 구멍에도 'The First Lord of the Treasury'라고 쓰여 있다. 총리 관저도 조금 큰 여염집 수준밖에 안 된다. 내가 2013년 평창 스페셜 올림픽 영국팀 통역을 한 덕분에 한 국 교민으로는 처음, 한국인으로서도 드물게 들어가 봤던 총리 관저 는 일국의 총리가 도저히 살 집이 아니었다. 왕의 집사에 불과한 총 리가 그보다 더 큰 집에 살면 안 된다는 징표 같았다. 더욱 놀란 점 은 관저에 총리 사무실조차 없다는 사실이었다. 총리는 왕정시대 때 는 없던 직책이었고, 왕실과 왕국의 재무를 담당하는 재무상이 지금 의 총리였다. 왕의 주머니를 관리하던 직책이었다. 그래서 통상 영 어로 'Chancellor of the Exchequer'로 불리는 다음 총리 일순위인 재무장관의 정식 직명은 차석 재무상The Second Lord of the Treasury이다.

이렇게 영국 법과 규정 어디에도 총리라는 직명과 임무에 대한 조항이 없다는 점은 실로 놀랍다. 이는 영국 의회의 역사적 특성 때문이기도 하다. 영국 의회가 처음 시작될 때는 지금처럼 당원과 조직을 갖춘 정당들이 참여하지 않았다. 직능 대표와 지역 대표들이 자신들의 이익을 대변하고 보호하기 위해 자연스럽게 모이면서 시작됐다. 잡다한 이해를 조정하기 위해 이합집산을 하던 그룹이 나중에 당으로 발전했다.

런던 다우닝가 10번지에 있는 총리의 관저.

영국 역사에서 국왕이 자신의 권력을 어느 누구에게도 정식으로 문서로 이양한 적이 한번도 없다는 사실도 놀랍다. 그리고 영국의 왕정제도를 칭해서 '왕은 군림하되 통치하지 않는다'라고 하는 정치 철칙도 어디에 근거하지 않은 것이다. 그냥 관례에 의해 그렇게 규정되었고 그것을 그대로 영국 정치의 기본으로 받아들인 데 불과하다. 영국 어떤 법에도 영국 왕은 정치를 하면 안 된다거나, 정부에서 하는 일에 간섭하면 안 된다는 규정이 없다. 순수하게 전통과 관습으로 왕은 하지 않을 뿐이다. 그 말은 하려면 얼마든지 할 수 있다는 말이다. 그래서 '통치하지 않는다'도 분명 틀린 말이다. 영국 왕은 오늘도 영국을 통치하고 있다. 엘리자베스 2세 여왕이 재위하던 때 총리는 매주 수요일마다 버킹엄궁에서 여왕을 배알하고 국정 보고를 해 왔고, 찰스 3세 왕 때도 마찬가지다. 물론 국민들의 투표에 의해 총리가 될 사람이 정해지고 장관은 총리가 지명하지만, 공식적으로는 총리와 장관도 총리의 천거로 왕이 임명한다. 만일 총리가 되는 다수당 당수가 자신이 향후 총리를 맡을 사람이라고 궁에 인사하러 왔을 때, 왕이 반대하면 분명 그 사람은 총리가 될 수 없다. 물론 그런 일은 영국 역사에서 한 번도 일어나지 않았고, 앞으로도 일어나지 않을 테지만 분명 영국 왕은 그런 권력을 가지고 있다. 모든 법도 왕의 이름으로 공포되어야 효력이 발생했다. 그 이외에 왕이 통치한다는 사례를 일일이 들라면 책 한 권으로 부족하다. 누가 무식하게 감히 영국 왕이 통치하지 않는다고 말하는가?

  총리를 필두로 해서 내각이 국정을 책임지는 내각책임제도 사실 하나의 관례에 불과하다. 정식으로 법에 의해 만들어진 권력 형태가 아니다. 현재 내각은 옛 왕실 제도의 현대적 변형이라 할 수 있다. 17세기까지는 왕과 측근들과 중신들로 이루어진 추밀원Privy Council이 바로 정부였다. 지금도 이 추밀원은 존재한다. 일종의 왕의 측근들의 기구이며 여기서 무엇을 논의하고 언제 모임을 하는지도 알려져 있지 않다. 영국에서 추밀원 위원이 아니면 권력과는 거리가 멀다고 말할 정도로 모든 권력자들이 다 들어가 있다. 물론 현 총리를 비롯해 야당 당수, 법관 등 700여 명이 등록되어 있다. 그리고 보면 추밀원은 현재 뭔가를 해내는 기관이 아니고 거의 명예로 임명되는 제도이다. 그러나 뭔가를 하긴 한다. 여왕의 장례식을 치르기 전, 형식적이지만 추밀원 200여 명이 모여서 찰스가 대권을 물려받도록 인정하는 절차를 밟았다.

과거에 정부로서 활동하던 추밀원에 왕 대신 총리가 들어오고, 추밀원 위원 대신 장관이 임명되어서 현재 내각이 이루어졌다. 그래서 영국 왕은 역사적으로 내려오면서 대헌장과 권리장전을 통해 양보한 조세와 법에 의한 인신구금같이 서류로 남은 몇 가지만 **빼면** 명목상으로는 아직도 절대군주 시절 갖고 있던 권력을 그대로 다 가지고 있다. 엘리자베스 2세 여왕이 수도 없는 권력을 갖고 있었던 배경이다.

지금도 절대군주가 권력을 유지하고 있는 영국의 정치·사회제도가 어떻게 민주주의에 의거해 돌아갈까? 그건 바로 군주가 자신의 권력을 실제로 행사하지 않기 때문이다. 전통이 그렇게 만들었다. 그렇게 된 이유는 역사에서 찾아 보면 여러 가지가 있다. 예를 들면 앤 여왕이 후사가 없어서 독일 하노버 왕가에서 왕을 모셔 와 시작되었던 조지안 시대(1714~1830)의 1대 왕 조지 1세 왕은 영어를 전혀 못했고 통치 기간 중 3분의 2를 독일에서 보냈다. 이때 처음으로 로버트 월폴을 영국 사상 첫 총리로 임명했다. 월폴은 향후 20년간 총리로 재임했다. 그렇게 자연스럽게 총리가 의회에 나가서 왕을 대신해 직접 국정을 관장하고, 왕은 뒤에서 존재하는 것으로 전통이 굳어 가기 시작했다.

그렇다고 엘리자베스 2세 여왕에게 권력이 없었다는 말은 절대 아니다. 여왕은 자신의 권한과 권력을 국민들이 선출한 의회와, 하원에서 과반수를 점한 여당에 넘겨주어 국정을 맡긴 데 불과했다. 아예 권력을 통채로 넘겨주지는 않았다. 그래서 다시 말하지만 영국 여왕은 종이호랑이가 아니었다. 아예 권력을 가지지 않은 여왕과, 가지고 있으나 사용하지 않은 여왕과는 하늘과 땅만큼 큰 차이가 있다.

무소불위의 권력

이제 여왕의 이름으로 행해졌으나 실제 직접 개입하지 않았던 여왕의 권한Royal prerogatives을 열거해 보자. 우선 총리와 장관 임명과 해임, 의회 소집과 휴회와 해산, 전쟁 선포, 각종 협정 체결, 영국군 지휘, 중앙부처 공무원 지휘 감독과 해임, 영국국교회 대주교 임명, 모든 귀족 임명 등을 들 수 있다. 또 군대 해산, 장군 및 장교 전원 해임권도 갖고 있었다. 심지어는 여왕이 전함과 항공기, 군수품을 팔 수도 있었다. 그러나 권한을 행사하지 않았다. 전통적으로 총리가 하거나 해당 부서의 수장이 하도록 이양되어 있다.

여왕이 가졌던 권력은 영국 공군이 '로열 에어포스Royal Air Force', 해군이 '로열 네이비Royal Navy', 해병대가 '로열 마린Royal Marine' 으로 불리는 데서 볼 수 있다. 괜히 보기 좋으라고 그렇게 이름을 붙인 것이 아니다. 그만큼의 권한이 원래 있어서 그렇게 부른다. 이런 명칭에서 보듯 왕은 군대도 마음대로 움직일 수 있었다. 육군만 '브리티시 아미British Army'이다. 다만 육군은 왕 직속이 아닌데, 이것도 본래 육군이 각 지방 영주들인 귀족 소유였다는 역사적 이유 때문이다. 왕은 영국 국민 전원을 귀족으로 만들 수도 있었고, 군주 사면 특권령prerogative of mercy을 내려 수감 중인 모든 죄수를 풀어줄 수도 있었다.

모든 왕족은 왕이 반드시 허락해야만 결혼하고 이혼할 수 있다. 지금도 왕위 6위 권까지는 형식적이지만 왕의 허락이 있어야 결혼할 수 있다. 왕족의 모든 자손에 대한 친권親權도 왕이 가진다. 왕이 원하면 왕족의 손자나 증손자를 부모로부터 빼앗아 직접 돌볼 수 있다는 말이다. 이를 일러 친권 자동법automatic legal custody이라 부르는데 300년도 더 된 법이다.

©권석하

말을 탄 왕 근위대의 모습.

그뿐만 아니라 왕은 법적으로 영국 모든 아동의 공식 보호자official guardian였다. 물론 그런 일을 하지 않겠지만, 법적으로 영국 내 모든 아동을 데려다가 부모 대신에 왕이 직접 양육할 권리가 있다는 뜻이다.

왕은 영국을 비롯하여 자신이 국가 수장으로 있던 캐나다, 호주, 뉴질랜드 같은 15개국은 물론 영연방 국가 53개국에서 상점 물건을 그냥 들고 나와도 상관이 없다. 이는 경찰이 절도범으로 못 잡는다는 차원이 아니다. 그냥 그럴 법적 권리가 있다는 뜻이다. 절대왕정에서는 국가 내의 모든 것이 왕의 소유라는 이유 때문이었다. 윌리엄 3세는 1696년 태양과 공기도 왕의 소유라는 이유로 집에 창문을 만들면 세금을 물렸다. 창문이 많으면 세금도 많았다. 그래서 지금도 영국에는 창문을 막은 자국이 있는 집들이 아직도 많다. 창문에 세금을 물리니 할 수 없이 벽돌로 막아 버렸다. 안 그래도 겨울에는 햇빛 보기가 정말 어려운데 창문까지 막았으니 문제가 많았다. 그래서 햇빛이 들어오지 않아 국민 건강을 해친다는 불평이 생기면서 156년 뒤인 1851년 비로소 폐지되었다.

왕은 영국 내의 모든 건물에 영장 없이 들어갈 수 있고, 필요할 경우 건물주의 허락 없이 통보만 하면 어떤 건물이든 부술 수도 있다. 왕은 어떤 경우에도 경찰로부터 심문을 당할 수 없고 법정 증인으로 불려가 증언을 하지 않아도 된다. 배심원 의무도 왕족에게는 없다.

여왕과 왕세자였던 찰스는 정보공개법의 적용도 받지 않았다. 그래서 자신과 관련된 공문서와 재산 내역을 공개할 필요가 없었다. 또한 왕실 가족은 누구든 선출직에 출마하지 않고 투표도 하지 않는다. 정치적 중립 때문이다. 왕은 세금을 내지 않아도 상관없으나 일부는 자진해서 낸다. 재위 당시 여왕은 외교관 면책 특권이 있어 어느 나라를 가나 치외법권의 지위를 누렸다.

템스강 백조도 왕의 소유다

왕의 특권 중에서도 세인들이 가장 흥미로워하는 특권이 있다. 템스강에 있는 백조는 모두가 왕의 소유라는 사실이다. 더 나아가 영국 바다에 있는 모든 돌고래도 왕 소유이다. 만일 이들 동물을 잡으면 왕 소유물을 훔쳤다는 이유로 5000파운드(약 800만 원)의 벌금을

템스강의 백조 무리. 모두 왕의 소유이므로, 만일 백조를 해치면 법적인 처벌을 받는다.

물린다. 영국에는 왕정제 폐지를 주장하면 종신형을 받는 법도 엄연히 살아 있다. 1848년 제정된 반역중죄법The Treason Felony Act에 의하면 왕정제 폐지를 주장하거나 글을 쓰면 종신형을 받을 수 있게 돼 있다. 물론 현대에 들어서 영국 검찰이 한 번도 이 법을 적용한 적은 없지만, 법은 펄펄 살아 있다.

왕이 이렇게 초법적 지위를 누린 이유는 '군주는 법의 원천(The font of justice)이고, 모든 법의 근원이고 토대(The source and seat of all justice)'라는 중세 절대왕권 때부터 내려오는 정치적 원칙 때문이다. 이뿐만이 아니다. '왕은 무슨 일이든 자신이 하고 싶은 일을 법적인 뒤탈이나 걱정 없이 다 할 수 있다'든지 '군주는 잘못을 저지를 수 없다'라는 원칙도 있다. 이를 '군주의 지상권리至上權利, supreme right' 또는 '군주 면책권sovereign immunity'이라고도 부른다.

현행 영국법으로는 국가를 상대로 소송을 할 수는 있어도 왕 개인을 피고로 형사나 민사 소송을 할 수는 없다. 왕 개인이 범죄를 저질러도 소추당하지 않고 처벌받지 않는 이유는 위에서 든 '군주는 법의 원천이고 모든 법의 근원이고 토대'라는 원칙 때문이다. 세상 일이 아무리 부조리하더라도 조물주를 상대로 소송을 할 수 없다는 논리와 같다.

그러나 재미있는 사실은 개인이 영국 정부를 상대로 행정 소송을 걸 때, 피고는 국가가 아니고 '군주The Crown'라는 점이다. 형사 재판에서도 기소 주체는 물론 검찰이지만 서류상으로는 '군주'로 되어 있다. 검사는 군주를 대신해서 정의를 세우기 위해 범법자를 처벌한다는 뜻이다. 행정소송의 제목은 항상 '왕 대 누구(The Crown vs xx)'이다. 그래서 영국 검찰은 'The Crown Prosecution

엘리자베스 2세 여왕의 딸, 앤 공주.

Service'로 부른다. 왕의 이름으로 법을 집행한다는 뜻이다.

왕과 왕세자, 왕세손, 왕증세손 등을 제외하고 왕위 계승 직계 순위가 아닌 왕실 가족은 형사 처벌 대상이 된다. 엘리자베스 2세 여왕이 재위하던 시절, 여왕의 딸 앤 공주는 운전 중 속도위반으로 벌금을 문 적이 있다. 앤 공주의 애견이 행인을 물어 벌금을 문 적도 있다. 이런 때 예외가 있다. '왕과 같이 있을 경우(in the monarch's presence)' 혹은 '왕의 건물 내(within the surroundings of a royal palace)'에 있을 때는 경찰이나 검찰이 체포나 형사 소추를 할 수 없다. 이론상 왕족이 중죄를 저지르고도 자신의 집(왕의 직계 가족들은 모두 왕 소유의 왕궁에서 생활한다)에 틀어박혀 있으면 처벌을 피할 수 있다.

법과 정치 속 여왕의 위치

여왕은 법 위에 있었지만 위법 행위를 한 적도 없고 하지 않으려고 노력했다. 예를 들어 왕궁이나 왕실 건물에서 관리 소홀로 오수가 새어 나와 하수도를 심하게 오염시켰다고 해 보자. 보통 같으면 수리와 배상은 물론 과실에 대한 벌금을 물어야 한다. 그러나 왕실은 수리나 배상 조치는 하더라도 벌금은 면제된다. '여왕이 무슨 일을 하든 불법이라고 선언할 수가 없다(Regardless of what The Queen does, it can't be declared illegal)'는 원칙 때문이었다. 여왕은 민·형사 대상이 아니라는 말이다. 물론 왕실 건물이 개인에게 해를 입히면 법적으로 배상을 안 해도 되지만 당연히 먼저 나서서 배상을 한다.

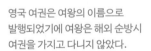

영국 여권은 여왕의 이름으로 발행되었기에 여왕은 해외 순방시 여권을 가지고 다니지 않았다.

여왕에게 여권, 운전면허증, 자동차 번호판이 필요 없던 이유도 의외로 간단하다. 모든 서류가 어차피 자신의 이름으로 발행되었기 때문이다. 여왕이 다스리던 때의 영국 여권 속표지에는 '여왕 폐하의 정부 장관이 여왕 폐하의 이름으로'라는 문구가 나온다. 논리적으로는 본인이 발행한 여권을 왜 본인이 들고 다니느냐는 이유이다. 형식상 영국 국민은 왕이 발행해 준 여권을 들고 왕의 신민臣民으로 세상을 돌아다니는 셈이다.

물론 앞에서 이야기한 모든 권한을 왕이 자의로 행사하는 건 아니다. 자신의 이름으로 행해지는 모든 업무는 총리의 요청으로 이루어졌다. 그러나 정부와 의회 내에서 일어나는 모든 일에 왕의 의지가 전혀 실리지 않는지는 누구도 알 수 없다. 하원에서 통과된 법이 상원을 거쳐 오면 왕의 재가royal assent를 받아 왕의 이름으로 공표되어야 효력을 가진다. 국민들이 뽑은 의회에서 통과된 법이라 거의 모든 경우 왕의 형식적 재가만 받는다고 할 수 있지만, 만일 왕이 재가를 하지 않으면 기다리는 수밖에 다른 방법이 없다는 묘한 권력 구조가 재미있다. 왕은 거부할 권한도 있었지만 무제한 재가를 하지 않음으로써 법안을 실효적으로 거부할 수도 있었다. 자주는 아니지만 아주 가끔 이런 경우가 생기기도 했다. 하원에서 통과된 법이 상원에서 부결되는 수가 있는데, 그럴 경우 다시 하원에서 통과되면 상원을 거치지 않고 바로 왕의 재가를 받아 법이 된다.

엘리자베스 여왕은 1952년 즉위 이후 3650건 이상의 법률을 재가했다. 그중에서 1000여 개는 의회에서 논의되기도 전에 여왕이 검토를 해서 법안 수정도 하고 비토도 했다고 가디언이 보도했다. 가디언의 논지는 월권이라는 말이다. 그러나 왕실은 여왕이 가진 헌법적 권한(역사적 관례로 여왕이 갖는 당연한 권리를 말한다)으로 행한 일이라는 입장을 내놓았다. 왕실 말로는 월권이 아니라는 말이었고, 가디언의 의견은 전통에 어긋나니 월권이라는 뜻이었다. 가디언이 말하는 전통은 '통치하지 않는다'는 뜻인데 엄격히 따지고 보면 가디언

기자가 틀렸다. 영국 왕은 단 한 번도 자신의 권력을 놓은 적이 없다. 최고最古의 인권법이자 최고最高의 인권법인 대헌장 마그나카르타에서 최초로 '왕도 법에 의하지 않고는 신민의 인신을 구속할 수 없다'는 법이 세워졌다. 이는 유일하게 왕의 서명으로 왕권에서 생사여탈권을 빼앗아 낸 성문법이다. 그 이외에는 왕이 누구에게도 영국 국정을 넘겨준다고 문서로 남긴 적이 없다.

제일 놀라운 일이 남아 있다. 총선에서 과반수를 얻은 당의 당수가 총선 다음 날 아침 왕을 찾아가 자신이 과반수 당의 당수라고 신고하면 왕은 그에게 조각組閣을 의뢰한다. 그런데 이때 왕이 실제 과반수 당의 당수가 아닌, 그 다음 의석 수를 가진 당의 당수를 불러 조각을 의뢰해도 법적으로는 아무런 문제가 없다. 다만 그 당수의 내각이 하원에서 일을 하려면 뭐든지 부결되어 식물정부가 되어 버려 문제지만, 법적으로는 존재에 문제가 없는 정부이다. 또한 영국 여야가 대치해서 정국이 완벽하게 막혀 있으면 풀 수 있는 사람이 바로 왕이다. 바로 거기에 영국 정치제도의 묘미가 있다. 폭발하려고 할 때 안전핀이 있다는 뜻이다.

이렇게 권력을 가지고 있지만 사용하지 않는다는 아름다움이 바로 영국 왕정제도이다. 반드시 필요하면 사용할 수 있는 장치를 가진 영국은 어찌 보면 안전한 정치를 할 수 있는 제도를 가진 나라이다.

필립 공의 공식 호칭은 '필립 왕자 에든버러 공작 전하'이다.
그는 영국 역사상 가장 오래 산 왕의 배우자이자,
가장 오래 산 남자 왕족으로 기록되었다.

필립 공이
남기고 간 것

2021년 4월 9일, 영국 엘리자베스 2세 여왕의 남편 필립 공公이 100세 생일을 두 달 남기고 소천했다. 필립 공은 소원대로 자신의 주말 숙소인 런던 히드로 공항 인근 윈저성에서 숨을 거두었다. 9일 장으로 치러진 17일의 가족장 형식의 장례식도 같은 윈저성 안의 왕실 직속 성 조지 성당에서 치러졌다.

필립 공의 유해는 장례식장 바로 밑 지하실vault에 임시로 모셔졌었다. 이곳에는 여섯 번의 결혼을 한 헨리 8세와 올리버 크롬웰에 의해 참수된 찰스 1세 등 영국의 역대 왕과 왕비들이 안장되어 있다. 필립 공은 엘리자베스 2세 여왕이 세상을 뜨면서 위로 올라와 성 조지 예배당 북편 벽에 위치한 조지 6세 기념 예배실이라 부르는 아주

필립 공 소천 당시, 피커딜리 서커스 전광판에 뜬 추모의 메시지.

작은 공간에 여왕과 같이 묻혔다. 이 예배실에는 이미 여왕의 부모, 여왕의 여동생 마가렛 공주가 묻혀 있다. 그런데, 한국 유수 언론의 영국 주재기자들은 이곳을 직접 방문하지 않아 터무니 없는 기사를 쓰기도 했다. 조지 6세 기념 예배당이 성 조지 성당이 아닌 윈저성 안에 별개로 있다고 착각하여 필립 공이 그곳으로 이장된다는 내용이었다. 유럽 대성당 안에는 벽면으로 작은 예배당chapel이 있다. 이곳은 귀족들과 왕족들이 자신들만의 미사를 할 때와 수도승monk으로 하여금 매일 하루 종일 자신들 가족을 위해 기도하게 하는 곳으로 쓰인다. 일종의 분양을 해 준 셈이다.

영국 언론에 나오는 필립 공에 대한 초기 평가는 '떠돌이crusty'이고 '반동분자reactionary'에 초점이 맞춰져 있었다. 실제로 필립 공은 외향적인 성격에 몸 쓰는 운동을 좋아하고 과격한 면이 있었다. 하지만 필립 공은 이런 평가를 넘어 시간이 갈수록 '완고한hidebound' 영국 왕실을 시대에 맞게 시간을 두고 주위와 합의해서 온건하게 개혁한 '현대화 추진자modernizer'라는 평이 힘을 얻었다. 필립 공으로 인해 "영국 왕실은 시대에 뒤떨어지지 않고 현대화되어 살아남을 수 있게 되었다"는 평이다.

왕실의 살림 도맡은 주부

필립 공을 이르는 언론의 수많은 묘사 중, 가장 정확하게 필립 공의 왕실 내 역할을 보여 주는 호칭은 바로 '왕실 회사의 총무부장 (general manager of The Firm)'이다. 'The Firm'은 'The Institution'이라는 단어와 함께 영국에서는 왕실을 칭하는 별칭이다. 필립 공이 왕실 내의 대소사를 직접 다 챙겼다는 뜻이다. 여왕이 밖에서 공식 업무를 할 때, 필립 공은 안에서 안주인처럼 집안일을 돌봤다는 말이다.

여왕 부처는 금슬이 좋기로 유명했으며, 여왕은 필립 공에게 많이 의지했다.

넷플릭스 드라마 시

리즈 〈더 크라운〉에도 나오듯이 결혼 전 필립 공은 장인 조지 6세에게 "내 임무job가 무엇입니까?"라고 물었다. 조지 왕은 여왕을 손가락으로 가리키면서 "저 여인이 자네의 임무일세(She is the job)"라고 했다. 전체를 인용해 보면 다음과 같다.

> You understand, the titles, the dukedom. They're not the job. She is the job. She is the essence of your duty. Loving her. Protecting her. Of course, you'll miss your career. But doing this for her, doing this for me, there may be no greater act of patriotism. Or love.

> 자네의 작위인 공작 임무를 이해하게. 공작 작위는 임무가 아니네. 저 여인이 자네의 임무일세. 저 여인이 자네의 임무 그 자체이네. 저 여인을 사랑하고, 보호해야 하네. 물론 자네는 자네의 일을 그리워하겠지만. 그래도 저 여인을 위해, 나를 위해서 해 주게. 이 일보다 더 큰 애국과 사랑은 없다네.

위의 전문과 같은 말을 그대로 했는지는 모르나 분명 "저 여인이 자네의 임무일세"라고 장인인 조지6세가 이야기했다고 필립 공이 생전에 말한 적이 있다.

결혼 후 왕실 내에서 누구도 필립 공이 무엇을 해야 하는지 감히 가르쳐 주는 사람은 없었다. 사실 그들도 전례가 없어 왕의 배우자

Royal Consort가 무엇을 해야 하는지를 몰랐으니 필립 공에게 가르쳐 줄 수 없었다. 빅토리아 여왕 남편 앨버트 공이 세계 최초로 1851년 만국 박람회를 여는 등 영국 문화·예술·과학에 지대한 공훈을 세워 놓았는데도 여왕 남편이 무엇을 해야 하는지를 아는 사람도 없었고 규정도 없었다.

결국 필립 공은 누가 말해 주지도 않았고 요청하지도 않은 일을 자신이 스스로 찾아서 했다. 제일 먼저 외부 일로 바쁜 여왕을 대신해 왕실 내의 모든 살림을 관장했다. 사실상 주부의 역할이었다. 필립 공은 보기보다 여성적이어서 성격상 이 일이 정말 잘 맞았고, 또 잘 해내서 왕실을 완전히 바꾸어 놓았다. 우선 전통이라는 이름하에 방만하게 운영되고 있던 왕실 재산 관리와 지출을 틀어잡았다. 그는 왕실의 세세한 부분까지 전부 챙겼다. 왕궁 내의 정원에 무엇을 심는지까지 필립 공의 결재를 받아야 할 정도로 철저하게 장악하고 관리했다.

자녀 교육 방식도 바꿨다. 전통적으로 영국 왕의 직계 가족은 외부 학교를 가지 않고 궁내에서 교육을 받았다. 왕족이 어떻게 일반인들과 같이 어울려서 교육을 받느냐는 이유 때문이었다. 그러나 필립의 생각은 달랐다. 왕실이 현대에 뒤처지지 않고 살아남으려면 왕과 왕족이 일반 국민들을 이해해야 한다고 굳게 믿었다. 그래서 자신이 졸업한 명문 전통 학교인 스코틀랜드 고든스톤 학교에 찰스를 보냈다.

찰스는 고든스톤의 겨울철 냉수 목욕과 벽난로가 없는 냉골의 침실, 황무지와 산 달리기, 학교 건축 동원 등의 철저한 스파르타식 교육이 너무 싫어서 아버지 필립 공을 증오하기도 했다고 증언했다. 그러나 그를 통해 자신이 완성되어서 아버지 교육이 옳았다고도 인정했다. 찰스 이후 왕실 가족은 모두 외부 학교로 교육을 받으러 나가기 시작했다. 영국 왕실에서 필립 공이 이룬 가장 큰 공헌 중에 하나라고 평가받고 있다.

찰스의 전 부인 다이애나는 아들 둘을 이런 기숙 사립학교 대신 완전히 평민들이 가는 통학 학교로 보내서 더 일반인들과 어울릴 수 있는 교육을 시켰다. 덕분에 완벽한 왕실 발음이 아닌 일반인의 발음도 섞인 두 왕자의 영어에서 국민들은 훨씬 친근감을 느끼게 되었다. 그리고 두 왕자는 일반인들이 어떻게 생각하고 생활하는지를 알게 되었다. 결국 필립과 다이애나라는 외부인 두 명이 영국 왕실을 개혁하는 데 일조했고, 그 개혁이 영국 왕실이 현대에 맞춰 존재하는 데 큰 도움을 주었다는 사실이 앞으로 증명될 듯하다.

영국 왕실을 휩쓴 변화의 바람

필립 공이 개혁을 하던 중 가장 거센 저항은 바로 왕실 내부에서 나왔다. 아주 간단한 일이면서 가장 어려웠던 일 중 하나가 바로 왕실 내 하인들이 분가루를 묻힌 가발을 쓰는 관습을 없애는 일이었다. 왕실 중신들마저도 반대했다. 결국 필립 공은 해냈다. 거추장스러운 복장과 가발을 해야 했던 왕실 하인들이 아주 좋아했다. 다른 문제는 바로 왕족 사이의 소통 방법인 쪽지를 폐지하는 일이었다. 필립 공은 전화가 들어온 지 70년도 넘는데 왕실 내에서 아직도 시동을 통해 쪽지 전달로 소통한다는 사실에 놀라 궁내 전화 설치를 서둘렀다. 이에 중신들은 물론 여왕의 할머니 메리 여왕도 시종들 가발 폐지 사안과 함께 극심하게 반대했다. 왕실은 전통으로 움직이고 유지된다는 이유였다. 결국 필립 공이 주장해서 바꾸고 나서야 모두 좋아했다.

또한 왕궁에 존재하는 왕족과 왕실 직원들을 위한 두 개의 부엌을 하나로 합친 일도 필립 공이 해냈다. 부엌을 두 개나 유지하며 생기는 낭비는 물론, 신분에 따라 다른 음식을 먹는 차별을 없애자는 뜻이었다. 거의 혁명과 같은 개혁이었다. 신분에 따라 모든 구역과 일이 다른 왕실에서, 같은 식당 내에서 두 계급이 같은 음식을 먹는다는 사실은 좀 과장하면 1000년 영국 왕실 역사에 처음이었다.

이뿐만 아니라 1년에 한 번 성탄절에 여왕 주최의 왕실 직원들을 위한 연회를 열어 주는 관습도 필립 공이 처음 주창한 일이었다. 이런 모든 변화는 모든 사물을 새로운 관점에서 볼 수 있는 외부인인 필립 공이 아니었으면 생각도 못했을 일이었다. 또 왕실 내에서 실질적인 2인자인 필립 공만이 할 수 있었던 변화들이었다. 이렇게 필립 공은 왕실의 그늘진 곳에서 전혀 존재감 없이 봉사하는 하급 직원들까지 챙기면서 그들을 우군으로 만들어 갔다. 그래서 영국 내 추모 방송에는 필립 공의 마음 씀씀이에 감동했다는 전직 직원들이 증언이 이어졌다.

왕실은 왕실을 위해 존재해서는 안 된다

필립 공은 변하는 시대에도 왕실이 살아남기 위해서는 국민들 가까이에 있어야 한다는 신념을 가지고 있었다. 1953년 여왕의 대관식 생중계도 필립 공의 주장으로 이루어졌다. 당시 왕실 중신들은 왕실 행사를 그런 식으로 일일이 세상에 알리면 신비감이 떨어져 왕실 권위에 금이 간다는 주장을 했다. 윈스턴 처칠 총리도 엄숙해야 할 대관식이 극장 공연처럼 된다고 반대했다.

그러나 필립 공은 왕실의 존재는 왕족이 국민들의 가시권 내에 있어야지 괴리되어 존재하면 안 된다(It couldn't be remote; it had to be visible)고 했다. 또 왕실이 왕실을 위해 존재해서는 안 된다고 타성에 젖어 있는 왕실 측근들을 설득했다. 이런 맥락에서 1957년 성탄절, 여왕이 영국 군주로서는 처음으로 TV를 통해 영국을 비롯한 영연방 국민들을 대상으로 성탄 축하 연설을 하도록 만들었다. 여왕의 성탄 연설은 여왕이 세상을 떠나기 전까지 이어졌고 찰스 3세 왕도 이어

갈 예정이다. 영국인들은 여왕의 성탄 연설을 들으면서 한 해를 무사히 보냈다는 안도감을 느꼈었다고 했다. 1961년 필립 공은 자신이 직접 TV 카메라 앞에서 인터뷰를 하는 첫 왕실 인사가 된다. 1969년에는 영국 왕실 역사상 처음으로 왕실 생활 다큐멘터리가 필립 공의 주도로 만들어졌다. 카메라가 왕궁 안까지 들어와 왕실 가족의 내밀한 실내까지 보여 주고, 여왕과 필립 공은 어떤 식탁에서 식사하고 왕족들이 같이 TV를 보는 거실은 어떤 모습인지를 보여 주어 공전의 인기를 끌었다.

필립 공은 총무부장 별명에 걸맞게 모든 장면에 일일이 개입했다. 자신이 바비큐에서 소시지를 굽는 장면도 넣고 왕실 가족이 거실에 모여 앉아 같이 아이스크림을 먹으면서 담소하고 심지어는 논쟁하는 자연스러운 장면까지 넣게 했다. 이렇게 해서 필립 공은 어느 별의 이야기 같았던 왕실이라는 실체를 국민들 근처로 불러들이고 왕실이 '박물관 전시품a museum piece'이 되는 걸 막았다고 전기 작가는 표현했다. 드디어 영국인들은 왕실이 자신들 가까이 있다는 사실을 실감하게 되어 더 친밀하게 느끼게 되었다. 결국 필립 공의 의도가 성공했다는 말이다.

영국 언론은 필립 공의 이런 노력과 시도가 결국 왕실을 보호해서 21세기까지 살아남게 했다고 평가한다. 결국 반대하던 측근들과 왕족들마저 필립 공의 선견지명에 감탄해 다음부터는 열렬한 지지자가 되었다. 그렇게 필립 공은 왕실을 인간의 냄새가 나는 곳으로 만들었다.

자선 활동의 아버지로 불리다

필립 공은 또 여왕에게 비공식적인 오찬을 자주 열도록 해 다양한 사람들과의 소통을 도왔다. 여왕으로 하여금 세상 돌아가는 이치와 세상 사람들을 알게 만들었다. 또한 1년에 두 번씩 왕실에서 런던의 버킹엄궁과 에든버러 홀리루드궁 정원으로 각각 8000명의 일반인들을 초대해 다과를 같이 나누는 가든파티도 필립 공이 주선한 일이다. 가든파티에 초대되는 사람은 유명 인사가 아니다. 학생들이 등하교 하는 건널목에서 수십 년간 깃발을 들고 보살핀 노인 같은 사회 봉사자와 소방관, 청소부, 간호사, 경관, 구급 대원처럼 그늘진 곳에서 오랫동안 고생하는 사회의 숨은 기둥들이었다. 그래서 왕의 가든파티에 초대받는 일은 영국인들이 살아가면서 가장 영예롭게 여기는 가문의 영광이다. 왕의 가든파티 초대장은 가보로 영원히 간직되고, 액자에 넣어져 응접실 벽 가운데 걸린다. 이때는 반드시 정장을 해야 하는 풍습이 있었다. 여자는 이브닝 드레스를 입어야 하고 머리에는 반드시 모자를 써야 했다. 그리고 남자는 중산모라는 높은 검은 모자를 쓰고 연미복을 입어야 했다. 그래서 영국 모자 산업과 정장 업계를 여왕의 가든파티가 먹여 살린다는 말도 있었다. 이제는 시대 변화에 따라 많이 간소화되어 의무적인 복장 규정이 사라졌다. 그래서 청바지를 입고 가도 되고 그런 사람들도 종종 보였다. 그래도 초대받았던 영국인들은 여왕님을 뵈러 간다고 예의를 차리려고 온갖 치장을 다 했다. 이때 버킹엄궁 근처에 가면 정말 장관이다.

여왕이 지방이나 외국 방문 중 중간에 차에서 내려 연도에 늘어 선 인파들과 악수하고 담소하게 만들고 그들이 들고 온 꽃다발을 직접 받기도 하는 관례도 필립 공이 도입했다. 그 전에는 그냥 여왕은 인 파들에게 손만 흔들고 지나갔다. 그렇게 해서 여왕이 왕족이나 귀족 만이 아닌 일반인들과 편하게 어울리는 방법도 배우게 했다.

무엇보다 필립 공이 영국 사회에 끼친 가장 큰 공헌은 자선 단체

찰스 3세 왕과 카밀라 왕비가 주중에 주로 생활하는 런던의 버킹엄궁.
이 앞에서 매일 아침 근위병 교대식이 열린다.

©권석하

후원을 규범화한 일이다. 필립 공은 800여 개의 자선 단체와 기관의 수장으로, 혹은 후원자로 참여해서 활동을 직접 도와주기도 하고 단순히 이름만 빌려 주거나, 모금 파티에 참석해서 모금을 도와주기도 했다. 그는 이런 식으로 자선 활동을 통해 영국 사회가 더 좋은 사회로 바뀌는 데 도움을 주는 등 자신의 일을 개척해 나갔다.

이는 여왕을 비롯해 왕실 가족 전체가 하는 공공봉사public service의 규범이 되었다. 필립 공 이전의 영국에는 일반 대중들이 활발하게 참여하는 자선 활동이 드물었다. 그냥 일부 귀족이나 사회지도층이 중심이 되어 자신들 사이에서 모금하고 봉사하거나 조금 더 넓혀서 중산층을 대상으로 해서 제한된 모금 활동 정도를 했다.

그러나 필립 공이 참여하면서 일반인들의 자선 단체 가입이 획기적으로 늘어나 현대식 자선 활동이 제대로 자리를 잡기 시작했다. 여왕도 적극 뒤따르고 왕실 직계 가족들도 활발하게 참여했다. 그리고 귀족들과 사회 지도층 정치인까지로 넓혀졌다. 바로 '높은 신분에 맞는 고귀한 의무noblesse oblige'가 영국인 사회 지도층에 뿌리내린 것은 필립 공의 솔선수범 덕분이다. 그래서 영국 사회의 자선 활동의 아버지로 필립 공을 꼽는 이유다.

유일한 일반인 출신의 왕족

필립 공은 21세에 영국 해군 역사상 최연소 갑판사관first lieutenants

이 되었고, 29세에는 1350톤의 구축함 함장으로 선원 200여 명을 2년간 지휘한 능력자였다. 그때의 경험은 바로 왕실 총무부장을 할 때 큰 자산이 되었다. 다른 왕족들과는 달리, 현실에서 뭔가를 지휘해 보고 일을 해 가는 과정을 통해 결과를 만들어 내는 실무 경험을 갖춘 첫 왕실 인사

해군 시절의 필립 공.

였다. 이렇게 단단히 준비된 필립 공이었기에 왕실에 들어가자마자 비현실적이고 비합리적인 왕실 살림 개혁에 착수할 수 있었고, 중세 전통에 사로잡혀 있던 왕실을 현대의 왕실로 존재하게 만들었다. 이는 외부인만이 할 수 있는 일이었다. 현재 찰스 3세가 왕이 되었고, 윌리엄 왕세자, 조지 왕세손이 왕위 계승 라인에 있어 이제는 아주 오랫동안 필립 공처럼 여왕의 남편에 의한 개혁은 어려울 듯하다.

그래서 노년 시절 필립 공의 별명은 '현대화의 기수이자 수호자(modernizer and protector)'였다. 필립 공이 왕실 개혁을 통해 왕실을 수호했다는 뜻이다. 개혁이란 '힘과 새로운 피를 가진 자'만이 만들어 낼 수 있다. 새로 들어온 사람의 눈에만 기존 구성원 눈에는 안 보이는 모순과 문제가 보이는 법이다. 필립 공이 바로 그런 사람이었

다. 따지고 보면 당시 왕족 중에는 유일한 일반인 출신이었다. 필립 공은 비록 그리스 왕족이지만 왕실이 존재하지 않은 왕족이었다. 한 살 반때 광주리에 실려 여왕의 할아버지 조지 5세가 보내 준 배를 타고 탈출한 이후, 제대로 된 집도 없이 친척 집으로 여기저기 떠돌이 생활을 어렵게 했다.

이렇게 여왕과 결혼하기 전 거의 30년을 일반인으로 살아온 필립 공은 기존의 왕실 일원들과는 달리 새로운 시각에서 개혁을 시작할 수 있었다. 또 8년의 해군 생활은 어떻게 주위 사람들을 적으로 만들지 않으면서 자신이 추구하는 방향으로 끌고 가야 하는지를 가르쳐 주었다. 거기다가 필립 공은 여왕의 전폭적인 지지를 받아 개혁을 밀고 나갈 힘도 있었다. 다른 사람이라면 아무리 능력이 뛰어나도 여왕의 전적인 신임을 받기는 어려웠을 것이다. 필립 공이었기에 궁 내부인들의 반발도 막아 낼 수 있었다.

여왕에게 고함칠 수 있는 단 한 사람

사실 소극적이고 조심스럽고 내성적인 성격의 여왕과 필립 공은 완전히 다른 성격의 인물이다. 필립 공은 항상 에너지가 넘치고 호기심 많고 카리스마 있고 심지어는 장난기로 가득 찬 인간적인 면모가 가득했다. 심지어는 세상을 떠나기 4~5년 전까지만 해도 연설을 하기 위해 연단 위로 훌쩍 뛰어올라 청중들이 놀라는 걸 보고 즐거워할 정도로 장난기가 넘쳤다. 승부욕이 강하고 운동을 좋아했다.

스피드광이어서 자동차를 직접 운전하면 과속을 했다. 당연히 옆자리의 여왕은 속도를 줄이라고 잔소리를 했다. 한번은 여왕과 자신의 외삼촌을 태우고 폴로 시합을 가던 중, 필립 공이 속도를 심하게 내고 운전하자 옆자리의 여왕이 겁이 나서 숨을 크게 내쉬고 들이쉬고 했다. 그러자 필립 공이 여왕에게 "한 번만 더 그런 소리를 내면 길에 내려 버리고 간다"고 고함을 질렀다.

그러자 여왕은 아무 말도 못하고 숨을 죽이고 창문 손잡이만 잡고 발발 떨고 있었다. 차에서 내린 뒤 시외삼촌이 "그런데 왜 말을 안 하고 입을 닫았나요? 여왕 말이 맞았는데. 그는 정말 빨리 달렸어요"라고 하자 여왕은 "그가 하는 말을 못 들었나요? 그렇게 소리 지르는데 내가 뭘 더 이상 말할 수 있어요"라고 했다. 필립 공이 세상에서 여왕에게 소리 지를 수 있는 유일한 사람이었다.

그러나 대개의 경우는 필립 공이 소리를 질러도 여왕은 별로 상관하지 않는다고 했다. 물론 여왕도 항상 가만히 있는 건 아니다. 필립 공이 말도 안 되는 소리를 사석에서 하면 "제발 좀 입 닥쳐요!(Please do shut up!) 당신은 자신이 뭐라고 하는지도 모르면서 계속 말을 한단 말이에요"라고 소리를 지르기도 한다고 했다. 이렇게 필립 공은 세상에서 여왕을 그냥 인간으로 바라볼 수 있고 실제 인간으로 취급한 단 한 명의 인간이었다.

그러고 보면 열세 살 소녀가 해군사관학교 제복을 입은 훤칠한 키와 그리스 조각 같은 외모에 반해 열여덟 살의 필립 공을 따라다녀 결혼한 일은 여왕 본인과 왕실, 그리고 영국과 더 나아가 영연방 전체를 위해서도 다행인 일이었다. 평생을 걸쳐 여왕의 옆에서 모자라는 면을 보완해 주고, 1000년 왕실을 현대에 적응하게 만들었으니 말이다. 그러나 당시 10대 소녀였던 여왕이 특별히 어떤 선견지명이 있어서 필립 공을 따라다닌 건 아니고, 그냥 두 사람의 운명이고 영국 왕실과 영국의 행운이다.

"무슨 상관이 있나? 죽고 난 뒤인데!"

사실 알고 보면 필립 공처럼 세계적으로 유명한 인물 중에서 필립 공만큼 실체가 잘 알려지지 않은 인물도 드물다. 영국 왕실에서 필립 공만 한 남성적인 모든 매력을 가진 왕족은 없다. 단지 지적인 모습이 부족하다고 느껴졌으나 이제 보니 그도 사실이 아니었다. 필립 공의 시와 그림은 아마추어를 넘어 작가 수준에 도달했다. 서재에는 1만 1000여 권의 장서가 있을 정도로 학문적이고 지적이었다.

특히 T.S. 엘리엇에 심취해서 연구 논문까지 쓰기도 했다. 필립 공은 측근들에게 이 사실을 외부에 알리지 말라고 하며 부끄러워했다. 왕족 중에서 책을 제일 먼저 쓴, 저서 열네 권의 작가이기도 하고 언론에 기고도 하고 연설문도 직접 썼다. 그러면서도 지식인인 척하지 않고 그런 인상을 주지 않으려고 노력했다는 점이 필립 공의 진면모를 말해 준다.

필립 공의 실언과 세상 사람들의 호기심에 맞춘 흥밋거리만 보도하기 마련인 언론 탓에, 세상은 그를 '괜히 시비 걸기 좋아하고 센스가 없는(pugnacious and insensitive)' 고집불통의 노인이라 여기는 선입견이 분명 있었다. 그러나 필립 공이 떠나고 나자 그의 실언만을 침소봉대해서 보도하던 언론들마저 그제야 진정한 필립 공의 모습

영국 국민들이 필립 공을 추모하기 위해 버킹엄궁 근처에 놓아둔 꽃다발.

을 보도하기 시작했다.

생전의 필립 공은 언론에 의해 칠해진 자신에 대한 일방적인 인상에 대해서도 전혀 개의치 않는 듯했다. 심지어는 나중에 사람들에게서 어떤 기억으로 남았으면 좋겠냐는 전기 작가의 물음에 무슨 그런 우스꽝스러운 질문을 하느냐는 듯이 쳐다본 뒤 "나는 그때는 이미 죽었을 것 아닌가? 나하고 무슨 상관이 있나? 난 이미 오래전에 죽고 난 뒤인데!(I shall be dead. Why should I care? Nothing to do with me. I shall be long gone!)"라고 툭 던지듯 대답하는 모습은 아마도 필립 공의 본모습을 가장 잘 표현했던 에피소드가 아니었나 싶다.

그래서 영국인들도 필립 공의 노년에서야 그의 진가를 알아채고 소중하게 생각하면서 시선을 달리하기 시작했지만 필립 공은 고인이 됐다. 영국 현지에서 이제 누가 왕실을 시대에 맞춰 개혁하고 보호할지 모르겠다는 걱정이 나오고 있는 이유기도 하다.

·

본명은 다이애나 프랜시스 스펜서이다.
귀족 가문의 셋째 딸로 태어났으며, 1981년 찰스 당시 왕세자와 결혼한 뒤
슬하에 윌리엄과 해리 두 왕자를 두었다.
이혼 1년 후인 1997년에 교통사고로 사망했다.

영원한 영국의 연인,
다이애나비

　영원한 세인의 연인으로 남기 위해서는 요절해야 하는가 보다. 영
면한 지 벌써 사반세기가 되었음에도 불구하고 영국인들은 다이애
나 왕세자비를 아직 그리워하며 떠나보내지 못한다. 잊을 만하면 그
녀와 관련된 뭔가를 끄집어내어 기억나게 하니 말이다. 2020년 연
말에는 영국 공영방송 BBC의 공전 최고 특종이었던 다이애나 인터
뷰(1995년 11월)가 마틴 바시르라는 BBC 기자의 위조 서류 등 기만
으로 이루어졌다는 사실이 밝혀져 소란스러웠다.

　거기다가 지난 2021년은 우리에게는 아직도 30대의 아름다운 여
인으로 남아 있는 다이애나가 만 60세가 되던 해였다. 그래서 그녀

다이애나 추모 현수막이 켄싱턴궁에 걸려 있다.

의 생일인 7월 1일에는 그녀가 떠날 때 15살과 13살이던 두 아들, 윌리엄 당시 왕세손과 해리 왕자가 합동으로 준비한 동상이 세상에 선을 보였다. 동상은 다이애나가 신혼 때부터 숨질 때까지 살던 켄싱턴궁 정원에 세워졌다.

　토니 블레어 전 총리가 얘기했듯이, 이제 정말 다이애나는 왕실의 공주가 아니라 '국민 공주The People's Princess'가 되어 버렸다. 왜 영국인은 다이애나를 아직도 떠나보내지 못하는지 그 심정을 한번 살펴보자. 다이애나의 육성이 담긴 문제의 BBC 인터뷰에 관한 사건을 이 의문에 대한 출발점으로 삼고자 한다.

시작부터 삐걱거린 세기의 결혼

BBC의 다이애나 인터뷰는 세기의 특종이었다. 당시 영국에서만 전체 인구의 39.3%인 2300만 명이 시청했다. 성인 인구로만 보면 영국인 중 인터뷰를 안 본 사람이 한 명도 없다고 할 정도였다. 그런데 인터뷰에서 다이애나는 그때까지 자신이 겪었던 모든 일을 솔직하게 털어놓아 영국인들의 마음을 사로잡았고, 모두가 그녀를 동정하게 만들었다.

다이애나의 결혼 생활이 행복하지 않았다는 사실은 BBC 인터뷰 전에도 1992년 발간된 다이애나 전기와 1994년 민간 방송 ITV가 찰스와 가진 인터뷰를 통해 이미 잘 알려져 있었다. 그러나 그녀의 불행을 육성으로 듣는 영국인들의 심정은 특별했다. 자신의 딸, 자신의 언니, 자신의 누나, 자신의 동생이 겪은 혹독한 시집살이를 듣는 심정이었다.

인터뷰에서 다이애나는 찰스와 약혼(1981년 2월)한 다음 주부터 심한 우울증에 걸렸고, 그 후에도 오랫동안 우울증으로 헤맸다고 했다. 그 이유는 찰스의 무관심과 카밀라(찰스의 현 부인) 문제, 그리고 왕실의 냉대와 그로 인한 외로움 때문이었다. BBC 인터뷰 대담자인 마틴 바시르 기자가 왕실 가족 누구에게 도움을 청한 적이 있느냐고 묻자 다이애나는 "그 집안에는 대대로 우울증에 걸린 사람이 없어 이해를 못 했고, 내가 울음을 터뜨리자 모두들 놀라는 표정이었어요. 그 집안 사람들은 타인이 보는 앞에서 운다는 건 상상도 못 해요"라고 했다. "그런 내게 왕족들은 '(정서적으로) 불안정한 다이애나(Diana Unstable)', '정신적으로 불균형인 다이애나(Diana Mentally Unbalanced)'라는 딱지를 붙였다"고도 다이애나는 털어놓았다. 바시르가 자해自害에 대해 묻자 "팔다리에 칼로 상처를 냈다. 왕실 생활의 스트레스를 못 견디는 나 자신이 부끄럽고 창피해서였다"는 솔직한 고백도 해 세상을 심하게 놀라게 했다. 동화의 공주 같은 다이애나가 그런 고통이 있어 칼로 자해를 할 정도였다는 말에, 정말 다이애나를 좋아 하는 사람들은 자신이 칼로 베이는 듯한 고통을 느꼈다고도 했다. 심지어 다이애나는 윌리엄 왕세손을 뱃속에 가진 상태에서 계단에서 굴러 자살하려 했다는 것까지 말했다.

다이애나는 자신의 폭식증暴食症에 대해서도 털어놓았다. 폭식증이 약혼식 바로 다음 주부터 우울증과 같이 나타났는데, 그녀는 폭식을 '냉장고 안으로 뛰어들었다(Jump into fridge)'고 표현했다. 당시 세상은 다이애나가 신데렐라가 되어 유리마차를 타고 영원히 행복하게 사는 줄 알고 축하하고 있었다. 하지만 벌써 그때부터 그런 불행을 겪고 있었다니 사람들은 그 말을 듣고도 믿지 못할 정도로 충격을 받았다. 다이애나는 폭식증이 있을 때는 자신을 증오하고 너무 수치스러워했다고 밝혔다. 그러자 왕실 사람들은 '옳다구나' 하면서 폭식증을 그녀의 모든 문제의 원인으로 돌렸다. 이런 상황을 다이애나는 "폭식증이 모든 문제의 이유(Bulimia as a coat on a hanger)로 취급

찰스와 다이애나의 결혼 기념 우표.

됐다"라고 표현했다.

다이애나는 위 속에 쓸어 넣듯 먹은 음식을 토한 다음 또 음식을 퍼먹고 토하는 일을 반복했다고 했다. "허리 사이즈가 약혼하던 2월에는 29인치였는데, 결혼하던 7월에는 23.5인치였다. 불과 5개월 사이에 정말 삐삐 말라 버렸다"면서 고통을 남의 말 하듯 가볍게 이야기했다. 실제 다이애나는 약혼을 발표할 때는 젖살이 아직 안 빠진 듯 통통하게 살이 오른 고등학교 여학생의 모습이었다. 그런데 결혼식 사진은 훨씬 날씬해져서 더 예뻐진 듯 했으나, 피곤하고 파리해 보이긴 했었다.

이런 고통 속에 있었지만, 무관심한 약혼자 찰스는 13살 연하의 스무 살짜리 꽃다운 신부를 데려다 놓고 전혀 도와주지 않았다. 심지어는 약혼을 하고 세상에 정식 공표를 기다리는 2주 동안 전화 한 번 하지 않았다. 그래서 약혼을 하고 결혼 준비를 하는 사이 다이애나는 언니에게 "나 이 결혼 못 해. 정말 불가능해"라고 호소했지만 언니마저도 "기념품 티타월tea towel에 이미 너희 사진이 다 인쇄되어 팔리고 있어. 너무 늦었어!"라고 했다고 한다. 결국 결혼의 끝을 뻔히 보면서도 상황에 밀려 도살장으로 끌려들어가는 소처럼, 다이애나는 세상에서 가장 행복한 신부 표정을 하면서 불행으로 말려 들어가 버리고 말았다.

세상 물정 모르는 착한 소녀?

사실 다이애나는 두 개의 다른 면모를 가지고 있다. 우리가 보통 생각하는 세상 물정 모르는 순진하고 착한 소녀 같은 이미지가 그중 하나다. 인터뷰에서 다이애나는 "세상 사람들이 우리들의 불행이 우리 둘이 너무 달라서 시작됐다고 하는데, 사실 우리는 같은 점도 참 많아요. 예를 들면 시골 생활 좋아하고, 사람 좋아하고, 아이 좋아하고, 암환자와 호스피스 사람들 보살피는 것 좋아하고…"라고 말했다. 이런 말을 떠올려 보면 '이 여인은 정말 순진하거나 바보구나'라는 생각과 함께 '남편인 찰스를 정말 모른다'는 생각도 든다. 세상 사람들은 능구렁이 같은 찰스와 13살 어린 다이애나와는 정신 연령이나 지적 수준이 한참 떨어져서 맞지 않는다고 말했는데, 순진한 다이애나는 그런 말뜻을 진심으로 알아채지 못했다. 그리고는 "나와 찰스가 닮은 점이 많은데 왜 우리를 다르다고 하느냐"고 말하는 모습은 정말 어린아이나 다름없어 보였다.

더군다나 다이애나는 단순한 요소 몇 개로 한 인간을 평가하는 데 좋은 핑곗거리를 제공한다. 소위 말하는 '가방끈의 길이' 말이다. 영국 사람들은 영국 고등졸업 학력고사O Level라는 시험을 보는데, 다이애나는 열 과목 중 한 과목도 통과하지 못했다. 이 성적으로는 대학은 커녕 대학 입학 시험에 필수인 대입 학력고사A Level조차 시도할 엄두를 못 낸다. 그래서 결국 대학도 못 간 다이애나를 세상은 아예 저능아 취급했다. 다이애나 역시 "그이는 나를 아예 열 살 아이로 취급했어요"라면서 "내 일생에서 가장 후회되는 일은 내 입으로 '나는 멍청했다(thick as plank)'라고 말한 일"이라고 했다. 자신은 멍청하지 않은데 자신의 입으로 그렇게 얘기해 사람들로 하여금 그렇게 믿게 만들어 버린 일을 뒤늦게 후회한다는 말이다.

다이애나가 사람들을 끌어들이는 마력의 원천은 무지와 순진이 한 얼굴에 공존하는 백치미白癡美에 더해 '보호본능protective instinct'을 일으키게 하는 연약함이다. 백치미를 정확하게 표현할 영어 단어는 없다. 마릴린 먼로처럼 금발의 미인 중에 순수하고 순진해 보이는 유형을 이르는 blonde bimbo(금발의 섹시한 여인)나 ingenuous beauty(순진한 미인) 같은 단어가 있지만 백치미가 가지는 미묘한 그런 미를 표현하는 단어는 아니다. 결국 영어 단어를 한번 만들어 볼 수밖에 없다. 다이애나의 얼굴이 가진 '무지ignorance'에서 딴 'igno'에 순진innocence'에서 가져온 'nocence'를 붙이면 바로 '백치미 ignocence'라는 신조어가 된다. 기존 영단어에 없는, 내가 만든 이 신조어가 다이애나의 백치미를 제대로 표현하고 있는지는 모르겠다.

'세상이 자신에게 어떤 해를 끼칠지 모르는데도 생글생글 웃으면서 모두에게 진심으로 친절하고, 그래서 너무나 약해 보여서 누구에게나 보호본능을 일으키게 만드는 매력'이라고 다이애나의 백치미를 한 문장으로 표현할 수 있다. 그래서인지 세상 사람들은 다이애나를 모두 좋아했다.

그러나 세상 사람들은 아름다우면서도 지적인 여인은 드물다는 통념만을 가지고 다이애나를 보았고, 아마도 그녀도 그러리라고 외모만으로 쉽게 판단했다. 외모는 아름다운데 순진하고 착해 보이는 데다 학력까지 안 좋으니 당연히 머리가 나쁘리라고 여겼다. 그래서인지 세상 사람들은 그녀를 대하면 누구도 경계를 하지 않고 편하게 대했다. 편하면 무례해진다는 말처럼, 왕실 사람들은 다이애나를 함부로 대했다.

그녀는 여느 영국 왕족이나 귀족들과는 달랐다. 그래서인지 왕족과 귀족들은 지금까지 보아온 자신들 부류와 다른 다이애나를 쉽게 대하고 무시했다. 물론 그중에서도 남편 찰스가 가장 심했다. 심지어 결혼하기 이틀 전에 카밀라에게 선물하려고 맞춰 놓은 팔찌를 찾아왔고, 다이애나가 보는 앞에서 그날 저녁 전해 줄 정도였으니 말이다. 다이애나를 의도적으로 무시한 건지 혹은 다이애나는 모자라서 질투도 모르고 또 감히 자기에게 화도 낼 수 없다고 여겼는지 뭔지 모르지만, 뒤늦게 이 사실을 알게 된 세상은 경악에 빠졌고 다이애나를 동정하고 찰스를 미워했다. 그러나 분명한 건 다이애나는 찰스나 왕실 가족 혹은 세상이 알 듯이 그렇게 바보도 아니고, 무지하지도 않다. 순진하고 순박해 보이는 얼굴과 표정, 그리고 진심을 다하려는 듯한 말투와 몸짓 뒤에는 오히려 당차고 대찬 다이애나가 숨어 있었다. 평소에는 자신도 몰랐을 다이애나의 놀라운 면모는 위기 상황 속에 발휘되었다. 더군다나 영국 왕실 전체를 상대로 하는 가히 목숨을 건 사투를 자신에게 유리한 쪽으로 끌고 가는 깊고 강한 내공을 보였다.

연약함 뒤에 숨겨진 전략가의 내공

이제 우리가 모르는 다이애나의 다른 면을 볼 차례이다. 다이애나는 연약하고 순진해 보이는 외모와 달리 대단한 전략가라고 해도 될 만큼 내공이 대단한 여자였다. 믿을 만한 측근 하나 없이 연약한 여인이 1000년 이상 이어져 온 영국 왕실과 벌인 전면전은 한 편의 잘 짜인 전투 작전 같다.

우선 다이애나는 전면전을 선전 포고하기 전에 전초전부터 벌였다. 찰스나 왕실에게 자신을 밟으면 그냥 밟히고 마는 바보로 취급하거나 무시하지 말라는 경고부터 던졌다. 바로 별거(1992년 12월) 7개월 전 발간된 유명 전문 전기 작가 앤드루 모튼의 다이애나 본인의 구술에 의한 전기가 전초전이었다. 모튼은 대리인이 해 온 인터뷰 녹음을 바탕으로 해서 전기를 썼다. 전기가 나오자 다이애나의 측근은 물론 왕실 인사 모두가 심한 충격을 받아 거의 공황 상태였다. 이유는 그들 중 누구도 다이애나가 모튼과 인터뷰 하는 걸 본 적이 없었기 때문이다. 그런데도 전기에는 본인이 아니면 알 수 없는 다이애나의 내밀한 심정과 찰스와의 문제, 왕실 내부의 일, 그리고 다이애나의 각종 병적 문제가 너무나 잘 묘사되어 있었다. 그 소스에 대해 왕실은 물론 영국인 모두가 궁금해했었다. 그때는 진상을 모르고 모두 짐작만 할 뿐이었다. 다이애나와의 대화를 녹음해 모튼에게 전달한 대리인은 다이애나의 어릴 적 절친했던 친구인 외과 의사였다. 워낙 집안끼리 가깝고, 현직 의사라 장시간 만나도 아무도 의심하지 않았으니 은밀한 대리인으로서는 그보다 더 적절할 수가 없었다. 그렇게 다이애나는 쥐도 새도 모르게 자신의 이야기를 모튼에서 전달했다. 그러고는 모튼이 쓴 원고 초안을 받아 일일이 수정까지 해냈다. 자신의 의도 말고는 단 한 글자도 전기에 들어가지 않도록 주도면밀하게 자신의 깊은 생각과 마음을 담은 자신만의 이야기를 세상에 내놓았다. 이렇게 해서 찰스와 왕실은 순진해 보여 무시하고 자신들에게 전혀 위협이 되지 않으리라고 생각했던 다이애나에게 완전히 등에 칼을 맞은 셈이 되었다.

전기를 통해 다이애나는 '공주는 왕자님과 영원히 행복하게 살았대요'라는 포장 뒤에 숨은 자신의 너무나 슬픈 이야기를 세상에 알렸고, 세상 사람들을 자신의 편으로 만들었다. 그 이후 찰스와 영국 왕실을 보는 세상의 눈은 완전히 달라져 버렸다.

둘째 해리를 낳고 얼마 되지 않아 찰스와 카밀라의 관계는 다시 시작되었다. 다이애나는 그 후로도 8년을 참고 견뎠지만 이는 어떤 것보다 힘든 고통이었다. 다이애나는 결혼 후 오랜 시간 받아온 고통들을 모두 세상에 까발렸다. 배우자의 불륜을 10년 동안 견뎌 낸 다이애나의 사연은 그 자체로 영국인들에게는 도저히 믿기지 않는 이야기였다. 영국의 이혼율이 50%가 넘는 이유는 배우자의 불륜을 아는 순간이 바로 별거이고 이혼의 시작이기 때문이다. 그를 10년이나 참고 견딘 다이애나의 이야기는 100년도 더 지난 빅토리아 여왕 시절에나 있었던 일이니 모두가 놀랄 만하다. 그래서 영국인들은 아무도 다이애나를 나무라지 않는다. 그런데 한국에서 온 친지들의 입장은 달랐다. 다이애나가 더 참지 않고 까발려 왕실은 물론 두 자식에게까지 상처를 준 일을 조금은 나무라는 경우도 많이 봤다. 심지어 여성 주부들이 오히려 더 그런 견해를 밝혔다. 그러나 영국 주부들은 전적으로 다이애나의 편으로서, 그녀를 칭찬하며 자신은 단 하루도 못 견딜 것이라고 강하게 말한다.

전기 한 편으로 찰스를 비롯해 영국 왕실은 된통 한 방을 맞았다. 다이애나는 그전까지 궁궐 직원들이나 언론에 의해 간혹 전해지던 각종 소문이 사실임을 세상에 알렸고, 이 대단한 거사를 누구와도 상의하지 않고 해치웠다. 이렇게 해서 그녀는 당하기만 하던 상황을 뒤

집어 자신이 공세를 잡아 버렸고, 찰스와 왕실은 허겁지겁 수비를 할 수밖에 없게 만들었다.

　다이애나가 전기를 낸 이유는 자신의 고통을 세상에 털어놓는 카타르시스를 위한 것만은 아니었다. 작가 모튼은 또 다른 이유를 이렇게 설명한다. "과연 그녀는 자신의 이야기가 세상에 먼저 나오길 바란 게 아닌가? 그래서 결혼 실패 책임에 대한 비난으로부터 벗어나려는 이유가 아니었나?" 모튼은 데일리메일 칼럼에서 '돌아보면 다이애나의 배짱은 숨이 막힐 정도였다(Diana's audacity was breathtaking)'라고 털어 놓았다. 영어 단어 'audacity'에는 뻔뻔함이라는 뜻도 있다. 다이애나는 그 후 자신의 이야기를 털어놓은 걸 한 번도 후회하지 않았다고 모튼은 말했다. 심지어 그녀의 친구이자 영화제작자는 이런 증언도 했다. "그녀는 자신이 하는 일을 모두 자신이 계획했다. 그녀는 자신이 하는 일이 뭔지 알았다. 그리고 자신이 하는 일이 불러올 계산된 위험을 받아들였다. 비록 죽을 정도로 겁을 내긴 했지만…. 나는 분명히 말하는데 그녀로부터 후회라는 단어를 들어 본 적이 없다."

　결국 전기는 부부가 별거라는 돌아올 수 없는 강을 건너 이혼으로 가는 데 결정적 역할을 했다. 전기가 나오고 7개월 뒤 결국 둘은 별거에 들어갔다.

그다음 전면전 선포가 별거 3년 뒤에 나온 BBC와의 인터뷰였다. 인터뷰에서 다이애나는 전기에서보다 더 솔직하게 자신의 고통을 털어놓았다. 다이애나의 입을 통해 직접 듣는 지옥 같은 고통의 이야기는 책으로 볼 때와는 비교도 안 되었다. 이렇게 해서 다이애나는 영국인들로부터 깊은 동정심과 함께 애틋한 애정을 받아 '영국 국민'이라는 우군을 확실하게 확보했다.

BBC 인터뷰를 보면 다이애나는 세상 사람들이 알고 있는 것처럼 순진하거나 무지하지 않다는 것이 확실히 드러난다. 차라리 대단히 지적이다. 대답이 곤란한 질문에는 물의를 피하는 방법으로 돌려 말하면서도 시청자들이 행간의 의미를 알아들을 수 있게 말한다. 예를 들면 '찰스가 다음 왕이 되어야 한다고 생각하느냐'와 '왕이 되면 잘할 것 같으냐'는 질문에는 '예'와 '아니오'를 쓰지 않으면서도 부정적인 뜻을 교묘하게 전달했다. 대화 중 쓰는 단어나 어구 등으로 미루어 보면 비록 교육 수준은 낮을지 몰라도 타고난 현명함과 판단력은 누구 못지않았다. 예를 들어 너무나 유명해진 이런 말에서 알 수 있다. "우리 결혼 안에는 세 명이 있지요. 그래서 조금 붐벼요(There were three of us in this marriage, so it was a bit crowded)." 이렇게 대놓고 직접적으로 뭔가를 비난하지 않고 말을 돌려서 하는 표현은 너무나 영국적이어서 거의 셰익스피어 수준이라고까지 칭찬하는 영국인도 있다. 이 표현마저도 영국인들은 너무나 사랑해 일상에서 농담으로 많이 쓰인다.

영국을 울린 잔혹 동화

영국인들을 울려 자기 편으로 만든 다이애나의 고백은 너무나 생생하다. 심지어 다이애나는 모튼이 쓴 전기 초안을 읽다가 자신의 스토리에 너무 슬퍼서 울었다고 인터뷰에서 고백했다. '궁궐 안에서 소외 당했느냐'고 바시르가 묻자 "아주 많이요(Very much so)"라고 답하는 장면에 가슴이 뭉클했다는 영국인들이 많다.

다이애나는 별거가 결정되고 나서 "엄청나게 깊고 깊은 슬픔"을 느꼈다고도 했다. "별거는 누구 아이디어였냐"라는 질문에는 무슨 그런 바보 같은 질문을 하느냐는 투로 "물론 그이가 먼저 했고 나는 동의를 했어요"라고 했다. '당신은 별거를 원하지 않았느냐'고 묻자 "아니오. 전혀 아니었어요(No. Not at all)"라고 두 번이나 부정을 했다. 영어식 부정이다. 자신은 별거를 원하지 않았다는 뜻이다. 그리고는 "아주 많이 슬펐어요. 정말 슬펐어요(It was very very sad. Really sad)"라고 다시 한번 강조했다. Very를 두 번 쓰고 sad도 두 번 썼다. 그만하면 어느 정도인지를 알 듯하다. 그러면서 "나는 이혼 가정 출신이에요. 그런 불행을 다시 겪고 싶지 않았어요"라는 말을 꺼냈다. 그 말 안에는 '내 사랑하는 두 자식에게 내가 겪은 불행을 주고 싶지 않았다'는 엄마로서의 깊은 사랑이 내포되어 있었다. 비록 자신은 온갖 불행을 다 겪고 있지만 자식에게만은 불행을 주고 싶지 않아 갖은 희생을 하더라도 견디려고 했고, 별거나 이혼은 하지 않으려고 했

다이애나의 장례식에 참석한 남동생 백작과 찰스, 그리고 두 아들.

다는 뜻이다.

　실제 다이애나는 왕실과 찰스로부터 받은 무시와 모멸을 견디면서 별거 후 4년을 더 버텼다. 그러나 상황은 더 나아지지 않았다. 결국 전면전인 BBC 인터뷰를 하고 만 1년도 채 되지 않아 이혼을 하고 만다. 찰스와 다이애나는 별거 후 켄싱턴궁 안에서 지역을 달리해서 살았다. 다이애나는 이혼 후에도 파리에서 세상을 떠날 때까지 그 궁에서 살았다. 아마도 세상을 뜨지 않았다면 끝까지 켄싱턴궁에서 살았을 수도 있다. 무엇보다 아들 둘과 같이 살려는 이유였다. 왕실도 왕자를 다른 곳으로 보낼 수가 없었다. 왕실이 두 왕자를 다이애나로부터 뺏으려 했다면 전대미문의 왕족 간 친권 소송이 벌어질 판이라, 켄싱턴궁에서 사는 건 가장 현실적인 해결책이었다. 물론 왕실이 다이애나를 궁에서 내보내고 왕자 둘을 빼앗을 경우, 다이애나가 소송을 벌여도 여왕을 이길 수는 없었다. 왕은 법적으로 영국 내 모든 아이들에 대해 친권을 행사할 수 있기 때문이다. 지금도 영국 왕은 영국인 자녀 누구라도 법적으로 자신이 데리고 올 수 있다. 더군다나 자신의 친손자 문제라면 다이애나가 승소할 가능성은 전혀 없었다.

결혼 실패는 보통 한쪽만의 잘못만은 아니다. 양쪽의 책임이 어느 정도 같이 있기에 발생한다. 그러나 다이애나와 찰스의 파경에서 영국인들은 다이애나의 책임이 전혀 없다고 믿는다. 그렇게 믿는 여러 가지 이유가 있지만, 다이애나가 끝까지 찰스를 사랑했다는 사실도 그중 하나다. 거기에 대한 방증은 사실 상당히 많다. 다이애나의 절친들은 그녀가 죽을 때까지 찰스를 사랑했다고 증언한다. 특히 별거 전, 카밀라와 재회한 찰스의 질투를 불러일으키기 위해 벌써 여러 남자들과 맞바람도 피웠다. 게다가 이혼 후에는 무슬림 교인들과 굳이 깊은 교제를 했다. 영국 성공회의 수장이 되는 왕의 생모가 무슬림의 부인이 될 판이었으니 보통 일이 아니었을 텐데 말이다.

또 다른 방증은 그의 전기와 인터뷰에서 보듯이 엄청난 고통을 받으면서도 자신이 원한 별거가 아니었다고 거듭 강조했다는 점이다. 다이애나는 더더욱 이혼은 원하지 않았다. 그렇게 엄청난 고통을 받으면 지긋지긋해서라도 별거나 이혼을 원할 만도 한데 자식을 위해 완전한 실패는 피하려고 정말 뼈를 깎는 노력을 펼쳤다. 절친한 친구들의 말처럼 스무 살까지 남자친구 하나 없었던 다이애나의 첫사랑 찰스를 향한 순애보일 수도 있다.

약혼 후 인터뷰에서 기자가 둘에게 서로 사랑하느냐고 물으니 다이애나는 "물론이지요!(Of course!)"라고 했다. 그러나 찰스는 "사랑이 무엇을 의미하는지는 모르지만, 각자의 해석에 따르겠지만 (Whatever in love mean, your own interpretation)"이라는 아주 삐딱하면서 의미심장한 말을 남겨서 당시는 물론 지금까지도 세상에 회자된다. 이 말은 두고두고 찰스가 처음부터 다이애나를 사랑하지 않았다는 방증으로 사용된다. 다른 호의적인 해석으로는 오글거리는 말을 못하는 전형적인 마초 기질의 영국 남자의 애정을 숨긴 반농담

찰스 3세 왕과 카밀라 왕비.

반진담이거나 영국인 특유의 냉소적인 말장난이었다는 이야기도 있다. 어찌 되었건 찰스의 이 말은 다이애나의 "우리 결혼 안에는 3명이 있지요. 그래서 조금 붐벼요"와 함께 두 부부가 남긴 가장 유명한 말 두 꼭지로, 둘 사이를 말할 때면 항상 인용된다.

처절하게 사랑하는 사람으로부터 그렇게 철저하게 배반당하고 버림받은 가냘픈 다이애나의 피맺힌 절규를 BBC 인터뷰에서 본 영국인들은 아직도 찰스를 도저히 용서할 수가 없다는 입장이다. 그래서 다이애나의 맞바람에 대해서는 영국인 누구도 말을 하지 않는다. 그리고 아직도 다이애나 이야기만 나오면 가슴 아파한다.

세상은 다이애나를 신데렐라로 부러워했고 동화처럼 '영원히 행복하게(Happily Ever After)' 살 것이라고 생각했지만 끝은 잔혹 동화였다. 이렇게 해서 영국인들은 모두 다이애나 이야기만 나오면 자신들이 밀어서 시집 보낸 누이나 동생 혹은 딸이 불행을 맞은 듯 여긴다. 그녀의 죽음이 자신의 죄 같아서 언제나 짠하게 여기고 동정을 금치 못한다. 그들은 '다이애나의 불행을 알지도 못하면서 왜 부러워하고 행복하다고 생각했는지 모르겠다'고 한탄하며 아직도 그녀를 보내지 못하고 있다.

해리 왕자는 크고 작은 사건 사고로 왕실의 구설수를 담당했고,
메건 왕자비는 헐리우드 배우 출신의 흑백 혼혈 미국인이다.
둘의 결혼은 영국 사회에 큰 파장을 불러왔으며,
2021년 오프라 윈프리와의 인터뷰에서 왕자 부부는
영국 왕실에 대해 부정적인 폭로를 하기도 했다.

사고뭉치 왕자와
미국인 혼혈 며느리

　동화책에나 나올 법한 신데렐라와 왕자님의 결혼이 현실에서 일어났다. 현재 영국 왕이 된 찰스 3세의 둘째 아들인 해리 왕자와 미국 여배우 메건 마클의 결혼식이 2018년 5월 19일에 있었다. 결혼식을 앞두고서도 결혼식에 대한 시시콜콜한 내용들이 연일 화제가 되었다. 세상이 다 알다시피 메건은 영국 왕실의 신붓감으로는 정말 파격이란 말이 무색치 않게 영국 왕실 초유의 사실이 한두 개가 아니었다. 우선 해리 왕자보다 3살 연상인데다, 미국인이고, 심지어 현역 배우에다가 이혼녀였다. 그러나 뭐라고 해도 영국인들이 가장 충격적으로 받아 들였던 사실은 그녀가 흑백 혼혈이라는 것이었다. 서구인들은 조부모, 부모 중 한 명이라도 흑인이면 인종 구분을 흑인으

로 구분한다. 피의 4분의 1만 섞여도 흑인으로 본다는 말이다. 아무리 인종차별이 없어진 현대라지만, 1000년 전통의 영국 왕실에 흑인 며느리라니 하는 탄식이 당시 영국인들 사이에서 터져 나왔다. 더군다나 왕실 전통도 없고 어깨너머로라도 궁중예법을 접해 보지 못한 미국인, 그것도 자유분방하게 살아온 할리우드 배우 출신이라니 하면서 메건이 몰고 올 궁중 내의 태풍을 걱정하는 영국인들이 충분히 이해되었다.

결혼식 당일, 해리 왕자와 메건 왕자비.

나는 당시 한국 언론 여기저기에 해리 왕자의 결혼식에 관한 글을 쓰면서 분명 문제가 생길 것이라 예상을 했었다. 내가 무슨 대단한 혜안이 있어서 그런 게 아니다. 전통을 중요시하고 다른 사람의 눈을 유난히 의식하는 영국인이 궁중에 며느리나 사위로 들어가도 견디기가 쉽지 않다. 그런데 같은 앵글로색슨인이라고 해도 지난 200여 년간 완전히 다른 인종처럼 바뀌어, 자신의 감정이나 의사를 숨기지 않고 드러내는 미국인이 영국 왕실에서 살아간다는 일은 폭탄을 안고 불로 뛰어드는 일임은 내가 아니라도 다 알 수 있는 사실이었다. 결국 둘은 모두의 걱정처럼 오프라 윈프리와의 대담에서 해서는 안 될 궁 내부의 깊은 이야기를 발설하여 세상에 엄청난 충격을 터뜨렸다. 지금은 영국 왕실을 떠나 이제 왕족의 일원도 아니고 미국에서 살아가고 있는 상황에까지 와 있다.

에드워드 8세가 왕관을 내려놓았던 이유

'이혼 경력의 미국인 신붓감'이라고 하면 영국인들은 어디선가 익숙한 느낌을 받는다. 바로 엘리자베스 여왕의 삼촌이던 에드워드 8세 전전 왕의 부인 월리스 심프슨이 한 번도 아니고 두 번의 이혼 경력을 가진 미국인 신부였기 때문이다. 이혼율이 50%가 넘는 영국에서 지금 같으면 아무런 문제가 되지 않을 배우자의 이혼 경력이 당시에는 에드워드 8세의 발목을 잡았다. 그는 결국 동생(엘리자베스 2세의 아버지, 조지 6세)에게 양위를 하고 프랑스로 망명 아닌 망명을 떠나야 했다. '사랑을 위해 왕위를 버린 세기의 사랑'으로 세상을 떠들썩하게 한 사건으로 포장되었지만, 영국 왕실 초유의 사태 '현직 왕이 양위를 하는 사건'이 일어난 이유는 결국 나중에 밝혀졌다. 사실은 에드워드 8세 왕의 독일 나치 옹호 성향과, 옆에서 그를 부추긴 심프슨 부인이 나치 협조자, 즉 스파이였기 때문이었다. 당시 국민들의 충격을 감안해 처칠 총리는 더 이상 밝히지 않고 '사랑을 위한 양위'라고 로맨틱하게 포장하고 위기를 모면했다.

넷플렉스 인기 드라마 〈더 크라운〉에도 나오지만, 에드워드 왕은 양위 후 영국에 오고 싶어했다. 그러나 영국 왕실과 정부는 절대 허

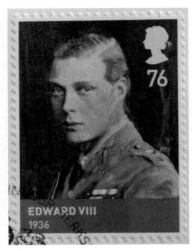
기념 우표에 담긴 에드워드 8세의 모습.

락하지 않았고, 그는 평생 떠돌면서 살아야 했다. 옛날처럼 절대 권력을 위해 전왕이 왕의 자리를 넘보거나 하는 사태는 있을 수 없었다. 그럼에도 그렇게 매몰차게 내친 데에는 혹시라도 언론에 에드워드 왕과 심프슨이 나치와 협력한 문제가 알려지지 않도록 하려는 의도가 있었다. 전왕이 적국과 내통했다는 사실이 세상에 알려지면 망신 정도로 끝날 일이 아니라, 영국 왕실이 흔들릴 일이었다. 에드워드 전왕이 영국으로 반드시 와야 할 일이 있으면 영국 왕실은 공식 일정만 끝낸 후 바로 밀어내듯 내보내고 말았다. 에드워드 전왕은 그런 결정에 따르지 않으면 보조금 지불이 정지되어 품위 유지를 하고 살 수 없을 정도로 궁지에 몰렸다. 이처럼, 세상일은 이면을 알고 보면 눈살을 찌푸리게 될 때가 그렇지 않을 때보다 더 많다. 그래서 '너무 많이 알면 다친다'라는 말이 있지 않은가?

결국 인종차별이 고개를 들다

에드워드 8세를 왕에서 끌어내린 요인의 하나인 배우자의 이혼 경력은 이제 영국 왕실에서도 별 문제가 되지 않는다. 해리 왕자의 아버지이자 현재 영국의 왕인 찰스 3세도 이혼녀와 결혼했다. 메건의 경우도 문제는 이혼이 아니었다. 영국 언론이나 영국인들이 대놓고 말은 하지 않았지만, 해리의 부인감이 흑인이라는 점에 상당히 불쾌해했다. 온라인상에서는 '해리 왕자가 영국 상류층에 흑인 여자 nigger girl를 끌어들여도 좋은가?'라는 온라인 투표가 벌어졌다. 결과는 63%가 찬성한 반면 반대도 37%에 달했다. 인종차별이 거의 없는 영국에서 이 설문에 사용된 'nigger'라는 영어 단어가 정말 충격적이다. 영국에서는 만일 사회 저명인사가 공식석상에서 이 단어를 쓰면 그 순간 그 사람의 공인 생명은 끝난다. 그만큼 절대 써서는 안 되는 단어이다. 그러나 그런 영국에서도 '왕실만은 아직 흑인은 안 된다'는 정서가 당시 상당했었다. 설문에 쓰인 단어 'nigger girl'을 실생활에서 쓰이는 그대로 하면 '깜둥이 년'쯤으로 해석할 수 있다. 아무리 인터넷상이라지만 조금 심했다는 느낌을 지울 수 없었다.

그러고 보면 영국인들은 밖으로는 인종차별을 안 하지만 마음속으로나 자기네들끼리 있을 때는 인종차별을 한다는 뜻이다. 트위터에서도 '최초의 새카만 왕실 꼬맹이(first little royal darkie)가 태어나면 어떤 반응이 나올까?'라는 문장이 리트윗되면서 화제가 되기도 했다. 흑백 부모 밑에서 백인 아기도 나오지만 완전히 흑인 아기도 나오기 때문에 괜한 시비는 아니었다. 해리의 아들딸 사진을 보면 외조모만 흑인이어서 그런지 흑인의 모습은 전혀 보이지 않는다. 이처럼 인종차별이란 단어에 거의 경기를 일으킬 정도의 영국 사회도 결국 인종차별에서 자유롭지 못하다. 특히 최소한 자신들이 아직은 애지중지하는 왕실의 결혼 문제에서는 말이다.

온라인에서는 메건을 영국 왕실 멤버로 받아들이면 안 된다는 서명운동까지 벌어졌었다. 1000만 파운드(약 160억 원)가 드는 해리와의 결혼식 비용을 국민세금으로 내지 말라는 서명도 한창 있었다. 사실 영국인들이 왕실 결혼에 이런 식으로 대놓고 반대한 경우는 이번이 처음이다. 다른 결혼식─찰스와 다이애나, 윌리엄과 케이트─은 국민 모두들 나서서 진심으로 응원하면서 자신들이 더 즐기기도 했다. 2011년 윌리엄과 케이트의 결혼에는 두 배인 2000만 파운드(약 320억 원)가 들었어도 반대가 없었고, 세기의 결혼식이라고 전국이 축제 분위기로 두 사람을 진심으로 축복해 주었다.

영국 극우 언론 데일리텔레그래프의 주간 잡지 '더 스펙테이터'는 "70년 전이라면 메건은 왕자가 정부로 둘 그런 종류의 여인이었지 부인감은 분명 아니다"라고 날카롭게 꼬집었다. 아무리 시대가 변했다 해도 왕실의 희대의 문제아인 해리 왕자나 선택할 만한 기상천외한 신붓감이라는 뜻이다. 원래 해리는 왕위 계승권 6위의 왕자라면 저질러서는 안 될 말썽을 여러 번 부린 왕실의 말썽꾸러기로 유명했으니 그런 말이 나올 만했다. 중도좌파 언론인 가디언은 더 스펙테이터의 기사 중 '그런 종류의 여인(the kind of woman)'이라는 표현은

'흑인 피'를 영국인답게 돌려서 가리킨 말이라고 지적하면서, 유명 정론지가 그런 단어를 공식적으로 쓰면 안 된다는 식으로 경쟁지를 꼭 집어 타일렀다.

또 다른 극우언론인 데일리메일을 보자. 약혼 발표 후 "왕족과 결혼한다고 왕위계승 자격을 자동으로 얻는 건 아니다(Marrying into royalty does not earn you a right to the throne)"라는 내용의 논평을 냈다. 길게 설명하진 않았지만 행간의 의미는 이렇다. '만일 왕실 가족에 무슨 일이 생겨 왕위 승계 순위 6위의 해리가 바로 1위가 되는 사태가 벌어진다 해도, 흑인 부인을 가진 해리에게는 왕위가 자동으로 넘어가는 건 아니다. 그때 가서 영국 조야가 따져봐야 한다.' 인종 차별적 이론으로 보면 흑인 피가 4분의 1만 섞여도 흑인으로 분류된다. 그래서 혹시 흑인 피를 가진 왕비를 모셔야 하거나, 흑인 피가 섞인 자손이 대권을 이어받는 게 아닌가 우려한 보수 우익이 자신들의 독자를 안심시키기 위해 억지 주장을 한 셈이다. 영국인들이 그나마 다행으로 생각하는 일은 해리가 맏아들이 아니어서 왕위를 바로 물려받지 않을 것이라는 점이다. 현 왕세자 윌리엄이 아들을 낳아 줘서 왕세손까지 있으니, 찰스와 윌리엄에게 무슨 일이 생겨도 왕위는 해리가 아닌 윌리엄 아들에게 가도록 왕위 계승 순서가 정해져 있다.

영국은 인종차별 정당이 공공연하게 존재하는 프랑스 같은 나라들과는 달리, 정치인이 공석에서 인종차별 발언을 했다가는 그날로 정치생명이 끝나는 몇 개안 남은 유럽 국가 중하나이다. 해외 식민지를 워낙 많이 거느렸던대영제국 시대부터의지혜이기도 하지만 국민의 양식이 아직은 살아 있어서이다. 영국인들은 인종차별은 혼자

브렉시트 찬성 시위를 벌이는 사람들.

서나 혹은 친한 친구 몇 명이 모여 있을 때나 할 수 있는 일이지 그걸 철없는 아이들처럼 밖에 내놓고 하느냐고 말한다. 인종차별과 반이민 정책, 난민 구제 반대를 드러내 놓고 하던, 브렉시트 투표 전후 영국 정계를 흔들었던 국수정당 영국 독립당이 브렉시트 통과 이후 총선에서 철저하게 무너진 사실이 이를 증명한다. 연일 영국 언론에 얼굴을 내밀고 맥주잔을 들고 특유의 너털웃음을 짓던 당수 나이젤 파라지는 지금 금융회사에 투자하라는 광고에나 등장하고 있는 신세로 전락했다.

그러나 정말 영국인이 인종 편견으로부터 어느 정도 자유로운지는 그 누구도 잘 모른다. 시골의 수많은 시민들이 비록 조금 가난해지더라도 우리끼리만 살겠다고 브렉시트에 찬성표를 던진 이유도 분명 또 다른 종류의 인종차별이다. 그뿐만 아니라 흑인 노예 무역이 영국

상류층 귀족의 치부이자 영국 산업혁명의 원동력의 하나라는 건 잘 알려져 있진 않지만 사실이다. 그런 영국 상류층 사이에서 '미국 흑인 노예 후손'인 메건이 살아가는 일은 결코 쉬운 일이 아니다. 백작 집안 출신인 다이애나도 결국 왕궁 생활에 적응하지 못해 비운의 생을 마치고 말았는데, 자유분방한 할리우드 출신의 메건이 과연 얼마나 버틸지에 대해 추측이 왕성했었다.

영국 왕실에 던져진 운명의 주사위

세계적 페미니스트이자 저명한 지식인으로 1980년대를 풍미했던 저메인 그리어의 말이 그래서 더욱 불길했었다. 저메인은 "아마도 결혼한 후 얼마 되지 않아 무료한 임무와 과중한 역할에 금방 싫증을 느낄 것이라 장담한다"라고 예측했다. 그리고 한마디를 더 덧붙였다. "메건이 지난번 2년의 결혼도 약혼과 결혼 반지를 우편으로 보내고 끝냈듯이 말이다." 저메인은 다이애나 전 세자비가 파리에서 비극적인 최후를 맞게 되는 데 가장 큰 영향을 끼친 카밀라(현재 해리 왕자의 계모)의 친구이기도 하다. 메건이 오프라와의 인터뷰에서 세상을 뒤집는 발언을 하고 결국 영국 왕실을 떠나가고 만 일은 이미 모두가 예상했던 일이었다. 열세 살의 어린 나이에 어머니를 잃고 어렵게 10대를 지내면서 살아온 해리가 그래도 아들딸 놓고 잘 살아 다행이긴 하지만, 영국인들은 아직도 불안불안하게 둘을 지켜보고 있다.

평민 출신인 해리의 형수, 케이트 미들턴은 2018년 4월 23일 세 번째 아기 왕자를 낳고 왕세자비로서의 역할을 훌륭하게 수행하고 있다. 그러나 메건은 물론 해리도 형인 윌리엄과 형수 케이트와는 완전히 다른 성품과 인생의 목표를 가지고 있기 때문에 왕실 요원으로 살아가기가 어려울 거라는 시각이 당시에도 많았다. 케이트는 영국의 전형적인 중하층lower middle class 가정 출신이다. 케이트는 윌리엄과 결혼해 아들딸 놓고 더 이상 이룰 꿈이 없을 정도로 성공한 삶을 즐기면서 누리고 있다. 그렇기 때문에 앞으로 어떤 난관이 있더라도 잘 헤쳐 나갈 거라는 예상이다. 거기에 비해 해리 부부는 절대 왕실에서의 삶을 못해 나가리라는 것이 대부분의 왕실 전문기자들의 예측이고 걱정이었는데, 바로 맞았다.

윌리엄 왕세자와 케이트 왕세자비.

일설에 의하면 스튜어디스 출신인 케이트의 어머니는 자신의 딸을 신데렐라로 만들기 위해 어릴 때부터 준비시켰다고 한다. 케이트를 윌리엄이 진학한다는 스코틀랜드 세인트앤드루대학으로 무조건 보냈다는 사실은 유명하다. 그해 세인트앤드루대학교 여학생 지원율이 두 배가 늘어서 대학이 입학사정을 하는 데 애를 먹었다는 후문도 있다. 케이트에게는 상류층과의 결혼이 인생 최대의 목표였다. 그런데 상류층 중에도 최고인 영국 왕자와 결혼을 했으니 불만이 있을 리 없다. 게다가 아버지 찰스와는 달리 윌리엄은 너무나 가정적이고 충실한 남편이다. 찰스와 다이애나의 불행한 결혼이 윌리엄과 케이트에게는 학습효과로 작용하여, 같은 과오를 범하지 않으리라는 분석이 왕실 전문가들 공통의 의견이다. 윌리엄은 14살에 부모의 이혼을 겪고 15살에 어머니를 사고로 잃었다. 자신의 불행을 결코 자식에게 물려주지 않겠다는 결심이 강해서 거의 편집광적일 정도로 가정적이라는 말이 있다.

그러나 해리와 메건은 형 윌리엄 부부와는 성격이 완전히 다르다. 윌리엄은 장래 대통을 이어갈 왕세자답게 신중하고 차분한 성격이다. 10대 때는 물론 성장해서도 한 번도 말썽을 피운 적이 없다. 거기에 비해 해리는 형보다 더 어린 나이에 부모의 이혼과 엄마의 죽음을 겪어서인지 어릴 때부터 말썽꾸러기 반항아로 유명했다. 해리가 문제아가 된 데는 상처 탓도 있지만, 특히 양 부모의 반골 성향을 그대로 물려받았다는 언론의 분석도 흥미롭다. 해리는 불행하게도 영국 사회의 기득권층과 알게 모르게 부딪치는 히피 세대의 반항아 찰스와, 귀족임에도 왕실과 귀족에 대해 맞섰던 다이애나를 그대로 빼닮았다는 평이다. 다이애나는 이혼 후 제대로 사귄 남자 두 명이 모두 유색 외국인(파키스탄, 이집트)에다가 무슬림 이교도였다. 자신이 원하면 영국 귀족 가문은 물론 유럽 어떤 남자도 골라잡을 수 있었음에도 굳이 유색 외국인, 그것도 이교도들에게만 마음을 주었으니 다이애나의 반골 기질도 정말 대단하다. 영국 왕실을 욕보이려고 일부러 그런 것인지 아니면 정말 운명의 주사위가 그렇게 던져져서 장난꾸러기 큐피드가 그렇게 활을 쏘았는지는 모르나, 하여튼 그런 생모를 해리 왕자가 꼭 빼닮았다는 평이다.

해리는 자신의 행동이 어떤 문제를 일으킬지 알고 일부러 사고를 치곤 했다. 17살에 마리화나를 피우고, 음주를 일삼았다. 심야에 나이트클럽 앞에서 파파라치 카메라맨의 멱살을 잡고 싸운 일이나, 21살에 나치 군복에 나치 문양의 견장을 차고 파티에 나타나 영국을 발칵 뒤집은 일은 결코 우발적이 아니다. 평범한 집안 자식도 그 정도면 문제가 될 터인데 영국 왕실의 왕자가 그것도 당시 왕위 계승 서열 6위의 왕자가 그런 사고를 치면 어떤 일이 일어날지는 아무리 철이 없다고 해도 결코 모를 수는 없다. 어떻게 보면 의도적으로 자신으로부터 엄마를 뺏어간 세상에 반항으로 복수하려고 했는지도 모른다. 나치 군복을 입고 대형사고를 쳤던 해리는 2005년 육군사관학교에 입교했다. 1년간의 훈련을 마치고 소위 임관을 하면서부터는 충실하게 군 임무를 수행해 나가는 듯했다. 그러나 한창 군인 생활에 이력이 붙을 때인 28살 때 미국 라스베이거스 호텔방에서 친구들과 옷 벗기 내기를 하다가 찍힌 나체 사진이 미국 미디어에 노출되고 말았다. 2012년이었다. 영국인들은 "역시 해리답다"고 입을 모았다.

자유분방하기로 따지면 메건도 해리 이상이다. 메건의 부모를 봐도 어떤 성격인지 알 수 있다. 메건의 아버지는 인종차별이 한창이던 미국에서 1979년 흑인 여성과 결혼할 정도로 개방적이고 의지가 강한 사람이다. 당시에는 백인과 흑인의 결혼이 받아들여지지 않던 시절이었다. 어디를 가나 흑인은 들어갈 수 있는 곳보다 못 들어가는 곳이 더 많은 때였다. 이혼한 어머니는 지금도 왕성하게 자선활동을 하는 등 독립적이고 활동적이며 자기주장이 강한 성격이다. 메건도 그동안 자신의 직업인 배우 일 말고도 사회활동에 활발하게 참여하고 부당한 일에는 목소리를 높여왔다. 메건은 해리와 결혼 전에 벌써 여성 권리와 양성평등을 위해 유엔이 지명한 여성보호대사UN Woman Advocate직과 월드비전 캐나다 대사를 역임했었다. 2015년 반기문 유엔 사무총장 앞에서 페미니즘에 관한 연설도 했다. 그뿐만 아니라 해리와 약혼 후에도 영국 왕족의 정치 개입이나 현실 문제에 대해 언급을 삼가는 금기를 깨고 당시 미국 대통령 트럼프에 대해 거침없는 비판을 해서 물의를 일으키기도 했다.

'시누이' 영국인들의 걱정거리

두 사람의 결혼식 초대 리스트에도 메건의 입김이 많이 작용했다. 그동안 영국 사회의 관례로 보면 당연히 초대받으리라 예상하던 주요 정치인들은 결혼식 초대장을 받지 못했다. 당시 영국 현직 메이 총리조차도 결혼식에 초대받지 못하는 사태가 벌어졌으니 더 할 말이 없었다. 게다가 신부가 결혼식에서 직접 발언을 하겠다고 나섰다. 신부란 원래 조신하게 식만 거행하고 사라져야지, 발언하는 경우는 영국인 결혼식에서는 전혀 볼 수 없는 일이었다. 더군다나 왕실 결혼식에서 말이다. 결혼 선물도 전혀 받지 않겠다고 선언을 해 영국을 깜짝 놀라게 했다. 이는 영국 왕실의 오랜 전통을 깬 일이다.

영국 왕실 결혼식에는 세계 각국 왕실, 국가 수반들은 물론이고 영국의 일반 시민들도 선물을 하곤 했다. 특이한 선물은 왕실에 비치해 두고 선물한 이들의 마음을 기리는 전통을 이어왔다. 그런데 해리와 메건은 자신들에게 줄 선물을 여성 인권, 환경, 노숙자, 사회, 에이즈, 군대 문제를 다루는 7개 자선 단체에 돈으로 기부해 달라고 부탁했다. 그러나 일부 언론은 영리한 메건이 자신을 싫어하는 영국인이나 외국에서 선물이 생각보다 많이 안 들어와 망신당할 수 있다는 염려로 아예 선물을 안 받겠다고 선언했으리라는 추측 기사도 나왔다. 어찌 되었건 "참 유별나다"는 빈정거림이 영국인들 사이에서 많이 나왔다. 이렇게 저렇게 결혼 전부터 영국 전통을 거부하는 듯이 튀는 행동을 하는 왕실 새 며느리 때문에, '시누이' 영국인들의 걱정이 이

곳저곳에서 들려오는 것도 이해가 가는 상황이었다.

　물론 표면상 주류 영국 언론은 축하 관련 보도 일색이었다. 일반인들 사이에서 벌어진 인종차별 문제를 부각시키지도 않았다. 해리 결혼에 대한 의견은 브렉시트와 마찬가지로 도시와 지역 간, 세대 간의 차이도 뚜렷했다. 브렉시트 투표의 경우 런던을 비롯한 대도시에서는 반대가 60%, 찬성이 40%였던 반면 중소도시나 시골은 반대 40%, 찬성 60%였다. 해리와 메건의 결혼을 보는 여론도 이와 비슷했다. 연령대와 지역별로 갈라졌다. 나이가 많은 시골 노년층일수록 말썽쟁이 해리가 결국 또 결혼까지도 평범하게 영국 처녀와 하지 않고 분란을 일으킨다고 투덜댔다. 결혼식까지 전통을 무시하고 너무 잘난 척한다는 비판도 많았다. 영국인들이 제일 싫어하는 일이 잘난 척하거나 튀는 행동이다. 그들은 이런 식의 파격들이 해리가 아닌 메건의 주동이라고 판단했다. 메건이 왕실 일원이 된다고 해서 달라지진 않을 터이고, 해리 또한 결코 메건을 말리지 않으리라고 본 것이다. 이는 자기 주장이 강한 미국인 중에서도 배우로 살아온 메건을 통제할 능력이 해리에게 없을 거라는 염려에서 비롯된 시각이었다. 즉, 왕실의 보호 아래 세상 물정 모르고 큰 해리가 메건에 잡혀 자신의 목소리를 못 내고 끌려가는 건 아닌지 하는 걱정이 팽배했는데, 결국 이런 걱정은 현실로 나타났다. 결혼 3년도 채 되지 않은 2021년 3월, 결국 세상을 뒤집는 오프라 윈프리와의 인터뷰가 터져 나왔다.

사실 영국인 사이에서 해리는 그동안 특별한 애정을 받고 있었다. 장차 왕이 될 윌리엄과는 달리 어릴 때부터 사고뭉치인 해리는 집안의 막내아들 같은 존재였다. 영국인들은 열세 살의 해리가 다이애나 장례식에서 눈물 한 방울 흘리지 않고 의젓하게 상주의 역할을 하던 어린 왕자의 모습으로 기억

다이애나 전 왕세자비에게 안긴 해리 왕자.

하고 있다. 말썽을 피울 때도 "엄마의 애정을 못 받고 커서"라고 너그럽게, 그와 동시에 애처롭게 이해해 줬다. 그러나 왕실에 '시한폭탄'을 던져놓은 듯한 결혼을 계속 너그럽게 봐줄지는 의문이었는데, 결국 국민들이 등을 돌리기 전 해리 부부가 먼저 폭탄을 터뜨리고 말았다.

오프라 인터뷰가 나오고 난 후 만난 내 영국인 친구는 응석을 받아주는 데도 한계가 있다고 했다. 지금은 갑자기 고인이 된 그는 옥스퍼드 대학을 나오고 BBC, 로이터를 비롯한 영국 유수 언론에서 평생 활동을 해서 세상 여론에 좀처럼 휘둘리지 않는 지극히 전형적인 지식인이었다. 그런 그도 해리의 철없는 10대 같은 행동에 고개를 절

레절레 흔들었었다. 그는 "원래 집안의 말썽꾸러기 막내인 해리는 어릴 때 엄마를 잃은 자기를 동정해서 세상은 언제까지 불쌍히 여겨 줄 거라고 착각하고 있다"라고 신랄하게 비판했다. 그러면서 그는 메건이 누나처럼 해리의 행동과 사고를 조종하고 있다고 분석했다.

이런 걱정을 증명하듯 결혼 후 얼마 안 되어서 작은 소동이 있었다. 아주 사소한 일이라고 생각할 수도 있는 일이지만 그런 일에 익숙하지 않은 영국인들 사이에서는 적잖은 충격이 일었었다. 공개 석상에서 메건이 혀를 내민 사진이었다. 본인은 앞에 있던 아이가 귀여워서였다고 해명을 했지만, 왕족들이 그런 행동을 하는 걸 한번도 보지 못한 영국 대중들에게는 아주 낯선 행동이었고 자신이 그 행동을 당한 듯한 느낌을 받아 모욕감을 느꼈다고 했다. 어쨌든 영국인들은 메건이 영국 사회에 맞추어 바뀌기는 쉽지 않아 보여 걱정을 했었다. 과연 이 젊은 커플의 별난 행동을 영국 사회가 받아줄지, 아니면 여론의 뭇매를 맞고 상처투성이의 부상자가 될지는 두고 봐야 할 듯했다. 그런데 여론의 뭇매를 맞기 전, 견디지 못한 그들이 먼저 미주알고주알 일을 털어 놓았다. 그후 경악에 입을 다물지 못하는 영국인들을 뒤에 두고 두 부부는 대서양을 훌쩍 건너 미국으로 가서 잘 살고 있다. 결국 메건은 적응을 못하고 해리와 아이들을 데리고 미국으로 '가출'을 해 버렸다.

해리 왕자 부부의 폭로에 대응하는 엘리자베스 2세 여왕의 발표문을 통해
왕실 고급 영어의 진수를 느낄 수 있다.

여왕의 발표문
103단어에 숨은 의미

영국 엘리자베스 2세 여왕은
영국인에게 거의 '붙박이 장롱'
같은 존재였다. 1952년 2월 6일
아버지 조지 6세의 붕어崩御 후,
정식 대관식(1953년 6월 2일) 전
에 이미 영국 왕으로 등극한 여
왕은 2022년 2월 6일에 즉위 70
주년 백금기념일Platinum Jubilee
을 맞았다. 성대한 정식 축하식
은 관례에 따라 날씨가 좋은 6월

런던 버킹엄궁 앞에서 여왕 즉위 백금기념일
행사를 즐기는 영국인들.

2일에 거행되었다. 이 날은 임시공휴일이었다. 여왕이 생존해 있던 당시 살아 있는 영국 국민 중 87%는 여왕 이외의 왕을 겪어 보지 못했다. 그래서인지 80%의 영국 국민이 입헌왕정제를 지지하고 있었고 오로지 13%만 공화국을 찬성하고 있었다. 여왕은 생전에 영국에서 가장 존경받는 인물이었다. 그래서인지 오프라 윈프리의 해리·메건 부부 인터뷰 사태 때도 여왕의 인기도는 변함이 없었다. 반면 인터뷰 후 첫 여론조사에서 해리 부부의 인기도는 인터뷰 전인 2021년 3월 2일에 비해 15%나 떨어졌었다. 3월 10일과 11일 성인 1664명을 대상으로 한 유고브 여론조사에 의하면 인터뷰 직후에는 인기가 약간 올랐다가 시차를 두고 급격하게 떨어져 바닥을 찍었다.

인터뷰 사건을 겪으면서 당시 영국인들이 여왕과 왕실에 대해 감탄하면서도 안심한 점이 있다. 충격적 사태를 다루는 여왕과 왕실의 여유와 솜씨가 너무 능수능란해서 걱정을 좀 덜었다는 뜻이다. 당시 인터뷰에는 왕실을 직접 공격하는 (왕족이라면 감히 그럴 수 없는) 내용이 있어 보통 그런 일에 반응하지 않는 여왕도 어쩔 수 없이 입장을 발표했었다. 여왕의 발표문statement은 인터뷰 이틀 뒤인 3월 9일 나왔는데, 영국 언론은 너무 빠르지도, 늦지도 않은 적절한 날짜에 발표되었다고 평했다. 평소 여왕이 사안에 대해 금방 반응하지 않던 전례로 봐서는 발표 시점이 상당히 빠른 편이었다. 사태를 놔두면 놔둘수록 쓸데없는 해석이 난무하리라는 판단 때문에 사태를 조기에 진정시키려고 더 늦지 않게 발표를 한 듯했다. 그만큼 왕실도 사태가 곤혹스러웠고 그래서 심각하게 느꼈다는 뜻이다.

'전 가족(whole family)'과 '우리(our)'

당시 여왕의 발표문에는 사태를 보는 왕실의 시각과 향후 대처 방향도 보였다. 또한 왕실이 얼마나 '신중하게 단어를 엄선해 발표문(carefully-worded statement)'을 작성하는지도 알 수 있었고, 한편으로는 왕실이 쓰는 고급 영어의 일면을 엿볼 수 있는 보너스도 얻었다.

발표문은 103개 단어로 이루어져 아주 간단하다. 세 개의 단락이 간격을 두고 떨어져 있고 전체는 다섯 개 문장으로 만들어져 있다. 군더더기 없는 필수 문장만이 건조하고 간결하게 적혀 있다. 신민臣民에게 여왕이 내리는 일종의 칙령 같은 문구이다. 그러면서도 그 안에는 여왕의 인간미와 손자 해리 가족에 대한 사랑이 과하지 않고 적절하게 나타나 있어 옷깃을 여미게 한다는 평가를 받았다.

여왕 발표문은 '아래의 발표문은 버킹엄궁이 여왕 폐하를 대신하여 발표한다'라고 시작한다. '친애하는 국민 여러분' 식의 상투적 인사 문구는 없다. 바로 본론으로 들어간다. 보통 영국 회사들이 주고받는 편지나 이메일도 이런 식이다. '귀사의 번영을 어쩌고' 하는 한국식 문구는 절대 들어가지 않는다. 첫 문장은 '지난 수년간 해리와 메건이 얼마나 힘들었을지에 대한 모두를 알게 되어 전 가족은 슬프다(The whole family is saddened to learn the full extent of how challenging the last few years have been for Harry and Meghan)'이다. 이 문장의 주어인 '전 가족(whole family)'이라는 말에는 '우리(our)'라는 단어가 들어가 있지 않다. 이를 일러 왕실 전문가들은 '우리'라고 하면 해리 부부를 빼고 말하는 격이 되기에 그냥 '전 가족(whole family)'이라고만 했다고 설명한다. 해리를 포함한 표현일 수도 있고 아닐 수도 있지만 '우리'라는 단어보다는 '전 가족'이란 단어를 쓴 걸 보면 정말 세계 최고의 외교 기관답게 외교적 언사에 능숙하고 말 한마디, 단어 하나에도 신경 쓰는 따뜻한 배려를 엿볼 수 있다.

'알게 되어 슬프다(is saddened to learn)'에서 'learn'이란 단어를 쓴 이유도 분명하다. 자신들이 해리와 메건으로부터 직접 들어서 '알

버킹엄궁 발코니에 선 왕족 일가.

게 된(know)' 사실이 아니라는 말이다. 인터뷰 방송을 직접 보았다면 'learn'이라고 하면 안 된다. 결국 사실이야 어떻든 직접 듣지도, 방송도 보지 않고 '간접적으로 누군가에게서 들어서 알게(learn)' 되었다는 뜻이다. 점잖은 왕실 가족들이 TV 앞에 앉아서 해리 인터뷰를 보면서 일희일비하지 않았다는 말이기도 하다.

해리와 메건의 '지난 수년간이 얼마나 힘들었을지'라는 대목에서도 '고통스러웠는지(painful)'라는 직감적 단어를 쓰지 않고 남의 얘기하듯 '힘들었을지(challenging)'라는 모호한 표현을 썼다. 'challenge'는 '도전'의 뜻과 함께 '어렵다', '힘들다'라는 뜻으로 많이 쓰이는데 영국인들이 특히 상태를 돌려서 표현할 때 쓴다. 왕실은 '고통스러웠던(painful)'이란 단어를 굳이 쓰지 않더라도 'difficult' 혹은 'hard' 같은 평이한 단어를 썼으면 해리 부부가 좀 더 동정적으로 비쳤을 텐데 굳이 그런 단어도 쓰지 않았다. 결국 '고통스럽다, 어렵다, 힘들다'는 다분히 개인 주관이 담긴 표현일 수 있기 때문에 중립적이고 모호한 단어를 쓴 듯하다. 영어에서 통상 쓰는 표현법이다. 그다음에 나오는 '기억이란 다를 수 있지만'은 표현의 함의含意를 퇴색시키지 않으려 그냥 제3자가 건조하게 말하듯이 넘어가려고 노력했다. 이 문장에서 왕실이 전하고 싶은 뜻을 단순하게 해석하자면 '전해 들은 얘기로는 너희들이 힘들었다고 하니 애써서 하는 말인데 전 가족은 슬프다'가 더도 덜도 말고 가장 적합하다고 나는 생각한다.

기억이란 아마도 다를 수 있지만...

다음 문장 '제기된 사안, 특히 인종(관련)은 우려하고 있다(The issues raised, particularly that of race, are concerning)'에서 가장 유의해야 할 주요 표현이 나온다. 우선 'The issues raised'에서 '제기된(raised)'이라는 표현부터 살펴보자. 사실 이 문장은 'The issues, particularly that of race, are concerning'이라고 해도 된다. 그러나 그러면 '사안들 중 특히 인종(관련)은 우려하고 있다'라는 직설적 표현이 되어, 인터뷰에서 거론된 모든 사안을 이미 '문제(problems)'로 왕실이 인정하고 확인하는 말이 된다.

그러나 'raised(제기된)'라는 단어 하나가 들어감으로써 '사안들(the issues)'은 그냥 '제기되었을' 뿐 아직 사실 확인이 되지 않은 문제로 남는다. 인터뷰에서 제기된 사실을 따져 보기도 전에 인정할 수는 없다는 말이다. 오프라 윈프리 인터뷰에서 해리 부부가 무슨 말을 어떻게 할지 사전에 귀띔받은 바가 없기도 했거니와 인터뷰 발언을 이틀 만에 조사해서 확인해 줄 수 없다는 입장이기도 하다. 결국 진실을 하나하나 시간을 두고 따져가 보자는 말이다. '너희들의 말을 인정한다 안 한다의 차원이 아니라 그냥 들었을 뿐이고 그런 문제를 조사해 봐야 진위를 알 수 있으니 두고 보자'라는 뜻이다.

'특히 그 인종(particularly that of race)'이라는 대목에서는 인종 문

제에만 '특히(particularly)'를 덧붙여 중하게 생각한다는 의도를 강조하면서 동시에 다른 사안들은 좀 가볍게 보이게 했다. 솔직히 말한다면 인종 문제가 아닌 정신 고통, 경호, 돈 관련 문제들은 굳이 언급하거나 알고자 하지 않겠다는 뜻이다. 그리고 인종 문제가 워낙 영국뿐만 아니고 세계적으로 민감한 사안이라 왕실도 특별히 거기에 관심을 가지고 있고 우려를 하고자 한다는 뜻이다. 이 문장 마지막에 나온 'concerning'도 유의 깊게 봐야 한다. 'concerning'은 제일 많이 쓰이는 뜻이 '관하여'이지만 영국식 표현에서는 '관심을 갖고 걱정한다'라는 의미로, 앞서 이야기한 'challenging'처럼 점잖은 표현이다.

다음 문장 '기억이란 아마도 다를 수 있지만, 그 문제들을 아주 심각하게 여기고 있고 그래서 문제는 가족들에 의해 은밀하게 다루려 한다(While some recollections may vary, they are taken very seriously and will be addressed by the family privately)'에 바로 여왕이나 왕실이 하고자 했던 말이 모두 들어 있다. 성명서 문장 다섯 개 중 가장 중요한 문장으로 볼 수 있다. 특히 '기억이란 아마도 다를 수 있지만(While some recollections may vary)'도 발표문 중 가장 중요하다. 다른 식구들과 확인해 보기 전까지 여왕 자신은 해리 부부의 일방적인 말을 믿지 않겠다는 뜻이다. 양쪽 말을 다 들어 보겠다는 뜻이기도 하고 혹은 아예 안 믿겠다는 뜻이기도 하다. 하지만 여기서도 'may(아마도)'를 사용해 '기억이 다를 수 있으니 우리 다시 한번 따져 보자'라고 부드럽게 제안한다. 너희들 말이 틀렸다고 단정지어 적시

하지는 않는다는 전형적인 영국식 표현이다.

이렇게 영국인들은 항상 도망갈 구멍을 만들어 놓는다. 영국인 직원을 다루는 한국 상관이 항상 골치 아파하는 일이 바로 영국인은 절대 책임질 말을 하지 않는다는 점이다. 예를 들면 "할 수 있느냐?(Can you do it?)"에 대한 영국 직원의 정답은 "최선을 다해 보겠습니다(I will do my best)"이다. 나중에 일이 안 돼도 "난 해낸다고는 분명 안 했다. 그냥 최선을 다한다고 했고, 그래서 정말 최선을 다했는데도 결국 안 되더라"라고 하면 더 이상 책임을 추궁할 수가 없다.

말장난 선수들이 만든 예술적 표현

어떤 사건에 대해 조사를 지시한 후 내놓는 답은 한 수 더 나간다. '내 생각에는(I think 혹은 In my opinion)'이라는 방어막을 바로 친 뒤 답변이 나오는데 여기도 수 싸움이 있다. 상황 파악이 잘못되어도 '그럴 거라는 내 생각을 말한 거지 상황이 그랬었다는 말은 아니었다'고 오리발을 내민다. 이래서 '내가 짐작하기를(I guess so)', '아마도(It may be)', '어쩌면(perhaps)'이라는 표현을 듣지 않고서는 영국 생활을 하루도 할 수 없다.

거기다가 'may'는 허락이나 가능성을 뜻하는 말이기도 하다. 그래서 이 말은 뒤에 바로 따라오는 'vary(다르다 혹은 다양하다)'와 합쳐져서 '아마도 기억이란 다를 수도 있다', 즉 '아마도'와 '수 있다'의 가능성을 동시에 내포한다. 'While some recollections may vary'란 문장은 왕실의 말장난 선수들이 만들어 낸 예술 수준의 명문이라고 할 만하다. 앞으로 영국인들의 일상 대화에서도 많이 사용될 듯하다.

이 문장은 '너희들이 거짓말한다'라거나 '의심한다'는 말을 직설적으로 하지 않는다. 그냥 여왕 할머니가 오래된 삶의 지혜를 이야기하거나 타이르듯 "얘들아! 세월이 지나고 나면 기억이란 때로 사실과 다르거나 달라질 수도 있단다"라고 손자 부부에게 말하는 듯하다. 손자에게 도망갈 구멍도 만들어 줄 겸 나중에 화해할 수 있는 여지를 남기고 싶어서 '정중한 부정과 외교적 포용의 걸작' 같은 표현을 고심해서 쓴 문장이다.

또 '너희들 생각에는 그런 일이 그렇게 일어났다고 생각하지만 실제 그런 일이 있었는지에 대한 기억이 정확하지 않을 수도 있다'는 의미를 내포한다. 세상을 오래 산 할머니가 손자 부부에게 전하는 지혜의 충고로, 단순히 너희들 기억에만 의거해 누군가가 그런 인종차별 발언을 했다고 단정적으로 결론 짓지 말라는 이야기다.

이렇게 영국인들은 가능한 많은 단어와 문구를 집어 넣으면 고급 영어가 되는 듯 구절구절 가져다 붙이길 좋아한다. 예를 들면 "커피 한잔 하겠나?"를 가장 간단하게 한다면 미국식으로 "Coffee?" 하면 된다. 하지만 영국인은 아무리 짧게 해도 "Have a cup of coffee?"라고 한다. 더 나아가 "Would you like to have a cup of coffee?"라고 해야 격식을 갖춘 정중한 고급 영어라고 생각한다.

여왕이 내린 결론

여왕은 발표문의 결론으로 '그래서 이 문제는 가족들에 의해 은밀하게 다루려 한다(will be addressed by the family privately)'라고 했다. 이 문장으로 인터뷰로 야기된 사태의 마감을 어떻게 하겠다는 방침을 정확하고 단호하게 모두에게 명령했다. 이 문제는 우리 가족 사이의 문제여서 우리끼리 해결할 터이니 세상은 더 이상 아무런 말도 하지 말라는 뜻이다. 또한 해리 부부는 물론, 모든 왕실 가족이 입을 다물고 제대로 협의가 있을 때까지 조용히 하라는 명령이다.

영국 언론은 이를 두고 '여왕이 관련자 모두에게 아주 강력한 행동 지침(three-line whip)을 내렸다'고 했다. 'three-line whip'은 영국 정당의 하원 원내총무가 하원의원들에게 내리는 투표 지시 사항이다. 절대 어기면 안 되는 사항이다. 만일 이를 어기고 다른 투표를 하거나 투표에 참석하지 않으면 중대한 처벌을 받게 된다. 그래서 누가 three-line whip 명단에서 제외되었다는 말은 당에 소속된 하원의원 신분이 정직 상태라는 말이다. 그래서 영국 언론이 여왕이 모두가 어기면 안 되는 중대한 행동 지침을 내렸다고 정당으로 예를 들어 명령의 심각성을 표현했다. 영국 언론은 이를 또 여왕이 해리 부부에게 '더 이상 말도 하지 말고 진정하라고 간청하고 있다(pleading with them not to say anymore and to calm down)'고도 해석했다. 결론 문장에서 또 하나 눈에 띄는 영국식 고급 영어 표현은 '다루어진다(addressed)'이다. 사실 이 말은 'dealt with'나 'handled with'가 더 일반적인 용법이다. 그러나 왕실은 굳이 'address'라는 단어를 썼다.

마지막 문장 '해리, 메건과 아치는 언제나 아주 사랑받는 가족의 일원일 것이다(Harry, Meghan and Archie will always be much loved family members)'에는 일찍 어머니를 잃고 질풍노도의 10대와 20대를 힘들게 지나 이제 막 가정을 꾸리고 행복을 찾으려고 나름 발버둥치는 손자를 향한 자애로운 할머니의 애정이 담겨 있다. 영국인들도 이 행간의 깊은 의미에 감동했다. 영국 언론은 마지막 문구를 두고 '여왕은 화해의 올리브 나뭇가지를 내밀면서 다시 연결의 다리 건설을 시작하려고 한다(she is throwing out an olive branch and start to build bridges)'라고 해석하기도 했다. 그러나 여기에는 섬뜩한 마지막 경고도 들어 있다. '지금은 이 정도로 너희를 용서해 주고 가족의 일원으로 인정하지만 만일 더 이상 선을 넘으면 가족이 아닐 수도 있다'는 '행간行間의 의미(meaning between the lines)'의 칼날이 숨겨져 있음을 모든 영국인들은 안다.

당시 여왕의 강력한 지침으로 영국 언론은 더 이상 집요하게 문제를 거론하지 않았고, 사태는 조용해졌다. 전문가들은 양측 사이에 '그는 말했고, 그녀도 말했고(he said, she said)' 식의 논쟁은 분명 없으리라고 전망했다. 사실 그 이후 이 문제는 최소한 영국에서는 조용해졌다. 예를 들면 해리의 아들 아치의 피부 색깔에 대한 질문을 누가 했느냐는 식의 선정적인 기사는 최소한 영국 언론에는 더 이상 등장하지 않았다. 그러나 해리 부부와 미국 언론의 기류는 조용해지지 않았고 계속 문제를 들고 나왔다. 하긴 해리 부부로서는 미국인들이 관심 있어 하고, 반감 일색인 영국과는 달리 미국인들은 동정적인 시선으로 보고 있으니 조용할 이유가 없었다. 미국 언론도 미국인들이 계속 흥미 있어 하니 당연히 다룰 수밖에 없었다. 예를 들면 인터뷰 바로 뒤 형 윌리엄과 동생 해리 사이에 통화가 있었는데, 그 후 메건의 친구가 바로 미국 CBS에 나와 "통화는 별로 생산적이지 못했다(unproductive)"는 메건의 말을 전해서 다시 물의가 일었다. 아무리 메건이라고 해도 형제 두 개인의 대화를 친구에게 말해서는 안 된다는 영국인들의 비판이었다. 그래서 영국 여론은 메건이 뭔가 노리는 다른 의도가 있다고 의심했다. 그렇지 않고는 형제간의 대화를 그렇게 악의를 가지고 외부에 까발릴 수 있는가 하고 흥분했다.

영국 칼럼니스트들, 특히 왕실 전문기자들은 이를 두고 이렇게 비판했다. '이런 식으로 가족 간의 대화를 친구에게 발설해서 눈 깜짝할 사이(in the blink of an eye)에 언론에 나와 세계가 다 알게 되었다.

신뢰와 내밀이 생명인 왕실 가족 간의 대화를 어떻게 그렇게 까발릴 수 있느냐? 충격적인 신뢰의 파괴이다. 일반인 가족 간의 사사로운 대화도 밖으로 새어 나가면 안 되는 마당에, 어떻게 왕실 가족 간의 특히 형제 사이의 대화를 온 세상에 까발리는가? 그러면 앞으로 왕실은 해리 부부와의 대화를 당연히 꺼리게 된다. 또 한 번 그들은 스스로 자신의 발등을 찍었다. 왕실 가족 사이는 그런 관계가 아니다 (That's not how the Royal Family works).'

전문가들은 "특히 그 발언은 메건의 허락 없이 TV에서 발설될 리가 없다"는 지적도 했다. "메건은 애시당초 균열을 치유할 생각이 전혀 없었던 듯하다. 그렇지 않고는 그렇게 부정적이고 불쾌한 말을 공개적으로 뱉을 리가 없다"는 뜻이다. 왕실 출입 기자들 사이에서는 "그들(해리 부부)의 특권 의식은 정말 놀라울 정도로 도를 넘었다. 그들은 각광을 받지 않고는 견디지 못한다(They can't bear to be out of the spotlight)"는 비판까지 나왔다.

다행히 CBS에 출연했던 메건의 친구는 "그들은 대화를 원한다. 가족은 가족이기 때문이다. 아직까지도 왕실 가족 누구도 메건과 통화 한 번 하지 않았다"라고 했다. 영국 언론은 '메건과 통화 한 번'이라는 말을 메건이 왕실 가족과 대화를 원하는 것으로 해석했다. 그러고 보면 둘은 사고를 쳐 놓고도 왕실과의 다리를 완전히 불태우고 싶지는 않은 모양이다. 이제는 찰스 3세 왕이 나서서 덩치만 크고 삐지고 토라진 아들 부부를 감싸 안을 시간인 듯하다.

2장

영국과 한국,
두 나라를 잇는 끈

영국인의 삶에서 결코 빼놓을 수 없는 것 중 하나가 바로 축구이다.
영국에는 '축구는 죽고 사는 문제가 아니다.
그보다도 훨씬 더 중요하다'라는 이야기도 있다.

영국인들이
손흥민에 빠진 이유

엘리자베스 2세 여왕이 살아 있던 때의 통계 하나로 시작해 보자. '영국인은 6685만 명인데 그중 축구 팬이 6684만 9998명이다.' 여기서 축구 팬이 아닌 두 사람은 다름 아닌 엘리자베스 2세 여왕과 아들인 찰스 당시 왕세자를 말한다. 농담 같기도, 진담 같기도 한 이 통계는 역으로 보면 영국인들은 누구나 예외 없이 축구 팬이라는 뜻이다. 사실 영국인의 삶에서 축구가 차지하는 비중은 아무리 강조해도 과하지 않다. 축구로 인생을 시작하고 축구로 인생을 끝낸다고 할 정도다. 그런 영국 축구 팬들 사이의 최근 대화 중 핫 이슈는 역시 '우리 손흥민' 선수이다. 손흥민에 대한 대화 내용도 칭찬과 호감 일색이다. 내가 한국인이라서 손흥민을 칭찬하는 '자뻑'이 아니다. '한 축

영국인들이 축구 경기를 보며 환호하고 있다.

구 하는 영국 팬' 사이에서도 축구 얘기가 나오면 반드시 최소한 한 번은 손흥민 이야기가 반드시 나온다. 또 영국 언론의 스포츠 관련 기사에서도 손흥민보다 더 화제인 선수는 이제 찾아보기 힘들다.

손흥민이 갑자기 화제가 된 이유는 어찌 보면 좀 아이러니하다. 원래 언론 생리로 보면 사람이 개를 물어야 뉴스가 되는 법이다. 영국 언론 표현에 의하면 기대하지 않았던 손흥민이 '의외로unexpectedly' 주전 중에 주전인 해리 케인의 부진으로 초상집이 된 토트넘을 너무 잘 지켜주어서 화제가 된 적도 있고, 2021/22년 시즌에 손흥민은 결국 23골을 넣어 케인과 함께 EPL 최다골로 골든 부츠를 수상하는 대단한 금자탑을 쌓았다. 아시아 선수로는 최초이다. 물론 손흥민은 어디서 갑자기 나타난 선수는 아니다. 그러나 실력이나 팀 내 비중에 비해 영국 언론과 축구 팬들이 그동안 좀 야박하게 관심을 안 둔 건 사실이다. 그러다가 이번 기회에 그동안 못 보낸 성원에 미안함까지 얹어 한꺼번에 손흥민을 조명하는 듯하다. 그동안 손흥민은 활약상에 비해 영국 언론에서 기사와 인터뷰가 왠지 적었다. 영어로 대화가 원활하지 못했던 '맨유' 박지성 선수에 비해 손흥민은 거의 원어민 수준의 영어를 구사하는데도 말이다.

프로 축구선수의 팀 내 중요도는 무엇보다 연봉에서 나타난다. 토트넘 내 2022년 연봉 순은 해리 케인(1040만 파운드)에 이어 손흥민이 두 번째(1028만 파운드)이다. 2019년에 케인 연봉은 1040만 파운드로 2022년과 같은데 비해 손흥민은 728만 파운드로 42%나 차이가 났다. 결국 2년 동안 케인은 답보를 한 반면 손흥민은 42%가 올랐다는 뜻이다. 구단 내에서 손흥민의 입지를 말해 준다. 겨우 1% 남짓에 불과한 12만 파운드 차이는 그냥 케인의 자존심을 살려 주려고 손흥민의 연봉을 조금 줄인 듯하다는 기자들의 평이다. 그 금액도 구단에서는 케인보다 더 주려고 했는데 손흥민이 케인의 자존심을 건드리지 말자고 제안해서 차이를 그만큼 주었다는 말도 나온 적이 있다. 이렇게 보면 손흥민의 앞날은 비단길이다. 앞으로 얼마나 노력해서 그 비단길을 곱게 가는지는 온전히 손흥민 자신에게 달려 있다고 해도 과언이 아니다. 손흥민의 인기는 한두 시즌만 특히 잘한 덕분이 아니다. 손흥민은 경기 후 짧은 TV 인터뷰에서 언제나 "팀원 모두 노력한 결과"라고 한결같이 공을 동료들에게 돌린다. 이런 태도가 팀워크를 위한 겸손, 희생, 인내를 인성人性의 최고 미덕으로 치는 영국인들 사이에서 인기를 높이는 데 크게 작용했다.

그동안 손흥민과의 본격 인터뷰가 영국 신문에 나온 건 손으로 꼽을 정도였는데 '가디언'의 데이비드 하이트너 기자가 드디어 손흥민을 제대로 한번 다뤘다. 2019년 3월 19일자 인터뷰 기사를 보면 손흥민에 대한 꽤 많은 사실이 새로 드러나 영국인들에게 소개됐다. 영국 축구 팬들에게 읽을거리를 제공하는 축구 전문 기자들의 수준은 전문가를 능가하는데, 이런 수준 높은 인터뷰와 거기에 달린 팬들의 댓글을 통해 왜 손흥민이 토트넘을 넘어 영국 전역에서 빛을 발하는지 한번 보자. '손샤인Sonshine'이 빛나는 데는 다 이유가 있다.

가디언지 인터뷰로 본 '손샤인'

우선 인터뷰 기사 제목이 독자들 사이에서 격렬한 논쟁을 불러일으켰다. '아버지가 내가 은퇴하기 전까지는 결혼하면 안 된다고 해서 나도 거기에 동의했다(My father says I shouldn't marry until I retire and I agree)'. 27살의 성인이 결혼하지 말라는 아버지의 뜻을 따르겠다고 공개적으로 밝힌 걸 기사 제목으로 달았다. 가디언 편집자에게도 이 발언이 가장 이색적이었던 모양이다. 팬들도 댓글에 '말이 안 된다'부터 시작해서 '동양에서는 아버지의 말이 곧 법이다'라는 등 논란을 벌였다.

인터뷰 기사의 톤으로 보면 손흥민은 하이트너 기자를 완전히 감동시켜 자신 편으로 만들었음이 분명하다. 손흥민은 흡사 홍보 전문가로부터 훈련을 받은 듯 '옳은 말'만 했다. 물론 닳고 닳은 기자의 눈에 입 발린 소리가 발각되지 않을 리 만무하지만 어찌되었건 인터뷰 기사만 보면 손흥민은 기자는 물론 독자들, 팬들까지 완벽하게 매혹시켰다. 가디언이 어떤 신문인가? 가장 깐깐하고 빡빡하면서 자신들은 불편부당한 중립지를 표방하지만 영국인들은 중도좌파언론이라고 평가한다. 절대 '더 선'이나 '데일리 메일'처럼 대놓고 누구를 비난하거나 칭찬하지 않는다. 그런데도 가디언지 기자는 칭찬 일색이다. "나는 최고 수준의 경기를 해서 모든 사람들을 행복하게 해 주어야 합니다. 내가 웸블리 토트넘 경기장에서 축구를 하는 동안 수많은 태극기를 볼 수 있어요. 나는 내가 할 수 있는 최선의 노력을 해서 최고의 경기로 그 빚을 갚아야 합니다. 내게는 그것이 가장 중요합니다. 내가 한국의 대사라고 느낀다고요? 물론이지요."

손흥민의 이야기는 아주 구체적이다. "다른 예를 들어 볼게요. 내가 오후 3시에 경기를 하면 한국은 한밤중입니다. 내가 챔피언스리그를 저녁 8시에 뛰면 한국은 새벽 5시입니다. 아침에 일하러 가는 한국 팬들은 그래도 내 경기를 TV로 보려고 밤을 샙니다. 나는 그들에게 진 이런 빚을 갚아야 합니다. 내 책임이 엄청 무거운 걸 나는 압니다."

자신이 빛을 발하기까지 아버지와 같이 실력을 갈고닦은 과정도 빼놓을 수 없는 레퍼토리다. 아버지 손웅정 씨도 1987년 국가대표 선수를 지낸 축구선수 출신이다. "내가 10~12살 때 아버지는 형과 내게 네 시간 동안 키피어피(볼 리프팅: 공을 발에서 떨어뜨리지 않게 차서 계속 올리기)를 하라고 시켰어요. 세 시간이 지나자 바닥이 붉은 핏빛으로 보였어요. 눈이 충혈되어 바닥이 피 색깔로 보였죠. 너무 지쳤는데 그래도 할 수밖에 없었답니다. 지금도 그렇지만 당시 아버지 말은 바로 법이었어요. 아버지는 (크게 성공하지 못한) 축구선수로서 당신이 겪어야 했던 고난을 우리들이 겪게 하고 싶지 않아서 자식들을 아주 엄격하게 훈련시켰어요. 지금도 우리는 모이면 그때 이야기를 하면서 같이 웃는답니다. 네 시간 동안 공을 안 떨어뜨리고 계속 올릴 수 있는 건 쉬운 일이 아니잖아요?"

이 대목에서 기자의 시비가 없을 수 없다. "아니, 열 살짜리가 공을 어떻게 네 시간 동안 한 번도 안 떨어뜨릴 수 있나요? 불가능하지요." 하지만 손흥민은 단호했다. "아니요. 단 한 번도 안 떨어뜨렸어요." 손흥민의 단호함 때문인지 가디언 기자는 바로 긍정적인 해설로 돌아섰다. "바로 이 말은 몇 가지 사실을 말해 준다. 첫째는 손흥민의 자질이다. 그는 겨우 걸을 때부터 공을 찼다. 최고의 선수로 자라기 위해서는 바로 아버지의 요구를 따를 준비를 항상 하고 있었다는 뜻이다. 대단한 집중력과 전념(extraordinary levels of focus and dedication)의 결과이다." 물론 영국 팬들은 이 대목에서도 '전근대식이다', '이런 식으로 하면 연쇄살인자를 만든다', '손흥민 아버지는 인간도 아니다'라는 식으로 격렬한 논쟁을 벌였다.

겸손까지 갖춘 스타 플레이어

그러나 손흥민은 한발 더 나아간다. "아버지는 항상 내가 뭐가 필요한지만 생각했지요. 아버지는 모든 걸 나를 위해서 했어요. 만일 아버지가 없었다면 오늘의 나는 분명 없었을 겁니다." 손흥민은 아버지를 진짜 존경하는 듯했다고 기자는 언급했다. "내가 아버지로부터 들은 말 중 제일 중요한 말은 바로 '네가 남들보다 더 뛰어난 축구선수라고 해도 다른 선수들을 존경하지 않으면 넌 아무것도 아니다'였어요. 내가 아주 어릴 때부터 아버지는 내가 골을 넣을 찬스에 있더라도 상대팀 선수가 넘어져 부상을 당해 있으면 볼을 버리더라도 달려가서 돌봐야 한다고 했어요."

손흥민은 아버지의 조언을 훌륭한 철학으로까지 승화시킨 듯하다. "어떤 경우에는 상당히 어렵긴 하지만 우리는 축구선수 이전에 하나

손흥민이 사는 함스테드 지역의 거리 풍경.

의 인간이기에 반드시 그걸(존경) 해야 합니다. 우리는 서로를 존경해야 합니다. 경기장 안이건 밖이건 무슨 차이가 있나요?"

하이트너 기자도 감복했는지 "손흥민 정도의 능력에다가 겸손까지 겸비하는 경우는 정말 보기 드물다"는 언급까지 한다. 팬들도 마찬가지다. "손흥민이 약속시간 10분 전에 도착했다"는 기사 내용을 보고 "손흥민 정도의 세계적인 선수가 그런 경우는 본 적이 없다"고 놀라워한다.

기자는 계속 칭찬 일색 모드이다. "손흥민은 전형적인 축구선수들과는 다른 선수이다. 그는 부모와 함스테드의 방 세 개짜리 아파트에서 산다. 지난 목요일은 훈련이 없는 날인데 손흥민은 근처 장애자 특수학교 여학생 축구팀과의 만남을 취소하지 않고 약속을 지켰다.” 이 대목에서 다시 손흥민이 말한다. “사람들은 내가 왜 부모님과 같이 사는가 하는 질문을 많이 한답니다. 동서양의 생각이 다르지요. 누가 나를 보살펴 줍니까? 누가 내가 축구를 잘할 수 있게 도와줍니까? 바로 내 부모님들이지요. 부모님은 자신들의 삶을 포기하고 나를 돕기 위해 여기에 와 있어요. 난 그분들에게 진 빚을 돌려드려야 합니다.” 손흥민은 이런 말도 덧붙였다. “나는 프로 축구선수는 그냥 재주만으로 되는 게 아니라 생각합니다. 예를 들면 나의 우상 크리스티아누 호날두는 자신이 가진 능력 이상으로 뜁니다. 생각 없는 많은 선수들이 자신들의 재능만으로도 충분하다고 하는데, 나는 절대 그렇지 않다고 생각합니다.”

이런 인터뷰 기사를 읽고 독자들이 단 댓글을 보면 손흥민에 대한 가장 확실한 여론을 엿볼 수 있다.

‘손흥민은 세계 수준의 선수이면서도 감독 눈에 들어 출전 선수로 선발되기 위해 최선을 다하고 안달을 하는 듯하다. 골을 넣으면 생애 첫 골을 넣은 선수처럼 좋아한다. 정말 멋진 친구다.’

‘내 열 살 아들이 손흥민을 제일 좋아하는 선수로 정한 걸 나는 정말 좋아한다. 아들은 등번호 7번 유니폼을 입고 밖에서 논다. 노스플로리다에 사는 열 살짜리가 영국에서 뛰는 한국 선수를 좋아한다는 일이 놀랍지 않은가? 최고의 선수를 선택한 셈이다. COYS!(Come on You Spurs: 토트넘 파이팅!)'

'나는 아스널 팬Gooner이다. 그런데 솔직히 고백하자면 그는 최고의 선수다. 그리고 아주 훌륭한 인격을 가진 선수이기도 하다. 많은 존경을 보낸다.'

숙적의 팬까지 사로잡은 인간미

토트넘과 아스널은 런던 북부에 이웃하고 있는 팀이지만 항상 3~4위를 다퉈온 숙적이다. 두 팀이 시합하는 날은 팬은 물론 선수들마저 긴장한다. 그런데 아스널 팬마저도 손흥민을 존경한다는 건 진짜 놀라운 이야기다. 영국 축구 팬들은 그렇게 점잖지 않다. 그날 특별히 경기를 잘한 상대방 선수도 쌍욕을 써 가면서 비난한다. 그런데 숙적 아스널 팬이 손흥민을 칭찬한다.

손흥민이 두 골을 몰아넣어 영국을 광풍으로 몰아넣은 2019년 3월 18일 챔피언스리그 8강 2차전 경기가 시작되기 전, 나도 상대 팀 맨시티 팬에게 "손흥민이 어떤 선수인가?"라고 물어본 적이 있다. 그는 조금도 머뭇거리지 않고 바로 "최고의 선수이다. 정말 모든 면에서 최고의 선수"라고 답했다. 다시 "굳이 흠을 찾는다면?"이라고 묻

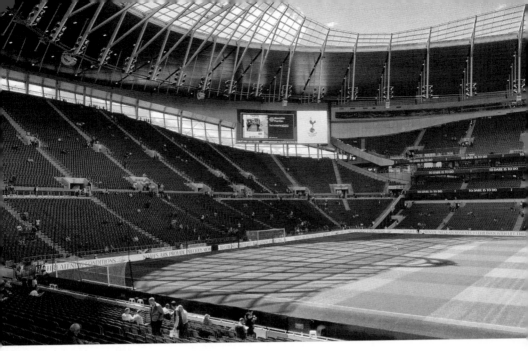

런던에 있는 토트넘 홋스퍼 스타디움.

자 조금 생각하더니만 "글쎄, 아무리 찾으려 해도 찾을 수 없는데 굳이 하나를 든다면 맨시티 선수가 아니고 토트넘 선수라는 점?"이라고 너스레를 떨었다.

다시 댓글들을 보자. '나는 이 친구를 정말 사랑한다. 경기도 바르게 하고 이기려는 의욕도 있고 항상 얼굴에 미소를 띠고 아이들에게 아주 좋은 본보기이다.' 영국에서 자신의 아이들에게 본보기가 될 프로 축구선수라는 칭찬은 엄청난 칭찬이다. 프로 축구선수들의 일탈은 원래 유명하지 않은가? 그런데 손흥민을 아이들에게 좋은 본보기라고 칭찬을 하니 놀랍다. 영국 팬들은 '항상 웃고, 울기도 하고, 너무나 인간적인 손흥민의 매력'을 좋아한다고들 하는데 이런 댓글도 있다.

'처음 (영국에) 와서 어려운 시기에 독일로 안 돌아가고 남아 있어서 너무 다행이다. 그를 못 미덥게 보던 나를 포함한 모든 이들이 잘못되었음을 그는 증명했다.'

'맨체스터시티 팬인 내가 진심으로 고백하는데 손흥민을 너무 좋아한다. 그가 축구를 잘하는지 못하는지와 상관없이 그가 정말 좋은 인간이고 진심을 갖고 있다고 본다. 그가 진짜 자기 팀을 위해서 뛴다는 걸 나는 느낀다. 진짜 토트넘에 있기를 원하고 돈 때문에 이적을 하지 않으리라는 생각이 드는 친구다. 요즘 같은 세상에 이런 친구를 보기는 정말 힘들다. 당신들 토트넘 신사 숙녀들은 진짜 보석을 가지고 있음을 알아야 한다.'

'맞아, 우리 모두가 좋아할 그런 선수가 맞아! 확실하고 분명한 우리들의 영웅! 이런 친구를 우리 리버풀에도 갖고 싶다.'

'나는 리버풀 팬인데 프리미어리그의 선수 모두를 혐오한다. 그러나 손흥민과 버나르도 실바는 예외이다. 둘은 멋진 남자이고 훌륭한 선수이다.'

맨시티 팬들은 자신들의 클럽을 챔피언스리그 준결승에 못 나가게 하는 데 결정적 기여를 한 선수가 손흥민인데도 그를 사랑한다. 지난 2022년 2월 19일 경기는 또 한 번 리그 1위인 맨시티에 유독 강한 토트넘과 손흥민의 강점을 보여 준 경기였다. 결국 손흥민의 도움 두 개로 토트넘은 90분을 넘긴 인저리 타임에 케인의 1골로 3대 2로 역전승을 했다. 이 경기에서 손흥민은 펄펄 날았다. 물론 그중 한 골은 손흥민의 공을 케인이 받아 넣은 골로, 결국 둘은 다음 경기에 동일 두 선수가 가장 많은 골을 낸 기록 보유자들로 등극한다.

날카로운 영국 축구 팬들은 기술적인 면에서도 손흥민을 분석하고 변호한다.

'그는 항상 웃고 별로 쓸모없는 줄 알면서도 상대방 골문 앞에까지 가서 골키퍼를 괴롭힌다. 이유는 골키퍼가 결국 위협을 느껴 공을 멀리 찰 수밖에 없게 만들려는 뜻이다. 토트넘 선수들이 자기 진영으로 돌아와 수비 대형을 갖추기 전에 상대방 선수가 토트넘 진영으로 몰려올 수 없게 만들기 위함이다. 결국 골키퍼가 길게 찬 공만 토트넘으로 넘어오게 만드는 좋은 효과를 내게 한다.'

물론 비난도 없을 수 없다. 몇 번의 할리우드 액션으로 경고를 받은 점이 특히 단골 비난이다. '왜 축구 전문가 아버지가 그건 제대로 못 가르쳤냐'란 비난도 나온다. 여기에 대해서도 손흥민을 보호하려는 댓글은 보다 더 전문적이다.

124

'그는 그런 속임수를 쓰는 종류의 선수가 아니다. 그가 그렇게 할 수밖에 없는 이유는 그가 공격수이기 때문이다.'

공격수는 상대팀 수비 선수들로부터 태클을 많이 받는데 빨리 뛰는 중에 발목에 조그만 충격이 와도 큰 상처를 받기에 넘어질 수밖에 없다. 그런데 심판이 그걸 오해하고 '할리우드 액션'이라고 경고를 준다는 뜻이다(사실 심판이 경고를 준 경기를 나중에 BBC의 유명 축구 프로그램 오늘의 경기Match of the day 사회자 게리 리네커도 "어! 저건 다이빙이 아닌데"라고 했었다. 할리우드 액션을 영국에서는 다이빙diving이라고 한다). 그러고 보니 실제 손흥민은 경기 중 잘 다치지 않는다. 명선수는 부상도 잘 안 당한다. 호날두, 메시, 루니, 베컴이 언제 부상해서 오랫동안 결장한 적이 있나? 그러고 보면 부상을 피하는 방법도 사실 명선수가 되기 위한 필수의 요소다.

BTS와 함께 한국을 대표하다

영국 팬들 사이에서 이런 공방도 벌어진다. 어떤 아스널 팬이 '이 친구를 사랑하지 않을 방법이 없다. 항상 얼굴에 미소를 지으며 경기하는 걸 보고 어찌 안 좋아하는가 말이다'라고 하자 첼시 팬이 '우리 페드로 레데스마는 더 큰 웃음을 지으면서도 골을 더 많이 넣는다. 너무 오버하지 말라'고 비꼬았다. 그러자 첼시의 숙적인 풀럼 팬으로 보이는 사람이 망신을 준다. '페드로는 첼시를 위한 169경기에 나와서 37골을 넣었고 손흥민은 토트넘을 위해 175번 경기해서 63골을 넣었는데 뭔 소리냐! 근처에도 안 가는데! 수치상으로 보면 손흥민은 페드로보다 37%는 더 미소를 짓는다. 어디서 감히 딴지를 걸려고 하나!' 토트넘 팬이 아니고 풀럼 팬이 나서서 손흥민을 보호해 준다.

영국 팬들의 손흥민 사랑은 사실 축구 기술 때문만은 아닌 것 같다. 어찌 보면 그의 사람 됨됨이가 핵심일지 모른다.

다른 클럽 팬들의 칭찬은 이어진다. '인기 절정 그룹 BTS(방탄소년단)를 보면 손흥민과 비슷한 근로 윤리work ethic 사례를 볼 수 있다. 팬에 대한 헌신, 품위 유지에 대한 노력, 가족에 대한 헌신, 자신들의 예술을 통해 세인들을 더 행복하게 해 주려는 노력 같은 점 말이다. 흥미롭지 않은가? 손흥민은 정말 대단한 친구이다. 손흥민으로 인해 한국 문화에 대한 흥미마저 생겼다.' 세계적으로 본격적으로 유명해지지 않았던 때, 2019년 축구 팬들 사이에서 벌써 방탄소년단 이야기가 나오고 있었다. 그것도 손흥민을 비교하면서 말이다. 놀랍지 않은가?

'직업인으로서의 모범이다. 그의 태도를 칭찬하지 않을 수 없고 동시에 적극성도 인정해야 한다. 이기적이고 탐욕적이고 자기도취만 하는 시대에 정말 신선한 모범이다. 물론 거기에다가 정말 훌륭한 선수

이기까지 하고.'

손흥민에 대한 칭찬은 급기야 한국 사랑으로 이어진다.

'한국인들은 분명 놀라운 사람들이 분명하다. 1960년대에는 사하라 국가 국민만큼 가난했는데 이제는 우리들 반이 삼성 휴대전화에 이런 문자를 쓰고 있지 않은가!'

'나는 한국인을 사랑한다. 나는 그동안 친구라고 부를 수 있는 한국인 몇 명을 사귀게 되는 행운을 가졌다. 나는 솔직히 말해 그들 중 누구로부터도 나쁜 점을 발견할 수 없다.'

손흥민은 어찌 보면 영국에서 새로운 축구 역사를 쓰는 새로운 유형의 선수일지 모른다. 악동惡童 이미지로 대표되던 웨인 루니, 전혀 지적이지 않으나 축구 기술 하나만으로 축구를 하는 데이비드 베컴과는 분명 다르다. 음주운전도 안 하고, 클럽에서 싸움도 안 하고, 성적인 스캔들도 없다. 지적이면서 타인을 배려하고, 이웃을 사랑하면서 자선활동도 열심히 하는 노력형 선수. '손샤인'이 영국에서 빛을 발하는 이유다.

영국에서 K-Pop은 더 이상 일부에서 즐기는 컬트 문화가 아니다.
방탄소년단이 그 인기를 증명한다.

BTS 공연, 영국 1000여 개 스크린을 점령하다

요즘 영국에서 일고 있는 'K열풍'을 얘기하면서 내 가족을 언급할 수밖에 없는 사정을 이해해 주기 바란다. 내 아이들은 영국에서 태어났거나, 아주 어렸을 때 영국으로 건너온 사실상 영국인이다. 그런 아이들이 요즘 K열풍의 전도사가 됐다. K열풍은 이제 한국 언론의 '국뽕'이 아니라는 점을 영국 현지 상황을 통해 밝히려고 한다.

토요일이던 2022년 3월 12일 런던 극장의 대형 스크린 앞에서 평생 두 번째로 '심쿵'하는 경험을 했다. 바로 BTS 서울 공연 실황 중계를 보면서였다. 7명의 한국 청년 공연을 런던의 극장에서 영국인들의 환호와 박수 속에 보고 있자니 조금 과장하면 환상 같았다. 세상의 산전수전은 다 겪고 공중전 심지어 수중전까지 겪은 나이에 공연 영상을 보면서 가슴이 벅차오르는 일은 1988년 서울올림픽 때 '굴렁쇠 소년'을 본 이후 처음이었다. 7살 소년이 굴렁쇠를 굴리는 장면을 영국에서 봤을 때의 기분은 자랑스럽다는 말을 떠나 거의 무아지경이었다. 화려하고 거대한 개막식만 생각하고 있을 때 한국화의 여백과 침묵을 닮은 반전의 발상이 너무 자랑스러웠다. 최근 영면한 한국의 천재 이어령 교수 아니면 생각해 낼 수 없는 발상이었다.

한국에 대한 시선을 바꾸다

BTS의 영국 극장 공연은 실로 놀라운 일이었다. 타국 문화에 냉담하고 무심하기로 유명한 영국인들이 전국 300여 개 극장의 1000여 개 스크린 앞에 몰려들었다. 이들은 BTS의 눈짓 하나, 몸짓 하나에 환호하면서 자지러졌다. 어렵게 코로나를 이겨낸 현지인들이 커다란 스크린과 홀을 메우는 음악을 통해 모두 친구가 돼 서로에게서 위안을 받는 모습도 감동이었다. 이국만리 영국에서 젊은이들에게 그런 소통의 장을 한국의 아름다운 청년들이 만들어 주었다는 사실은 정말 자랑스러웠고 감동이었다.

공연을 보게 된 이유는 다름 아닌 중년의 딸 덕분이다. 우리 부부를 '아미'까지는 몰라도 팬으로 끌어넣으려는 노력의 일환이다. 버젓

한 직장을 다니다 때려치우고 런던 구의원councillor으로 지구당 원내총무까지 맡고 있는 딸은 아미다. 그동안 한국 보이밴드에 무심하더니 갑자기 BTS에 빠져 난리도 아니다. 그 덕분에 서툴던 한국말도 완벽해져서 얼마 전 한국 KBS 방송국 인터뷰 때도 전체를 능숙하게 한국말로 인터뷰를 했다. 방송국에서 스크립트를 사전에 써 주겠다는 제안을 거절하고도 전혀 무리 없이 해내는 걸 보고 정말 자랑스러웠다. 그런 모습을 보고 BTS에게 다시 한번 감사했다. 음식 취향만 보면 딸은 제육볶음과 김치찌개를 좋아하는 영락없는 한국인이지만, 그동안 한국 음악에는 고개를 절레절레 흔들어 왔다. 자신과 정서가 너무 안 맞는다고 했다. 그러던 딸이 BTS의 음악은 너무 좋고 영국 감성에도 잘 어울린다고 한다. BTS의 생활을 촬영한 다큐멘터리를 찾아보면서 그들의 순수성과 우정이 너무 좋아서 반했다고 한다. 더군다나 그들이 한국인이어서 더욱 좋다고 한다.

2019년, 방탄소년단은 9만석 규모의 웸블리 스타디움 공연을 매진시켰다.

내가 굳이 딸의 이야기를 하는 이유는 BTS의 음악이 진짜 세계인의 감성에 어울릴 수 있다는 말을 하기 위해서다. 우리 딸은 3살 때 영국으로 왔다. 영국에서 크고 교육받았다. 5살부터 매년 여름 방학을 한국에서 보내 그

BTS의 공연을 보기 위해 극장에 모인 팬들.

나마 한국어를 거의 완벽하게 하지만 그래도 한국 문화에는 유독 관심이 없었다. 그런데 나이 들어 갑자기 BTS에 '미쳐' 부모까지 팬으로 만드는 데 성공했다.

딸은 "서양 여자들은 동양 남자들한테 섹시하다는 느낌을 못 받는다"고 말하곤 했는데 그런 생각도 BTS 덕분에 바뀌기 시작한 듯하다. 이 말은 이제 한국이 그동안 취약했던 대중 영화에서도 가능성이 보인다는 뜻일지 모른다. 그동안 한국 영화가 각종 영화제에서는 상을 받았지만 대중적 인기를 누린 것은 아니었다. 그 이유 중 하나가 동양 남자가 섹시하다고 못 느끼는 서양인, 특히 서양 여자들 탓이었다는 게 내 생각이다. 만일 한국 남자 가수들을 시작으로 한국 남자 배우들까지 서양인, 특히 여성 관객들에게 매력이 어필되기 시작하면 한국 대중 영화와 드라마의 서양 진출도 시간문제일 수 있다.

지금 영국에서 인터넷 검색을 해 보면 'K-pop', 'K-Drama', 'K-Movie' 등에 관해 이루 다 읽을 수 없을 정도로 많은 정보가 뜬다. 이런 K문화를 파는 인터넷 상점뿐 아니라 실제 상점도 상당히 많다. HMV 음반점이나 음악 스트리밍 웹에는 아예 K-Pop 섹션도 있다. 이제는 일부에서 즐기는 컬트 문화가 더 이상 아니라는 의미다.

런던 차이나타운에서 K-pop 안무를 선보이는 사람들.

영국 영화에서 '자기비하'와 '비애'는 빠질 수 없는 요소이다.
〈기생충〉은 이러한 요건을 충족해 영국에서도 큰 인기를 끌었다.

〈기생충〉으로 보는
영국인들의 영화 취향

코로나19 사태에도 불구하고 봉준호 감독의 〈기생충〉은 영국 425
개 영화관에서 절찬리 상영되었다. 이 정도로 상영관을 배정한 일만
해도 한국 영화에 좀 인색한 영국 극장들로서는 대단한 일이었다. 역
시 아카데미상 수상 덕분이었다. 어찌 되었건 많은 개봉 극장을 확보
하는 일이 역시 관객 동원에는 중요한 일이다. 〈기생충〉은 2020년 2
월 7일 영국 136개 영화관에서 개봉된 첫 주말(2월 7~9일)부터 4위
(매표액 139만 7387파운드·약 20억 9000만 원)의 관객 동원으로 기염을
토했다. 한 극장당 평균 1만 200파운드의 입장권 판매를 기록해 자막
달린 외국 영화로는 영국 역사상 최고의 매출 기록을 세웠다. 영국 영
화 관계자들의 말로는 당분간 이 기록이 깨지기 힘드리라고 한다.

락다운 당시 문을 닫았던 런던의 프린스 찰스 시네마.

〈기생충〉이 개봉 첫 주부터 이렇게 성황을 이룬 이유는 워낙 대단한 수상 실적으로 홍보가 충분히 되어 있던 덕분이다. 〈기생충〉은 대망의 미국 아카데미에서 4관왕을 탄 주말(2월 14~16일)에는 430개 영화관에서 상영되어 관객 동원 2위(252만 3518파운드·약 37억 8500만 원)를 기록했다. 그리고는 상영 영화관을 561개로 늘린 2월 마지막 주(2월 21~23일)와 2월 28일~3월 1일 주말에는 똑같은 3위의 관객 동원을 기록했다. 다만 코로나19 사태 여파로 2월 28일~3월 1일 주말 매출(104만 7024파운드·약 15억 7000만 원)은 그 전주보다 40%나 줄었다. 결국 1위는 못 해 보고 말았지만 그래도 한국 영화치고는 정말 많은 관객 기록을 세웠다. 영국에서도 한국 영화는 봉준호 감독의 〈설국열차〉, 〈옥자〉와 김기덕 감독의 〈사마리아〉, 〈피에타〉와 이창동 감독의 〈버닝〉 등도 상당한 극찬을 받았지만 일반 극장이 아니라 일종의 골수 영화 팬들이 가는 '아트하우스' 타입의 영화관에서만 상영되었다. 일종의 컬트 영화 취급을 받은 셈이다. 영어가 워낙 보편적인 국제어로 되어 버린 현실에서 영어로 만든 영화가 아닌 영화가 영국 대중 극장에서 상영되는 일은 거의 없다. 영어가 아닌 자막 달린 외국 영화에 익숙치 않은 탓이다. 〈기생충〉이 한국 영화로는 명실상부하게 처음으로 영국 일반 영화 팬들에게 선을 보인 셈이니 대단한 일이었다.

'007'과 '스타워즈' 시리즈를 뛰어넘다

〈기생충〉의 영국 배급권은 현재 커존시네마그룹이 갖고 있다. 커존은 2017년 박찬욱 감독의 〈아가씨〉를 수입해 성공한 적이 있어 한국 영화의 가능성을 알고 있는 배급사다. 2019년 5월 칸필름페스티벌에서 〈기생충〉 영국 배급권을 구입하는 '선견지명'을 발휘한 이유도 과거에 있었던 한국 영화와의 좋은 인연 덕분이었다. 〈기생충〉 개봉 당시, 온라인 영화관인 '커존 홈 시네마' 홈페이지는 기생충 사진이 장식했고 그 밑으로 그동안 커존이 수입한 한국 영화들이 소개됐다. 지금도 커존 홈페이지는 한국 영화 소개에 상당한 부분을 할애하고 있다. 〈돈의 맛〉(감독 임상수), 〈곡성〉(나홍진), 〈뫼비우스〉(김기덕), 〈버닝〉(이창동), 〈도희야〉(정주리), 〈아가씨〉(박찬욱), 〈올드보이〉(박찬욱) 등의 작품들이다. 그러고 보면 커존은 한국 영화의 영국 진출 발판인 셈이다. 이런 한국 영화도 대중적인 극장이 아니라 런던의 컬트 영화관에서 몇 군데 정도에서 상영을 했다. 그나마 커즌이 이런 영화를 통해 한국 영화에 대한 경험과 이해가 깊어 〈기생충〉이 본격적인 수상을 하기 전에 선점을 해서 이번에 제대로 된 대박을 칠 수 있었다.

영국 영화잡지 '스크린'과의 인터뷰에서 커즌그룹 CEO 필립 나치불은 커즌이 〈기생충〉 상영권을 확보한 다음 〈기생충〉이 아카데미 4개 부문을 수상한 덕분에 200만 파운드(약 30억 원) 이상의 홍보 효과를 보았다고 밝혔다. 커즌은 자신들이 그동안 수입한 외국 영화 중 〈기생충〉이 매출에서 가장 성공한 영화라고 했다. 커즌은 그동안 제임스 본드 '007' 시리즈와 '스타워즈' 시리즈 배급권을 확보해 돈을 벌었는데, 세계인이 다 보았을 그런 할리우드 거작 영화보다 〈기생충〉의 선점이 더 성공적이라고 평가한 셈이다. 〈기생충〉 상영권을 살 때는 '큰 모험'에 겁이 날 정도였는데 "이런 일이 생길 줄은 꿈에도 몰랐다(We never dreamt that would happen)"면서 놀라워했다.

봉준호 감독이 미국 아카데미가 영어 자막이 달린 외국 영화를 선호하지 않는 '미국 지방 영화제'라고 힐난했지만 사실 영국 영화계도 거의 비슷한 풍토다. 2022년 2월 결과가 발표된 2021년 영국 아카데미 영화제가 75회째인데, 그동안 외국 영화가 작품상을 받은 경우는 단 12회뿐이다. 그중에도 자신들의 이웃인 프랑스 영화가 9번으로 압도적인 숫자를 차지한다. 나머지도 같은 유럽 문화권인 이탈리아가 1번, 러시아가 1번 그리고 2019년 멕시코 영화 〈로마〉가 수상을 했다. 그러나 멕시코는 사실상 미국과 영화를 공동 제작했기 때문에 엄격하게 이

영국 영화 텔레비전 예술 아카데미(BAFTA)의 건물 입구.

야기하면 영국 아카데미 작품상을 수상한 비非영·미·유럽권 영화가 단 한 편도 없다. 그러나 앞으로는 이런 풍토도 달라지리라는 전망이 나온다. 넷플릭스에 익숙한 영국 신세대들은 이미 자막을 통해 외국 영화를 보는 데 익숙해져 있어 영국에도 이제 외국 영화 붐이 일 거라는 예상이 나온다. 머지않아 영국 아카데미에서도 외국 영화가 대상을 타고, 영화관에서도 자막을 단 외국 영화가 상영되는 일이 일반화된다는 기대가 〈기생충〉을 계기로 만들어지고 있다.

영국인들은 미국인들보다는 조금 더 외국 문화에 개방적이지만 프랑스에 비하면 아직도 멀었다. 프랑스인들은 영화를 자막으로 보는 걸 자연스럽게 여기고 또 외국 영화를 좋아한다. 물론 세계 대중 영화의 대세가 영화 초기에는 영국이었고, 이제는 미국 할리우드로 가버려서 영어 영화가 프랑스 영화관에서 대종으로 상영되었으니 그

럴 만도 하지만 영국인에 비해 원래 프랑스인들은 외국 문화를 받아들이는 데 열려 있다. 그러나 영국인들은 영화는 자막 없이 보는 걸 당연하다고 여기고 자막이 있으면 불편해했다. 하지만 영화관을 죽여 영화 산업을 망치는 원흉이라고 욕을 먹던 넷플렉스 덕분에 젊은 세대들은 자막 달린 외국 영화나 드라마를 많이 봐서 자막에 대한 거부감이 전혀 없다. 이제 세계적으로 영어로만 상영되는 영미 영화만이 아닌 다양한 문화의 영화들이 유행할 듯해서 영국 영화관의 큰 스크린을 통해 더 많은 한국 영화를 볼 수 있을 거라는 기대가 크다.

영국인이 꼽는 10대 한국 영화의 공통점

사실 〈기생충〉은 영국인들이 가장 좋아하는 장르와 주제의 영화다. 소위 말하는 '다크 코미디dark comedy'인 데다 '심리 스릴러psychological thriller' 요소까지 곁들여 있어 영국인의 입맛에 안성맞춤이다. 영국인들이 가장 민감하게 반응하는 사회 계급 관련 영화이기도 해서 "영국인을 위해 만들어진 작품"이라는 말까지 나온다. 그럼에도 불구하고 〈기생충〉은 영국의 아카데미상이라 불리는 영국 영화 텔레비전 예술 아카데미BAFTA 영화상Film Awards 최종 후보 5편에 올랐지만 수상에는 실패했다. 영국이 참전했던 1차 대전을 다룬, 그래서 불행하게도 영국인들이 도저히 거절하지 못할 〈1917〉과 경쟁한 일이 유일한 수상 실패 이유라는 지적도 나온다. 〈1917〉은 영국인이 가장 좋아하는 '전쟁', '1차 대전', '실화'의 요소를 갖추고 있어서 도저히 경쟁할 수 있는 방법이 없었다는 평이다.

〈기생충〉을 좋아하는 영국인들의 영화 성향은 영국영화협회가 선정한 10대 한국 영화를 봐도 알 수 있다. 〈버닝〉(이창동), 〈박하사탕〉(이창동), 〈고양이를 부탁해〉(정재은), 〈복수는 나의 것〉(박찬욱), 〈장화, 홍련〉(김지운), 〈괴물〉(봉준호), 〈낮술〉(노영석), 〈하녀〉(임상수), 〈지금은 맞고 그때는 틀리다〉(홍상수), 〈부산행〉(연상호) 등의 작품이다. 이 리스트를 찬찬히 보면 영국인들이 보고 싶어 하는 한국 영화가 결코 한국인의 정서를 표현하는 한국적 작품, 혹은 한국인의 일상을 그린 로맨스물이나 역사물 같은 서정적인 작품이 아니라는 점을 알수 있다. 블랙 코미디black comedy 혹은 다크 코미디라 불려야 할 뒤틀린 인간의 욕망이 만들어내는 인간사의 비극이나, 비정상적인 상황에서 벌어지는 희극 같은 영화들이 주를 이룬다는 점을 알 수 있다. 위의 10대 한국 영화도 사실 일반 극장에서 상영되어 호응을 받은 작품들은 아니다. 외국 영화 전문 영화관이나 컬트 영화관에서 일부 마니아들이 본 영화들이 대부분이다. 일반 영화관에서 그나마 조금 호응을 받은 영화는 박찬욱 감독의 작품이 제일 많다. 〈친절한 금자씨〉, 〈올드보이〉, 〈아가씨〉 등이다. 영국 일반 팬들에서도 '박찬욱 감독식 블랙 코미디'는 먹힌다는 뜻이다.

영국영화협회가 선정한 10대 한국 액션영화도 흥미롭다. 〈악녀〉(강재규), 〈인정사정 볼 것 없다〉(이명세), 〈쉬리〉(강재규), 〈조폭마누

라〉(조진규), 〈달콤한 인생〉(김지운), 〈짝패〉(류승완), 〈좋은 놈, 나쁜
놈, 이상한 놈〉(김지운), 〈아저씨〉(이정범), 〈도둑들〉(최동훈), 〈용의자〉
(원신연) 이다. 리스트에서 볼 수 있듯이 이들 작품 역시 단순한 액션
영화가 아니라 일종의 블랙 코미디식 액션영화가 많다. 순전히 치고
받고 죽이는 '제이슨 본' 시리즈나 리암 니슨 주연의 '테이큰' 시리즈
처럼 킬링 타임용의 순수 액션은 아니다. 영국인들은 액션영화에서
도 비애pathos 속에서 풍자satire와 해학humour, 익살antic을 찾는다.
'재키 찬'이라 불리는 성룡 주연의 영화 말고는 주윤발(저우룬파) 종
류나 〈무간도〉 같은 진지하고 심각한 홍콩 액션 누아르가 영국에서
인기가 없는 이유이다.

〈기생충〉이 영국인의 입맛에 딱 맞는 이유

　영국 비평가들은 개봉 초기부터 〈기생충〉의 흥행 성공을 점쳤다.
"자본주의, 탐욕, 계급차별class discrimination을 잘 묘사했고 이런
주제가 영국인의 감성을 자극해서 분명 영화관에서도 성공을 이어
가리라"는 예측을 내놓았었다. 그리고 〈기생충〉이 스릴러, 호러, 판
타지 장르를 넘나드는 복합 장르의 영화여서 흥미롭다고도 했다. 특
히 〈기생충〉에는 '제대로 된 절대적인 악인이 없다'는 점도 영국인들
이 좋아하는 요소라는 것이 평론가들의 분석이다. 실제 영국인들은
누구나 악인이 될 수 있고, 누구나 때로는 선해지기도 한다고 믿는

다. 그래서 선과 악을 단순하게 가르는 할리우드식의 권선징악 영화를 좋아하지 않는다. 실제 영국 영화를 보면 선과 악 양극을 오고 가는 인물들이 많다. 예를 들면 세계인이 모두 좋아하는 '미스터 빈Mr. Bean'도 사실 좋은 인간이라고만은 할 수 없다. 조그만 일에도 화를 내고, 절대 양보하지 않고, 자신의 것은 과보호하고, 눈만 돌리면 사람들을 속이려 하는 인간형이다. 그런데도 영국 관객은 물론 세계 관객들도 특별히 그를 미워하거나 악인이라고 보지 않고 차라리 사랑한다. 인간은 누구나 그런 속성을 가지고 있고, 그가 특별나게 더 나쁘지도 않아 자신을 보는 듯하다는 이유에서다. 차라리 영국인들은 그의 실수와 작은 악행에서 자신을 보는 듯해서 더 재미있어 한다. 결국 '미스터 빈'이 영국인 자신들의 속성을 가장 그대로 표현했다고 믿어서 특히 좋아한다.

〈기생충〉은 타인의 삶을 훔쳐보길 좋아하는 영국인들이 특히 관심을 가질 주제이다. 영국 TV 인기 드라마는 모두 '벽에 뚫린 구멍을 통해 이웃의 은밀한 삶을 훔쳐보는 듯한 드라마(spy on the private lives of neighbours through hole in the wall)'들이다. BBC TV에서 1985년부터 매주 30분짜리 두 편을 방영해서 6400회 이상 이어가고 있는 드라마 〈이스트앤더스EastEnders〉가 바로 그런 주제를 다루고 있다. 그런데 〈기생충〉은 가난한 자가 부자의 가정으로 침투해 그들의 삶을 은밀하고 철저하게 휘젓다가 결국 자기 멸망으로 가는 주제이니 영국인의 입맛에 딱 맞을 수밖에 없다.

거기다가 봉준호 감독은 영국인들이 민감해 하는 계급 문제까지 정면으로 다뤘다. 영국영화협회BFI의 〈기생충〉 소개 기사에는 '봉준호가 분리된 두 계급 사이에 사악한 다리를 놓았다(Bong Joon-ho builds a wicked bridge over the class divide)'라고 제목을 달았다. 특히 영국 관객은 중산층과 상류층 간에 일어나는 사건과 갈등을 다룬 드라마를 좋아한다. 그래서인지 대영제국이 잘나가던 시대를 다룬 제인 오스틴의 소설을 원작으로 한 〈엠마〉, 〈오만과 편견〉, 〈센스 앤 센서빌리티〉 같은 '굿 올드 데이Good Old Days' 영화를 좋아한다. 그런 영화에는 왕실, 귀족, 상류층 등 지배 계급과 그에 딸린 중산층 서민층이 얽힌, 영국인이 좋아하는 주제의 이야기가 화려하게 펼쳐진다. 권력과 특권, 특혜, 재력, 음모, 질투, 암투를 통한 비극과 희극이 얽힌 실패와 상실은 바로 그런 시대극의 요소이다. 영국 관객들은 이렇게 자신들의 일상적 삶과 간격이 큰 영화를 통해 판타지를 느끼기를 좋아한다. 그런데 〈기생충〉이 바로 그런 드라마이다. 주인과 하인 사이를 그린 시대극의 미니 현대판이라 할 수 있다.

자기비하가 주는 카타르시스

거기다가 〈기생충〉은 영국 영화에서 빠져서는 안 되는 '진지하지 않기Not Being Earnest'와 '빈정거림banter', '자기비하Self Deprecation'와 '자기조롱Self-Mockery'까지 들어 있다. 곳곳에서 진지한 듯하면서도 실제는 자기비하를 계속하는 상황 전개를 보고 영국인들은 손뼉을 치면서 웃는다. 사실 슬픈 장면인데도 고소를 금치 못하는 '웃픈(웃기고 슬픈)' 상황 전개를 펼치는 봉 감독의 술수에 영국 관객들은 빠져든다. 이는 미국 영화 〈죽은 시인의 사회Dead Poets Society〉와는 대조적이다. 세계적으로는 절찬을 받은 이 영화가 영국에서는 굳이 조롱을 받는 이유는 영국식 명문 기숙 사립학교English Public School를 무대로 하면서 너무 '끔찍스럽게 진지했다dreadfully earnest'는 점 때문이다.

만약 영국 감독이라면 그렇게 순진하게 진지하고 숙연하게 감동적으로만 주제를 끌고 가지 않고 약간의 익살과 유머를 통해 얼마든지 관객들에게 보다 자연스럽게 의미를 전달할 수 있었으리라고 영국인들은 생각한다. 영국인들과는 달리 한국인은 〈죽은 시인의 사회〉를 인생 영화라느니 하면서 명화 중 1~2위로 치는 걸 보면 역시 영화는 각 문화마다 다른 감동을 준다는 점을 분명 알 수 있다.

그런 면에서 보면 봉 감독은 역시 대단하다. 문화와 역사 그리고 성향이 완전히 다른 영국인과 한국인이 둘 다 좋아하는 요소를 모두 한 영화에 넣어 어느 문화든 받아들일 수 있게 만들었다는 점 말이다. 주인공 기택 가족이 자학처럼 자신들을 놀리는 장면을 부단하게 만들어 냄으로써 영국인들을 공감의 도가니로 몰아넣는 데 성공했다. 영국 비평가들과 일반인들은 이런 〈기생충〉 전편에 흐르는 '슬픔

속의 유머humor in sorrow'와 '폭소 속의 애수pathos in laughter'를 높게 평가한다. 영국인들이 가장 좋아하는 이 두 가지 상반된 요소를 봉 감독이 잘 조합해 표현해서 결코 진지하지 않고, 그렇다고 가볍지도 않은 균형을 맞추었다고 칭찬한다.

영국인들은 자신의 약점을 비난하는 상대의 논지를 정면으로 화내듯 반박하기보다는 자신의 못남을 더욱 심하게 인정해 자신을 더 웃음거리로 만들어 내어 결국 약점을 잡아 비난하는 사람을 자신도 모르는 사이에 바보로 만들어 버리는 고도의 기술자들이다. 그렇게 함으로써 비난을 하면서 싸우려 덤비는 상대가 자신이 이겼다고 승리감을 주어 물러나게 한다. 그러나 사실은 제삼자가 옆에서 지켜 보면 그가 더 바보가 되는데 영국인들은 거기서 더 쾌감을 느낀다. 타인으로부터 상처를 받으니 내가 먼저 자해를 통해 상쇄해 '나는 너보다 더 우월하다'는 기분을 느낀다.

'미스터 빈'이 바로 그런 캐릭터이다. 영국인들이 자해를 통한 카타르시스를 즐긴다는 말이다. 과도한 겸손과 과도한 오만의 차이는 결국 종이 반 장 차이임을 영국인들은 잘 안다. 〈기생충〉에는 바로 그런 요소가 듬뿍 들어 있다. 이런 내밀한 봉 감독의 장치를 영화 비평가들은 예리하게 판단해 칭찬을 아끼지 않았다. 영국 관객들도 그걸 놓치지 않고 즐기면서 봉 감독을 칭찬했다. 심지어는 봉 감독을 '세계 영화 사상 최고의 감독'이라는 알프레드 히치콕에 비교하는 무례를 범한 평론가도 있다. 한 평론가는 봉 감독은 감독 노트에서 자신의 영화를 '광대가 없는 희극, 악당이 없는 비극, 모두가 폭력의 올가미에 엉키고, 아래층을 향해 머리부터 계단을 굴러 떨어지는 영화(A comedy without a clown, a tragedy without a villain, a film in which everyone is tangled in a snare of violence and falls head-on down the stairs downstairs)'라고 정의한 걸 '기가 막힌 자평'이라고 높이 평가했다.

가장 영국적인 영화의 필수 요소, 비애

영국인들이 생각하는 가장 영국적인 영화에 절대 불가결의 요소는 뭘까. 다른 모든 요소 말고 단 하나의 정서가 반드시 포함되면 된다는 철칙이 있다. 바로 '비애pathos'다. 영국 영화에서 작품 전체 기저에 이 비애가 결여되어 있으면 그건 절대 영국 영화로 간주되지 않는다. 그런데 〈기생충〉에 바로 그런 비애가 깔려 있음을 영국 관객들이 알아챘다는 사실이 관객들의 영화 관람 후기에 보면 많이 나오는데, 이는 영국 관객의 높은 감상 수준과 비평의 예리한 눈을 말해 준다.

사실 영국 영화에도 크게 보아 두 종류가 있다. 하나는 할리우드식의 스케일 큰 영화이다. 예를 들면 제임스 본드 '007' 시리즈, '해리 포터' 시리즈 같은 블록버스터들이다. 다른 하나는 영국인 스스로 자신들을 묘사한 영화들이다. 개봉한 지 30년이 다 되어가는데도 아직

불후의 명화라고 일컬어지는 이완 맥그리거 주연의 〈트레인스포팅 Trainspotting〉(1996)이 대표적이다. 실직하고 미래에 대한 희망도 없이 좌절한 영국 젊은이들의 삶을 더하지도 덜하지도 않게, 굳이 미화하거나 비극화하지 않고 냉정하게 묘사한 영화이다. 굳이 영화 제작자로서 큰돈은 못 벌어도 성공한 영화라는 평에 만족하는 그런 영화들이 대부분이다. 다행히 〈트레인스포팅〉은 세계적으로도 유명해져 상업적으로도 성공했지만 말이다.

이런 종류의 비슷한 영국 영화는 수도 없이 많다. 마거릿 대처 총리 시절, 탄광 폐쇄로 인해 공동체가 파괴되고 직장을 잃고 상처받고 신음하는 탄광촌의 애환을 유머를 곁들여 표현해 낸 세 편의 영화도 그렇다. 그중에서는 나중에 뮤지컬로도 만들어져 세계적인 히트를 친 〈빌리 엘리어트Billy Elliot〉(2000)가 제일 유명하다. 〈브래스드 오프Brassed Off〉(1996)와 〈풀 몬티The Full Monty〉(1997)도 비슷한 영화이다. 자신들이 가장 어려운 시기의 어려움을 애써 감추며 쥐어짜지 않고 애써 태연한 척 하면서 서로 의지해서 짐짓 웃으면서 살아가는 모습을 표현한 영화들이다. 그러나 영국인들이 만든 영화답게 특유의 비애와 삶의 애환을 그려내면서도 결코 동정을 구걸하거나 목소리 높여 사회를 꾸짖거나 비난하지 않는다. 그냥 사회 안에 흐르는 따뜻한 인간애를 차분하게 묘사해서 관객들에게 무언의 동의를 구한다.

이런 영국 영화 작품들을 보면 영국인들이 삶을 대하는 자세가 보인다. 결국 인간의 치열한 삶의 밑바닥에는 언제나 비애가 흐른다는 그런 메시지를 담고 있다. 이런 종류의 영화는 조금은 비극적이지만 그렇다고 엄청난 비극에 처하지도 않고 유머가 있지만 그렇다고 배를 잡고 뒹굴 정도의 폭소를 유도하지도 않는다. 절대 한쪽으로 치우치지 않고 넘치거나 모자라지도 않고 경계를 세밀하게 넘나드는 영화를 영국인들은 가장 사랑한다. 그래서 전형적인 영국 영화에는 절대 악인도 절대 영웅이나 선인도 존재하지 않는다.

〈트레인스포팅〉처럼 낙오되고 뒤처진 인간 군상의 뒤틀린 삶을 통해 영국 사회와 영국인들을 묘사하는 작품들도 많다. 〈런던에서 브라이튼까지London to Brighton〉(2006), 〈디스 이즈 잉글랜드This is England〉(2006)가 대표적이다. 〈트레인스포팅〉을 만든 대니 보일 감독의 〈쉘로우 그레이브Shallow Grave〉(1995)와 켄 로치 감독의 영국 사회보장제도를 비판한 〈나, 다니엘 블레이크〉(2016)도 마찬가지다.

이렇게 영국인들이 사랑하는 삶의 애환과 비애가 담긴 영국 영화들을 가장 **빼닮**은 외국 영화가 바로 〈기생충〉이다. 자신들의 입맛에도 맞고 아카데미를 비롯해 각종 유명상을 탄 〈기생충〉이 영국에서 〈와호장룡〉(2001)과 〈아멜리에Amelie〉(2001)의 기록을 깨면서 가장 성공한 외국 영화로 올라서는 쾌거를 거둔 근본적인 이유다.

현재 런던 시내에 있는 한식당은 200여 곳이며,
영국 유수 언론 매체에도 종종 한식에 관한 평이 올라온다.

'입맛 보수주의' 영국이
한식에 눈뜨다

화려하고, 대담하고, 극적인 음식

최근 몇 년 사이 영국 런던에서는 젊은이들을 대상으로 하는 퓨전
한식당 몇 개가 성공적인 출발을 했다. 2012년에 문을 연 '김치'와
2010년에 문을 연 '코바'가 선구적 역할을 했다. '김치'는 서양식 퓨
전 스타일의 한식을 파는데 런던 젊은이들이 점심시간 길게 줄을 설
정도이고, '코바' 역시 영국 최고 외식·문화·공연 잡지인 〈타임아웃〉
으로부터 별 다섯 개 만점을 받을 만큼 인정받고 있다. 2012년 런던
의 최고 중심지인 소호 '먹자 골목'인 그릭 스트리트에 문을 연 '비빔
밥'도 런던 젊은이들 사이에 인기를 끌면서 지금도 성업을 하고 있

고 지점도 여러 개 냈다. '비빔밥'은 음식 레시피를 규격·통일화한 포장 한식 전문 체인점이다. 거기다가 영국 런던의 가장 중심인 피커딜리 서커스 근처 거리 안의 '요리'도 주로 영국 고객을 대상으로 성업 중이다. 요리는 영국 공연의 중심지 코벤트 가든과 한인촌과 가깝고 테니스 시합으로 유명한 윔블던 하이스트리트에도 지점이 있다. 거기다가 포장 음식 전문점 '코코로'가 전국에 공격적으로 확장을 해 가고 있다. 현재까지 전국에 49개를 열었고 앞으로도 더욱 늘릴 계획이다.

한식은 완고한 영국인들 사이에서도 이제 '쿨cool'한 음식으로 각광받기 시작했다. 영국에서 오래되고 성공한 한식당 주인들은 대개 주방장 출신의 오너 셰프인 1세대 교민이지만, 수년 전부터 주방장을 고용해 식당을 운영하는 젊은 전문 경영인들이 늘면서 영국인을 대상으로 한 트렌디한 한식당이 늘고 있다. 영국의 한식당은 이제 교민 사회를 벗어나 영국 사회로 파고들어 간 지 오래다. 마침 불어온 K-Pop 열풍이 이미 인기를 얻어 기세를 올리고 있던 한식에 기름을 붙였다. 뒤집어 얘기하면 영국에서의 한식은 이제 시작에 불과하고 아직도 발전의 여지는 무궁무진하다는 뜻이기도 하다.

'김치'에서 보듯 요즘 문을 연 영국의 한식당들은 이름부터 이전과는 다르다. 기존 한식당들은 '가야', '아사달', '아리랑', '신라', '고려', '백제' 같은 한국인들만 아는 고유 명사를 식당 이름으로 썼지만 지금은 같은 한글 이름이라도 한국의 대표 음식 이름을 앞세운 식

당들이 부쩍 늘었다. '비빔밥', '김치마마', '김치 공주', '불고기'가 대표적이다. 한식 요리이름을 써도 이제 영국인들이 한식당인 줄 안다는 뜻이다.

한식당 '김치마마' 입구가 영국인 손님으로 가득하다.

요즘 영국 언론이나 인터넷 블로그에 등장하는 한식에 대한 표현은 새로운 '미지의 음식'에 대한 흥분의 단어로 가득 차 있다. '화려하고colourful, 대담하고bold, 극적이고dramatic, 극단적이고extreme, 폭발적이고explosive, 야하다gaudy'같이 자극적이고 극단적인 표현들이 난무한다. 거기다가 한식은 '아주 강하게 발효되어strongly fermented' 익숙해지려면 '교육을 받아야 하고to be educated', '경험이 있어야need to be experienced' 한다고 겁을 주기도 한다. 물론 틀린 말은 아니지만 정말 '경험 없고 교육받지 않은' 영국인들이 한식을 한번 먹어 볼까 하다가도 도망갈 정도의 소개다. 내가 접한 한식에 대한 가장 매혹적인 평은 '강한 맛에 성애적으로 유혹당했다erotically seduced'이다.

한식에 호의적인 비평가들은 한식의 맛은 세계 어느 음식과도 다른 특이한 맛이 있다고 칭찬한다. 바로 영어 단어에 없는 참기름의 '고소한 맛' 때문인 듯하다. 영국인들은 요리에 참기름을 전혀 쓰지 않고 그래서 그 맛을 모른다. 그래서 한식에는 어디나 반드시 들어가는 고소한 참기름의 냄새와 맛이 신비스럽기 마련이다. 음식의 기본 맛인 달고sweet, 시고sour, 쓰고bitter, 짜고salty, 맵고spicy는 어느 나라 요리에나 있다. 그러나 한식에는 또 하나의 맛인 '고소함'이 있다고 칭찬하는 음식 평론가들은 그나마 한식을 제대로 아는 맛 전문가이다. "한식은 여섯 가지 맛이 아주 강하게 배합되어 있어 중독성이 있다"는 평을 하는 전문가도 제대로 표현을 하는 셈이다.

영국 음식 비평가들 사이에서는 한식의 변형이 어디까지 허용되느냐를 두고 논쟁도 벌어지고 있다. 전통적인 한식은 한 상에 모든 요리를 늘어놓고 먹어야 한다. 요리 하나하나가 차례로 제공되는 코스 요리가 아니다. 하지만 영국인이 주 고객인 고급 퓨전 한식당들은 영국인에게 익숙한 코스식으로 변형된 정찬 한식을 제공한다. 한식을 담아내는 방식도 한식이라기보다는 서양 요리 같은 모습으로 손님들에게 내놓는다. 때문에 한식에 정통한 일부 영국 음식 비평가들은 "이것은 한식이 아니다"라고 평하면서 "전통적인 방식이어야 한식"이라고 고집한다. 과연 현지인들의 입맛에 맞추어 요리를 하는 일이 옳은 건지, 원래의 전통 맛과 방식을 고수하는 것이 옳은 것인지는 참 어려운 명제이다. 중국 식당이 세계를 제패한 이유는 자신들의 맛을 고집하지 않고 현지인들의 입맛에 맞추어 맛을 변형시킨 데 있다는 분석도 살펴볼 만하다. 하긴 영국인들이 해외에 가면 가장 그리워하는 영국 음식이 피시 앤 칩스가 아니고 바로 영국식 카레라는 데서도 알 수 있다. 그러나 홍콩에서 가장 유명한 중식당은 주방 요원을 6개월에 한 달씩 중국으로 보내 입맛을 제대로 돌려놓는다는 이야기는 유명하다. 홍콩에 너무 오래 머물다 보면 본토 맛을 혀가 잊어버려 그 기억을 살리게 하기 위한 몸부림이라는 말이다.

어떤 경우에도 나쁜 홍보란 없다

물론 한식이, 특히 양념에 익숙지 않은 영국인들에게는 한식이 정말 '중독성 있는 잡탕 맛(mishmash of intoxicating flavours)'임이 분명하다. 한식을 나쁘게 비판하는 영국 음식 비평가들은 "한식은 양념을 많이 써서 너무 자극적"이라고 혹평한다. "식재료 고유의 맛을 잃어버린 양념 맛의 음식일 뿐이어서 모든 요리 맛이 다 비슷하다"는 것이다. "한국인만이 알 수 있는 밋밋한 무미의 음식"이라고까지 폄하하는 사람들도 있다. "발효 음식이 너무 많고 광범위하게 쓰여서 냄새가 역한 것도 문제"라는 지적도 나온다.

한식을 좋아하고 자주 먹는 영국인은 "한식은 건강에 좋은 음식"이라고 선전하지만 사실 음식을 짜게 먹는 영국인들에게도 한식은 너무 짠 음식이라는 불평이 나온다. 거기에는 이유가 있다. 영국인은 한 접시의 요리를 여러 명이 나눠 먹는 데 익숙지 않다. 또 반찬side dish을 주식main dish과 같이 먹는 관습도 없다. 코스 요리 식당이 아닌 일반 한국 교민이 가는 식당에 온 영국인은 주식이 나오기 전 상에 차려지는 반찬을 전채前菜, appetizer로 보고 다 먹어 버린다. 밥과 같이 먹기 위해 만든 짠 반찬을, 그것도 김치도 한 접시, 깍두기도 한 접시 따로 시켜서 샐러드처럼 먹는다. 당연히 "한식은 짜다"는 말이 나올 수밖에 없다. 소금 투성이 장아찌는 또 어떻고.

영국인들은 한식의 기본인 김치에 대해서도 할 말이 많은 듯하다. 영국의 한식당에 가면 어떨 때는 금방 담근 싱싱한 김치가 나오고, 또 어떨 때는 삭은 김치가 나온다. 같은 김치인데 왜 이렇게 맛이 다른지 영국인들이 어리둥절해하는 게 당연하다. 김치의 맛은 항상 일정해야 한다는 주장에는 일리가 있다. 영국 음식 평론가들 중에서는 "제대로 된 한식당이라면 적어도 발효 단계가 다른 김치를 손님으로 하여금 선택할 수 있게 해야 한다"고 권유하는 사람들도 있다. 분명히 새겨들어야 할 지적이다. 그러나 이런 비평은 하나만 알고 둘은 모르는 말이다. 한국에는 원래 1000만 가정이 있으면 1000만 종의 김치가 있고 1000만 종의 된장찌개가 있다는 말을 아는가? 한식에는 레시피가 없다. 주부의 손맛이 바로 한식의 맛이다. 그래서 각각 다른 가정은 각각의 다른 음식 맛이 있기 마련이다. 그것이 왜 잘못되었다는 말인가?

영국의 음식 평론가들 중에 "한식은 다양하지 못하다"고 평하는 사람들도 있다. 중국 식당에 비해 요리가 단순하고 어느 식당을 가도 유사한 요리 밖에 없다는 지적이다. 식당에 따라 그 식당 특유의 요리가 없다는 평이다. 같은 맥락에서 한국에 다녀온 영국인 한식 팬들은 "왜 한국에서 먹을 수 있는 떡볶이나 양념 통닭 같은 음식을 한식에 포함시키지 않느냐"고 한식 유행 초반기에는 묻기도 했다. 비주류로 취급 받고 있는 한식 요리도 주류 음식에 포함시켜도 될 만큼 훌륭하다는 말이었다. 다행히 지금은 런던 시내 한식당 어디에나 떡볶이가 메뉴에 있고, 양념 통닭 전문 식당도 여러 개 생긴 지 오래다.

어쨌든 입맛이 가장 보수적이라 평생 음식 모험을 하지 않고 매일 먹던 음식만 먹기로 유명한 영국인들 사이에서 한식에 대한 관심이 높아진 지 오래고 이제 본격적으로 소비가 시작되었다. 물론 아직도 일식이나 중식처럼 이미 자리를 잡고 있지 않아서 한식 맛에 대해 시비를 많이 건다. 그냥 싫으면 안 가면 되지 않느냐고 하면 되겠지만 이제 막 알려지기 시작한 음식인데 그렇게 되면 싹도 자라기 전에 죽는 일이 생길 수 있으니 조심할 일이다. 하지만 '어떤 경우에도 나쁜 홍보란 없다(There is no such thing as bad publicity)'는 말을 감안해 '호의적인 악평'도 고마워해야 한다고 나는 생각한다.

한식을 먹어 본 영국인들이 한식 하면 떠올리는 대표적인 요리는 김치, 갈비, 불고기, 비빔밥 등 모두 양념이 강해 맛이 진하고 색깔이

화려해서 깊은 인상을 주는 요리
들이다. 나와 가까운 영국인
들 중에 이런 음식을 처음 맛
본 소감을 "한국인의 일반적
인 이미지와 잘 어울린다"고
해서 놀란 적이 있다. 역동적인
한국인과 산업화된 한국이 컬러
풀하고 극적인 한식의 맛과 잘 어
울린다는 말이다. 외국인이 한국

영국 레스토랑에서 판매하는 피시 앤 칩스.

에 와서 제일 먼저 배우는 단어는 '빨리빨리'라고 한다. 과거 '조용한
은자의 나라'였던 한국은 언제부터인가 이런 식으로 변해 왔고, 여
전히 변하고 있다.

사실 영국인은 전통적으로 요리에 별 관심이 없었다. 영국 요리는
맛이 없기로 유명해서 오랫동안 세계인의 조크 대상이었다. 그런 영
국인들에게도 변화가 시작되었다. 수년 전부터 TV의 요리 프로그램
이 시청률 상위를 기록하고 있고, 스타 요리사가 유명인이 되기 시
작했다. 그런 변화는 미슐랭 가이드북에서도 나타난다. 2012년 미
슐랭 가이드북에서 별을 받은 영국과 아일랜드 식당이 176개나 됐
다. 1974년만 해도 겨우 25개의 식당이 별을 받은 것과 비교하면 천
지개벽의 수준이다. 영국의 한식당 중 하나가 언제쯤 미슐랭 스타를
받을지는 모르나 텔레그래프, 타임스, 이브닝스탠더드 등 유수 언론

매체들도 이젠 가끔씩 한식당에 관한 평을 한다. 영국인들이 이제 요리를 찾아 먹으려는 시점에 한식이 본격적으로 소개되기 시작한 것은 상당히 고무적이다. 내가 영국에 처음 온 1980년도 초에는 영국 전체를 통틀어 런던의 2개 한식당이 전부였던 것에 비하면 정말 40년 사이에 거의 100배의 한식당이 생긴 셈이다.

영국에서 한식은 이제 시작에 불과하다. 영국 대도시 중에도 아직도 한식당이 하나도 없는 곳도 많다. 특히 스코틀랜드 지역은 거의 무인 지대이다. 선진국이 되는 일은 결코 경제력만이 아니다. 드라마, 음악, 문학, 미술에 맛을 들이게 해서 존경이 우러나게 해야 하고 더 나아가 한식으로 입맛도 잡아야 한다.

이민 1세대의 은퇴와 젊은 층의 유입 감소로
영국 한인사회가 고사 위기를 맞고 있다.

흔들리는
유럽 최대 한인타운

요즘 런던 한인타운은 전형적인 영국 겨울 날씨처럼 안개와 비에 젖어 어둡다. 겨울이라 그렇다는 게 아니라 한인사회의 미래가 잘 보이지 않아서 그렇다는 말이다. 순조롭게 발전해 오던 유럽 최대의 한인사회가 여러 가지 내외적 요인으로 침체 혹은 축소되고 있다. 외적 요인으로는 영국 정부의 이민 정책 변화로 인한 신규 인원 유입이 이루어지지 않아 겪는 한인 업체들의 어려움을 들 수 있다. 내적 요인으로는 한인사회 구성원의 변화를 들 수 있다. 한·영 수교 거의 140주년, 한인 이민사 반세기를 맞는 지금 영국 한인사회의 미래는 어느 때보다 어둡다.

영국 한인사회의 중심은 런던 근교 킹스턴시에 있는 뉴몰던 타운이다. 뉴몰던이 속한 킹스턴시 인구 18만 명의 10%가 한인이고 한인 식당도 20개나 있다. 커피숍도 몇 개 생겨서 담소 나누기도 좋다. 한인타운이라 불릴 만한 규모를 갖춘 한인 밀집지역은 유럽에서 이곳이 유일하다. 그래서 '유럽 유일의 한인타운'이라는 말도 듣는다. 영국인 사회에서도 나름 알려져 있다.

영국 한인사회는 1970년대 말 태권도 사범, 병아리 감별사, 독일 광부 등의 신분으로 유럽에 이민 온 한인들이 늘면서 본격적으로 발전하기 시작했다. 이후 무역 붐을 타고 한국 무역회사 유럽 본부가 세워지고, 중동 건설 붐으로 건설회사 자재 조달 본부가 유럽에 만들어지면서 커졌다. 또 그런 한국회사들을 금융으로 뒷받침해 주기 위

한인촌이 속한 킹스턴 시의 중심가.

©권석

해 거의 모든 국내 은행이 지점을 내기도 했다. 그러다가 1990년대 들어 관광객과 유학생의 폭발적 증가로 비약적인 발전을 했다. 현재 영국에 체재하고 있는 조기 유학생과 단기 영어 연수생을 포함해 영국 체류 한국인 수는 3만 명 정도다.

이렇게 늘기만 하던 영국의 한인 수가 지난 수년간 눈에 띄게 줄어들고 있다. 영국 정부의 비자 발급 요건 강화가 가장 큰 이유다. 이 중 유학비자와 노동허가 요건 강화가 제일 큰 타격이다. 게다가 과거에는 상사 주재원들이 받던 노동허가가 체류한 지 4년이 되면 쉽게 받던 영주권을 요즘 비자는 아예 영주권을 주지 않는 조건으로 바뀌었다. 따라서 그냥 눌러앉기가 힘들어져 한인 수가 줄어들고 있다. 유학비자 요건 강화의 경우, 영어 유학을 오는 학생들에게 상당한 수준의 영어 실력을 요구하는 것이 핵심이다. 학생들 말로는 이민 당국이 요구하는 정도의 영어 실력을 갖추고 있다면 굳이 비싼 돈과 시간을 들여 영국까지 연수를 올 이유가 없다고 한다.

한국인 요리사가 없는 한식당?

과거에도 영국은 고비용 때문에 영어 연수지로 선호되는 곳이 아니었다. 거기에 더해 유학 기간 동안의 유학 비용 조달에 관한 확실한 보장이 없으면 유학비자 받기는 정말 힘들어졌다. 부모를 비롯한 재정 보증인의 재산 상태가 상당한 수준이 아니면 서류 접수가 아예 안 된다. 영어 연수 유학생의 숫자 감소는 한인 업체들의 매상 감소는 물론 한식당 종업원 구인난도 만들었다. 그동안 영국 내 한식당 홀에서 일하는 종업원은 단기 영어 연수 유학생들로 채워졌다. 한식의 특성을 이해하고 부지런한 한국 유학생은 다른 국적의 종업원이 따라올 수 없는 경쟁력을 가져 한식당 주인들이 선호했다. 그런 유학생 종업원 수급이 이제 힘들어졌다. 그나마 학생비자가 허용하는 아르바이트 시간도 대폭 제한되면서 한식당에서 한국 학생 종업원을 보기가 힘들어졌다. 최근에는 한국에서 오래 일해 한국어에 능통한 네팔인을 비롯한 동남아인이 한식당에서 손님을 맞는 일이 일상적인 풍경이 됐다. 주방장마저 영어 시험에 합격해야 노동비자를 받을 수 있으니 제대로 경험이 오래된 요리사가 어떻게 올 수 있겠는가? 그래서 재주 좋게 눌러 앉은 중국 출신 조선족 교포나 난민비자를 받은 북한 탈북 동포가 주방에서 일하고 이제는 주인이 되어 식당을 운영하기까지 한다.

사실 한식당에 관한 가장 큰 문제는 홀 종업원 수급에 있지 않다. 한식당의 맛을 좌우하는 주방장 문제가 가장 크다. 한류 세계화를 타고 런던에만 이미 거의 200개가 넘는 한식당이 영업 중이다. 이들 한식당의 손님 중 외국인이 차지하는 비중도 K열풍에 날이 갈수록 늘어나고 있다. 그런데 한식당은 가장 중요한 주방장을 구하지 못해 난리이다. 자식들도 이미 성장해서 부모들의 좋은 뒷바라지로 변호사, 의사, 회계사 같은 전문 직종이나 금융 산업 등으로 진출해 부모들이 어렵게 일구어 놓은 식당을 하지 않으려 한다. 이렇게 이민 1세대 주방장은 주인이 되어 요리를 하지 않고 있는데, 새로운 요리사 보충이 이뤄지지 않고 있다.

이 역시 영국 비자법 때문이다. 요리사에게까지 수준급 영어를 요구하고 있다. 현재 한국에서 데리고 와야 할 요리사 중에 영국 이민 당국이 요구하는 영어를 구사할 인원이 몇 명이나 되겠는가? 이렇다 보니 영국 한식당에 한국에서 요리사가 새로 들어왔다는 소식을 들은 지가 상당히 오래됐다. 늘어나는 한식당들이 한국인 요리사를 구하지 못하자, 허드렛일을 거들던 조선족 중국동포 요리 보조가 주방을 차지한 지도 꽤 오래됐다. 최근에는 조선족 중국동포 주방장마저도 구하기 어렵다. 중국의 경제 발전으로 중국 내에도 직업이 많아졌고 한국에서도 조선족 중국동포 취업이 과거보다 용이해졌기 때문에 새로 유럽에 유입되는 인원도 줄었다.

한식당뿐만 아니라 영국 소재 한국 회사들도 비자 때문에 어려움을 겪기는 마찬가지다. 노동허가 요건이 과거에 비해 너무 까다로워졌다. 극단의 예를 들면 한국 유수 회사 신임 지사장의 영국 노동허가 비자가 사소한 여건 미비로 거절되어 부임이 지연되는 정도이다. 과거 같으면 그냥 단순한 요식 행위에 불과할 이런 허가마저도 시비가 붙을 정도로 비자 발급 자체가 까다로워졌다. 이런 비자 문제는 한국에 본사를 두고 있는 한국 회사뿐만 아니라 교민들이 운영하는 업체들도 당하는 어려움이다. 실무진 수급에 아주 큰 어려움을 겪기 때문이다. 매일 한국과 업무를 해야 하는 특성상 한국에서 교육받고 해당 분야에 경험이 있는 인원이 필요한데 이런 인원을 우선 영국에서 구하는 절차를 반드시 밟아야 한다. 그랬는데도 불구하고 못 구했다는 증빙을 첨부해야 노동허가 신청서가 일단 접수가 된다. 그런 인원이 어디 영국에서 찾기가 쉽겠는가? 영국에서 구하기는 하늘의 별따기다. 결국 한국에서 데려와야 하는데 그러려면 그 절차에 머리카락이 빠진다.

이민 2세대의 고향은 영국이다

영국 교민사회는 다른 해외 교민사회보다 고학력자들이 많았다. 1950~1960년대 일반적이던 생존형 이민이 적었기 때문이다. 대신 상사 주재원으로 파견 나왔다 눌러앉거나, 유학 왔다 정착한 경우가 많았다. 혹은 영국의 한인업체에 근무하기 위해 정식으로 노동허가를 받아 건너온 사람들도 적지 않았다. 어느 경우도 다른 나라처럼 도착한 다음 날부터 막노동을 하지는 않았다. 이미 어느 정도의 안정된 직장을 가지고 이민 생활을 시작했다는 의미다.

그래서 영국 교민사회는 처음부터 해외 이민을 목적으로 출발한

다른 나라의 한인사회와는 성격이 좀 달랐다. 처음부터 영구 정착을 계획하며 자의에 의해 이민 온 것이 아니라 언젠가는 돌아갈 것을 꿈꾸며 일정 기간 한시적으로, 그것도 회사의 명함을 들고 타의로 건너온 경우가 많았다. 나만 해도 아직 집 창고에는 주재원 발령 초기 런던 백화점 세일 때 사 모은, 거의 40년째 포장지에 싸여 있는 본차이나 식기들이 있다. 서울로 가져가 포장을 풀겠다고 사놓은 뒤 손도 안 댄 채 창고에서 썩고 있다. 이제 이런 물건들은 10년만 더 있으면 영국 관례상 골동품(기준 50년)에 속하게 되니 비싸게 팔릴 가능성도 있어 보이긴 한다.

그렇게 자의 반 타의 반으로 시작한 영국 이민 1세대들도 이제 은퇴를 생각하는 나이다. 언젠가 올 귀환을 위해 알게 모르게 한국에 빌딩도 사고 아파트도 장만해 놓았다. 실제 상당히 많은 이민 1세대는 영국 생활을 정리하고 귀환했다. 그런데 문제는 자식들이다. 사람은 자신이 태어나고 자란 곳이 가장 편안한 법이다. 한인 2세들에게는 영국이 제일 편하다. 이들에게는 영국에서 사는 법 말고는 다른 선택사항이 없다. 영국의 한인 2세들은 부모와는 달리 영국을 자신의 고향으로 대한다. 그래서 한국으로 돌아간 많은 이민 1세대들이 자식들 때문에 한국과 영국을 왔다갔다 하면서 생활하고 있다. 손주들을 보러 오기도 하고, 덥고 추운 한국 여름과 겨울을 피해 와 있기도 한다.

이런 식으로 한국과 영국을 오가면서 생활하는 이민 1세대 중에는 자식들의 장래에 대해 걱정하는 사람들이 꽤 많다. 두 가지 이유다. 하나는 인종차별 문제이고 다른 하나는 유럽 장래에 대한 불안감이다. 아무리 오래 살고 영국인보다 영어를 잘해도 동양인 얼굴을 갖고는 영국 땅에서 영원한 외국인으로 살 수밖에 없다. 세상이 어려워질수록 인종차별 문제는 커질 수밖에 없다. 이민자들로만 이루어진 미국과는 달리 보수적인 영국인들 사이에서 이민족으로 살아가야 할 자식들에 대한 부모 세대의 걱정을 괜한 노파심이라 할 수만은 없다.

또 하나의 걱정은 영국을 비롯한 유럽의 장래에 대한 걱정이다. 지금은 유럽이 아시아보다 조금 더 잘사는지 몰라도 자식들이 장년이 되는 20~30년 뒤에는 무슨 일이 벌어질지 알 수 없다. 2차 대전 직후 황폐한 일본을 떠나 당시 선진국이던 남미로 이민 갔으나, 결국 이민 온 나라와 함께 가난해져 버린 남미의 일본인 후예들의 처지를 보면 지금 영국 이민 1세대들의 걱정이 근거 없는 것 같지는 않다.

죽어가는 한인사회

수백 년간 세계를 지배하던 유럽과 미국, 캐나다 같은 국가들이 그렇게 쉽게 무너지지는 않겠지만 한국을 비롯한 일본, 대만, 중국과 기타 동남아 국가에 대한 지금의 경제적 우위가 계속 유지될지 모르겠다는 걱정이 많다. 그 예로 월급과 부동산 가격을 든다. 1980년대 내가 주재원 발령을 받아 영국에 올 때 영국에서 받은 월급은 한국 월급의 네 배가 넘었다. 지금은 주택 수당을 빼고 나면 거의 비슷하거나 조금 많은 정도다. 영국의 부동산값도 이제는 한국과 별다른 차이가 없다. 1세대가 정착하던 20~30년 전에는 영국 단독주택값이면 강남에 고급 아파트 두세 채는 살 수 있었다. 이제는 겨우 같은 급수의 집을 살까 말까 할 정도이다. 이는 달리 말하면 앞으로는 경제적 이유가 영국에 사는 직접적인 이유가 될 수 없다는 말이기도 하다. 그렇다면 인종차별 받아가면서 경제적 이득도 없는 외국에서 굳이 살 이유가 무엇이냐는 말이 나올 수밖에 없다. 하지만 젊은 이민 2세대들은 부모 세대의 이 같은 우려를 별로 실감하지 못한다.

현재 영국 한인사회는 돌아가고자 하는 1세대는 많은데 새로운 한인들의 유입은 막혀 있다. 이런 식으로 가면 결론은 하나다. 한인사회가 머지않아 고사할 수밖에 없다. 다행히도 영국 한인타운을 중심으로 자란 2세대는 미국 동포 2세와는 달리 모국어에 능통하다. 한인타운 내에 한국학교가 토요일에 열리고 일요일에는 교회와 성당이 성경학교를 운영하며 2세대들에게 모국어를 열심히 가르쳐왔다. 더군다나 한국 문화가 이제는 K-Pop을 비롯해 영화·드라마를 통해 열등문화가 아니라 선진문화로 들어가고 있어 2세들도 옛날과 달리 한국문화를 많이 접하려고 노력한다. 심지어는 한국 드라마, 노래 등에 빠져 한국어 실력이나 한국 문화 이해도가 부모들이 놀랄 정도로 높아 문화 정체성을 잃지 않을 듯해서 무척 다행이다. 부모와 자식 사이에 문화가 달라 소통이 이루어지지 않는 것만큼 불행한 일은 없는데 다행한 일이다.

하지만 한인 2세들도 고사 위기에 처한 한인사회의 당면 문제를 해결할 것 같지는 않다. 이들은 한국 문화보다는 영국 문화가 더욱 편하고 행동반경 역시 한인타운을 벗어나 영국 사회를 중심으로 이루어지고 있다. 어릴 때나 부모님과 같이 한인타운에서 생활했지만 성인이 되면 한인타운을 벗어나기 마련이다. 더군다나 이들을 한곳으로 모아 한인사회를 위한 시너지를 끌어낼 수 있는 구심점도 전무하다. 이렇게 되면 런던 뉴몰던의 '유럽 유일의 한인사회'는 1세대 중심으로 존속하다가 머지않은 장래에 사라져 버릴 위험이 다분하다. 영국에 산재한 100여 개 한인 개신교 교회들의 현실이 이를 말해 준다. 대부분의 한인교회에 젊은 신자가 줄어들고 있다. 어른들이나 모이지 젊은이들은 관심도 없다. 2세들을 끌어들이거나 붙잡아 둘 만한 동인이 전혀 존재하지 않기 때문이다. 영어로 젊은이들과 소통할 사역자들도 전무하다. 현재 재직하고 있는 성직자들은 한국어가 훨씬 더 익숙한 성직자들뿐이다. 얼마 지나지 않아 지금의 성직자들이 다 은퇴하고 나면 누가 그 뒤를 이어 한인교회의 구심점 역할을 할 것인지도 궁금하다.

한인 2세의 과제, 주류사회 편입

　부모의 열성으로 교육을 잘 받은 한인 2세대들의 직업은 의사, 변호사, 회계사 같이 주로 자격증에 의존하는 직종이다. 영국 대기업은 한국에서처럼 수백 수천 명을 한꺼번에 공개 경쟁 시험으로 뽑지 않고 필요할 때마다 수시 채용하는 시스템이다. 어느 경우나 일정 기간의 인턴을 거쳐야 하는데, 그 기회 잡기가 하늘의 별 따기다. 영국에서 혈연·지연·학연 없이 인턴 기회를 잡는 일은 거의 불가능하다. 이때야말로 '맨땅에 헤딩' 하면서 살아와 영국 주류사회에 아무런 연줄이 없는 1세대 부모들이 가장 곤혹스러워하는 순간이다. 때문에 이민 1세대들은 웬만큼 경제력이 있다고 하면 무리해서라도 자식들을 명문 사립학교에 보낸다. 자식대에서라도 학연 하나는 만들어 주고자 하는 눈물겨운 이유 때문이다.

　이렇게 어렵게 사회에 진출한 한인 2세들도 아직은 사회적 기반이 약해 영국 주류사회 내에서 살아남기가 쉽지 않다. 그렇다고 영국 내 한인사회가 그들을 받아 낼 만큼 크지도 않다 보니 한인 2세들의 앞길이 순탄하지만은 않다. 영국 내 한인업체 중 영국 주류사회를 상대로 영업을 하는 경우는 손꼽을 정도이다. 한인업체들이 그만큼 영세하고 역사가 짧기 때문이다. 영국에서 태어나고 교육받은 한인 2세들이 사회에 진출해 제대로 된 영국 주류사회를 상대로 한 비즈니스를 개척해야 할 시점이긴 하지만 아직 영국 한인사회는 그런 준비가 제대로 되어 있지 않은 것 같다. 어떻게 보더라도 영국 한인사회는 앞뒤로 모두 나아갈 방향이 보이지 않는다. 영국의 긴 겨울같이 우울하고 답답한 요즘이다.

3장

가까이에서 바라본
영국인의 삶

시대적 흐름과 코로나바이러스로 인해 영국의 결혼 문화도 바뀌어 가지만,
여전히 '영국스러운' 전통을 찾아볼 수 있다.

영국의 독특한
결혼 문화

영국인에게도 결혼은 인륜지대사人倫之大事다. 그러나 결혼식을 통과의례 행사처럼 치르는 우리와는 달리 영국인들은 축제로 철저하게 즐긴다. 축제란 참석자 모두가 즐거워야 마땅한 일이다. 그래서인지 보통 하루 만에 끝나던 결혼식이 최근 들어서 길어지는 추세이다. 결혼식 전날 먼 외지에서 온 하객을 위한 파티를 한 차례 열고, 결혼식을 마친 후에는 뒷풀이 파티를 밤늦게까지 연다. 그리고 그 다음 날 늦은 '아점brunch'을 하는 식으로 3일에 걸쳐 결혼식 행사를 치르는 경우가 늘고 있다.

수년 전 한국의 준재벌의 딸을 며느리로 맞는 영국 교포의 결혼식

에 초대받아 간 적이 있었다. 요즘 영국에서도 좀처럼 요구하지 않는 '블랙타이Black Tie(재킷 깃이 공단으로 되어 있고 나비 넥타이와 바지 옆줄에 밴드를 댄 정식 정장)'를 요구할 정도로 제대로 된 드레스 코드가 무리가 아닌 대단한 결혼식이었다. 옥스퍼드 근처의 처칠 생가로 유명한 '블레넘 왕궁'에서 열린 결혼식은 문자 그대로 초호화판이었다.

한국에서 온 친척, 친구 모두를 런던 시내 최고 호텔 사보이에서 재우고 전날 식사는 물론 결혼식 다음 날 점심, 그리고 런던 시내 관광까지 다 시켜 줬다. 블레넘 왕궁 전체를 식장으로 쓸 정도이니 얼마나 경비가 들었을까? 거기다가 테이블 위의 꽃 장식 하며 와인과 샴페인은 그냥 슈퍼에서 파는 수준이 아니라 한 병에 몇백만 원 하는 최고급이었다. 막내딸 결혼식이라 하고 싶은 대로 다 해 준다는

블레넘 왕궁은 윈스턴 처칠 영국 전 총리의 생가로 유명하다.

혼주의 말에 정말 수긍이 갔다. 물론 서민들에게는 아파트 몇 채 값이 들어갔지만 재산이 수십조 하는데 눈에 넣어도 안 아플 막내 딸의 결혼식에 뭘 못해 주겠는가 하는 마음이 공감이 가서 거부감이 전혀 들지 않았다. 영국 전통 관습에 따른 결혼식이었으니 정말 엄청난 경비가 든 듯했다. 원래 영국인들은 결혼식 하객을 초대하면 숙식은 물론 항공료까지 모두 초대하는 측에서 부담해야 다 갖춘 예절의 결혼식으로 친다. 그래서 옛날부터 귀족들의 집이 방이 많고 큰 이유는 이런 경우 손님들을 모두 집에 재우기 위함이다. 그리고 교통이 원활치 않던 옛날에는 한번 파티에 오면 며칠을 먹고 자고 하면서 뽕을 빼고 보내야 제대로 파티를 했다고 여길 정도였다. 그렇게 해서 지방의 경제로 돌아가고 귀족의 돈이 순환도 되고 했으니 반드시 사치라고 욕만 할 일이 아니다.

이런 호화 결혼만이 아니라 일반 결혼식도 말이 하루 만에 끝나지 사실 하루 종일 매달려 있어야 한다. 한국처럼 두 시간 정도 걸려 심하면 하루에 결혼식 서너 개 때우는 식의 결혼식이 아니다. 오후 일찍 성당에서 치른 결혼 예식을 마치고 나면 자리를 옮겨 저녁 식사와 함께 결혼 축하 리셉션이 시작되는데 이게 거의 자정이 다 되도록 계속된다. 모든 결혼식 참석 하객은 특별한 이유가 없는 한 저녁 축하 파티에도 반드시 참석을 해야 하기 때문에 영국 결혼식 축하는 하루를 완전히 바쳐야 하는 '심각한' 이벤트다.

2월 29일은 여성이 청혼하는 날

영국 결혼식에는 아주 가까운 친지들만 참석할 수 있다. 한국처럼 조금만 안면이 있으면 마구 청첩장을 뿌리는 식이 아니다. 사전에 신랑 신부와 가족들이 철저하게 초청자 명단을 작성해서 청첩장을 보낸 뒤 참석과 불참의 회답을 받아 참석 인원을 확정한다. 참석을 한다고 해 놓고 통보 없이 불참하는 일은 상상도 할 수 없는 결례이고, 다시는 초청자를 안 볼 각오를 하지 않으면 감히 저지를 수 없는 무례이다. 그래서 아무리 저명인사 집안 결혼식이라도 수천 명의 하객이 몰려 인근 교통이 마비되는 일은 절대 일어나지 않는다.

여성 상위시대를 논하는 지금도 세계 어디서나 마찬가지로 영국에서도 청혼은 철저히 남자에 의해서 이루어진다. 영화에서 보듯 남자가 무릎을 꿇고 "나와 결혼해 주시겠습니까?"라고 물으면 여자가 "예"라고 대답하고 남자가 여자 약지에 반지를 끼워 줌으로써 약혼이 완료된다. 물론 여자가 청혼을 할 수도 있다. 바로 윤년에만 있는 2월 29일이 그 날이다. 연애를 오래했는데도 청혼을 미루기만 하면 여자는 이날을 기회로 삼아 남자의 '항복'을 받아 낼 수 있다. 그래서 영국 남자들 사이에는 2월 29일에는 오래 사귄 여친과는 절대 약속을 잡지 않는다는 농담이 있다. 그날 여자가 반지를 들고 청혼을 하면 그 자리에서 거절하거나 미룰 강심장은 결별을 각오하지 않는 한 별로 많지 않아서다.

어쨌든 반지를 주고 난 후부터 두 남녀는 굳이 프랑스어인 약혼자 fiancé와 약혼녀fiancée로 불리게 된다. 이때 발음은 남녀 구분 없이 똑같이 '피앙세'다. 약혼이 되면 둘은 집안 사정 등을 감안해 결혼식 날짜를 잡는다. 전통적으로 영국에서 결혼은 가을 추수철인 9월부터 성탄절 사이에 하는 것이 가장 좋다고 여겨졌다. 옛날에는 수요일이 길일이라고 해서 수요일에 결혼을 많이 했으나 지금은 한국처럼 토요일에 많이 한다. 그러나 영국에는 토요일이 '어느 일도 잘 이루어지지 않는 검은 날'이라는 속설이 있다. 그래서 영국 이혼율이 50%가 넘는다는 농담도 한다.

전통적인 영국의 결혼 풍습

전통으로 결혼식 날짜가 정해지면 신랑 신부가 다니는 성당에 결혼 공고banns가 붙는다. 그 공고에는 이 결혼식에 반대하는 사람은 신고를 하고 그 이유를 성당에 제출해야 한다고 쓰여 있다. 중혼이나 강제결혼을 막으려는 이유에서다. 이렇게 결혼식이 확정되면 초청할 하객들에게 청첩장이 나간다. 영국도 이제는 이메일이니 소셜미디어(SNS) 청첩이 유행을 타기 시작했지만 전통을 좋아하는 영국인들은 아직도 종이 청첩장을 선호한다. 그들은 손으로 주소를 쓴 예쁜 봉투에 담긴 청첩장과 인터넷을 통해서 오는 청첩장은 비교가 안 된다고 믿는다. 결혼할 커플로부터 청첩장이 오면 초대받은 하객은 부조를 챙겨야 한다. 영국에는 원래 현금 부조 전통이 없었고 선호하지도 않아 한국과 같이 결혼식장 입구에 볼썽사납게 부조 접수 책상이 없었고 지금도 없다. 하지만 최근에는 현금 부조 풍습이 세태의 변화에 따라 생기고 있다. 그러나 결혼식장에서 접수하지는 않고 다른 방법을 선택한다.

원래 영국에서는 하객들이 신혼부부가 필요로 하는 물품을 선물하는 풍습이 전통적 부조의 방법이었다. '결혼선물 목록wedding gift list, wedding registry'을 통해 자기 형편에 맞추어 선물을 했다. 과거에는 신랑 신부가 지정한 시내 백화점에 전화를 하면 백화점이 선물 품목과 가격표를 우편으로 보내 줬다. 이 품목 중 하나를 선택해 해당 금액에 해당하는 수표를 보내 주면 백화점에서 신혼집으로 배달하는 방식이었다. 이제 인터넷 덕분에 일이 훨씬 쉬워져 목록을 웹사이트에서 보고 선택한 뒤 카드로 결제한다.

영국 정치의 중심지 웨스트민스터 의회당이 보이는 웨스트민스터 브리지에서 웨딩 촬영이 진행되고 있다.

과거에는 결혼 전 동거 생활을 하지 않았기에 신혼집의 모든 집기를 신혼부부가 다 구해야 했다. 그래서 선물 품목을 알리는 풍습이 생겼지만, 이제는 과거와는 비교할 수 없을 정도로 많은 비율이 결혼 전 이미 동거를 한다. 해서 신혼부부는 모든 가구와 집기를 신혼집에 이미 갖추어 놓은 경우가 많다. 특별히 새로운 가구와 집기를 마련할 필요가 없다. 차라리 그들에게는 신혼여행이나 신혼 생활 중에 누릴 품목들을 위한 현금이 필요하다. 그래서 요즘에는 결혼 선물 목록에 현금이 있어야 누릴 수 있는 각종 품목이 적혀 있어 그중 하나를 골라 지불해 주면 된다.

와인 배달·스쿠버다이빙 예약까지

예를 들면 호화판 레스토랑 식사, 허니문 호텔 예약, 심지어는 신혼여행지의 스쿠버다이빙 혹은 유람선 예약까지 다양한 형태가 있다. 또는 신혼 기간 중 정기적인 와인 배달, 부부 사우나 마사지 체험, 각종 취미 교육 과정 수강권 등등 별별 품목들이 다 있다. 한 품목 전체 금액이 부담스러우면 일부만을 부조해도 문제가 없다. 영국인들은 체면이나 안면 때문에 자신의 분수에 넘치는 부조를 하지도 않고, 워낙 친한 사이에만 초대를 하고 부조를 하기에 서로 사정을 알기에 알아서들 한다. 이렇게 영국인들은 채신머리없게 노골적으로 현금을 결혼식 현장에서 받는 식이 아니라 뭔가 격식을 차리면서도 뒤로는 다 받는 방식을 고안해냈다. 영국인들은 이런 방식을 관광지에서 분수나 연못에 동전을 던지고 소원을 비는 것에 비유해 '위싱 웰 wishing well'이라고 부르기도 한다.

과거에는 청첩장에 이런 결혼 선물 관련 사항을 체면 때문에 포함시키지 않아 친구, 친척, 친지들끼리 서로 물어서 힘들게 해결했지만 이제는 청첩장에 적어 보내도 큰 흠이 안 된다. 왜냐하면 영국인들은 청첩장을 남발하지 않고 정말 초대받아 마땅하고, 차라리 안 하면 두고두고 원망을 들을 사람들에게만 보내기 때문이다. 어차피 청첩장을 받는 사람은 결혼 선물을 할 사람들이어서 선물 관련 요청 사항을 적어도 크게 흠이 되지 않는다. 결혼 선물 목록을 찾기 위해 친지들끼리 서로 수소문하는 수고를 덜 수 있어서이다.

영국 결혼식에는 중세로부터 내려오는 풍습도 아직 많이 남아 있다. 한국에서도 별 생각 없이 따르는 신부 아버지가 딸과 같이 하는 신부 입장이 대표적이다. 모든 결혼이 중매결혼arranged marriages이던 중세에는 '신부를 넘겨주는(giving away the bride)' 이런 관습이 원래 소유권 이전을 의미했다. 이때 신랑 아버지가 신부 아버지에게 주는 물적 보상을 '신부 가격bride price'이라고 칭했다. 보통 지참금 dowry이라면 신부가 시집 올 때 가지고 오는 한국식 혼수를 말하는데 중세 영국에는 신랑집이 반대로 며느리를 사 오는 방식이었다. 자신들의 가문에 노동력을 제공하고 동시에 미래의 자손을 낳아 줄 여인을 데려오는 일이니 대가를 지불하고 사 와야 한다는 영국인다운 합리적 계산법이었다. 그러다가 영국에도 나중에는 자신의 딸이 시집 가서 기죽지 않고 살려면 돈을 가지고 가야 한다는 이유 때문에 한국처럼 혼수를 들려 보내는 풍습이 성행하기 시작했다. 영국인들이 정복왕이라 부르는 프랑스 노르망디 공작 윌리엄 왕이 도버해협을 건너와 잉글랜드 왕이 된 이후 영국 왕실은 말도 통하고 풍습도 같은 프랑스 귀족 가문에서 며느리를 데리고 왔다. 특히 포도주 주산지인 프랑스 서남부 해변가의 귀족들의 딸을 데려왔다. 시집 올 때 신부들은 포도주 산지인 노른자위 땅들을 혼수로 가져왔다. 덕분에 한때 영국 왕의 프랑스 내 영토가 프랑스 왕보다 더 많아지기도 했다. 이 영지들이 영국·프랑스 간 백년전쟁의 빌미가 되기도 했다.

결혼식에서 발견한 중세의 미신

사실 신부가 아버지와 같이 결혼식장 복도를 걸어 들어와서 신랑이 손을 넘겨받는 장면은 결혼식에서 가장 감동적인 순간이다. 이때 대부분의 신부 아버지는 울컥한다. 신부는 물론 신부 아버지도 가장 소중한 순간most cherished moment이라고 여긴다. 이제는 옛날처럼 딸에 대한 소유권을 넘겨준다는 뜻이 아니라 새로운 인생을 출발하는 딸을 아버지가 마지막으로 동행해 준다는 의미를 더 중요시한다. 아주 야만적인 오랜 풍습이 후대에 이렇게 로맨틱하게 바뀐 셈이다.

중세의 미신들이 영국 결혼 풍습에 끼친 영향도 아직 많이 남아 있다. 예를 들면 결혼식 전날 밤 신부는 처녀파티hen party, 신랑은 총각파티stag do, bachelor party를 해서 고주망태가 되도록 마시고 노는 풍습도 그중 하나다. 이는 결혼 전날과 결혼식 당일 식장에서 신부 아버지에 의해 넘겨지기 전까지 신랑은 신부의 얼굴을 보면 불운이 닥친다는 미신 때문에 생긴 풍습이다. 신부가 결혼식에서 얼굴을 가리는 면사포도 순결을 상징하지만 원래는 악령들을 헷갈리게 한다는 미신 때문에 쓰게 되었다. 한껏 행복한 신부를 악령들이 질투를 해서 해코지할까 봐 생긴 풍습이다. 신부 들러리들이 신부와 같은 색깔과 모양의 드레스를 입는 이유도 악령을 헷갈리게 해서 신부에게 해를 못 끼치게 하려는 목적이었다. 결혼식에서 신부가 드는 꽃다발도 원래는 마늘 같은 냄새 나는 약초herb 다발이었다. 이역시 신부를 해치거나 경사스러운 결혼식을 망치려는 악령들을 막으려는 이유였다. 그러다가 빅토리아 여왕이 1840년 결혼하면서 흰 웨딩드레스와 자신이 가장 좋아한 눈풀꽃snowdrop 꽃다발을 사용해서 유행을 새로 만들었다. 영국에서 웨딩드레스도 원래 흰

©권석하

헨리 8세의 두 번째 부인인 앤 불린 가문 성에서 열린 영국 중세 시대의 전통의상 쇼.

색이 아니었다. 어떤 색깔도 무방했고 심지어 검은색을 입어도 됐다. 그러다 빅토리아 여왕이 자신이 좋아하는 흰색으로 드레스를 만들어 입어 세계적으로 유행을 시켰다.

영국에서는 신부가 결혼식 동안 네 가지를 몸에 지녀야 한다는 전통도 있다. '오래되고something old, 새롭고something new, 누군가로부터 빌린something borrowed, 푸른색의 무엇인가something blue'를 결혼식 동안 몸에 지녀야 한다는 미신인데 아직도 모두들 따른다. 오래된 물건은 대개 자신이 쓰던 물건으로, 스타킹 고리같이 간단한 물품들이다. 결혼이 과거로부터의 단절이 아니라 연속임을 뜻하는 물건들이다. 반면 웨딩드레스 같은 새 물건은 미래에 대한 낙관적인 희망을 뜻한다. '빌린 물건'은 이미 결혼해서 자녀가 있는 여자 친지의 속옷을 웨딩드레스 안에 입는 게 대표적인데, 이미 아이가 있는 여인을 앞세워 악령을 헷갈리게 해서 신부를 보호하려는 미신에서 시작되었다. 푸른 물건은 대개 브로치나 리본

현 왕세자비 케이트 미들턴의 결혼식 당일 모습.

같은 장신구인데 이 역시 출산을 방해하는 악령으로부터 보호하고 다산을 하게 해 준다고 믿어서다. 또 푸른색은 순수함, 사랑, 정절을 뜻하기도 한다.

마지막으로 오래된 6펜스 은화를 신부 신발에 넣으면 미신에서 유래된 신부 준비를 모두 마친다. 영국인들은 이 동전이 행운과 번영을 가져다 준다고 믿는다. 당시 왕세손이었던 윌리엄의 결혼식에서 신부 케이트 미들턴이 이 네 가지 모두를 몸에 지녔다. 오래된 물건으로는 캐릭마크로스 레이스를 면사포로 썼고, 새 물건으로는 친정 부모가 마련해 준 다이아몬드 귀걸이를 했다. 또 빌린 물건으로는 시조모인 엘리자베스 여왕이 자신의 어머니로부터 열여덟 살에 선물받은 다이아몬드 약식 왕관을 썼다. 거기다 푸른색 리본을 웨딩드레스에 달아 네 가지를 모두 갖추었다. 신발 안에 6펜스 은화를 넣었는지는 아무도 확인을 못 했다.

머리 위로 부케를 던지는 이유

신랑 신부가 식을 마치고 성당 밖으로 나설 때 본래 하객들은 쌀이나 밀 혹은 귀리 같은 곡식을 부부 머리 위로 던졌다. 지금은 종이꽃가루를 많이 쓰는데 이는 신혼부부의 다산과 풍요와 풍성함을 기원한다는 의미다. 이런 풍습은 로마 때부터 내려오는 풍습이기도 하다. 그때부터 곡식은 다산과 부를 가져다준다고 믿었다.

결혼식을 끝내고 신부가 결혼식 내내 손에 들었던 꽃다발을 머리 뒤로 던지는 관례는 원래 아주 야만적인 풍습에서 시작되었다. 15세기 중세 때는 하객들이 결혼식이 끝난 신부의 웨딩드레스, 꽃다발, 심지어는 신부의 머리카락을 뜯어갔다. 그걸 간직하면 신부가 가진 행운이 자신에게 나누어진다고 믿었다. 하객들이 워낙 소란을 피우자 그걸 피하기 위해 신부가 꽃다발을 머리 뒤로 던지고 걸음아 날 살려라 하고 도망간 풍습에서 꽃다발 던지기가 시작됐다.

결혼식 이후 장소를 옮겨 열리는 축하 파티는 부부가 같이 웨딩케이크를 자르며 시작된다. 이 역시 별 생각 없이 행하는 관례지만 부부로서 첫 음식을 같이 만들어 먹는다는 의미를 담고 있다. 웨딩케이크는 원래 중세 때 빵을 높이 쌓아 놓고 신랑이 신부에게 키스를 하는 풍습으로 시작되었다. 이 웨딩케이크를 보관했다가 결혼식 1주년 때 먹거나 첫 아이 영세 때 먹는 풍습도 있었다. 설탕이 많이 들어 있어 장기간 보관이 되었다.

결혼 파티 중간중간에 혼주인 신랑 신부 아버지들과 친지, 친구들의 인사가 있는데, 이때 친구들은 신랑 신부의 악행을 털어놓는 게 관례다. 신랑 신부의 어처구니없는 실수부터 도를 아슬아슬하게 넘나드는 수준의 엽색 행각까지 다 털어놓아 신랑 신부를 진땀 나게 만든다. 물론 손님들은 배꼽을 잡고 폭소를 터뜨린다. 영국인들은 이 친구들의 농담을 가장 많이 기대한다. 그래서 신랑 신부는 친구들을 사전에 매수하려고 하지만 별무효과다. 진지하고 엄숙한 장면에 웃음을 끌어들이는 영국인들의 유머 감각을 엿볼 수 있는 대표적 광경이다.

파티가 어느 정도 무르익으면 신혼부부는 살짝 빠져서 신혼방으로 가야 한다. 이때 신랑은 허리가 부러지더라도 반드시 신부를 안고 방 문지방을 넘어야 한다. 그렇게 함으로써 신부가 자의가 아니라 신랑에 의해 강제로 신혼방으로 들어간다는 인상을 주어 신부의 순결을 더 돋보이게 하려는 이유였다. 이때부터 신혼 생활이 시작되는데, 이를 이르는 우리말 밀월蜜月과 같은 뜻의 허니문honeymoon은 본래 바이킹의 풍습이라고 한다. 바이킹들은 신혼부부를 동굴에서 다른 일은 하지 않고 한 달을 살게 해 주었다. 그때 가족과 친척들이 신혼부부에게 꿀로 만든 술을 가져다주었다. 그래서 나온 말이 허니문이 되었다.

구청 직원 앞에서 맹세한 사랑

영국에서도 과거에는 결혼식 비용을 신부 측에서 부담했으나 이제는 대개 신랑 신부가 같이 부담하는 식으로 바뀌어 가고 있다. 최근 영국 결혼식 경비는 가장 저렴한 경우가 6000파운드(약 990만 원), 중간 정도가 3만 파운드(약 4950만 원), 상급이 7만 파운드(약 1억

1550만 원)로 조사됐다. 축하 파티가 가장 많은 경비가 드는데, 장소 대여와 식음료비가 대부분의 경비이다. 그다음으로 많이 드는 경비가 사진 값이라고 한다. 요즘은 영국 젊은이들의 주머니가 깊지 않아 수많은 남녀들이 거액이 드는 거창한 결혼식을 하지 않고 그냥 구청 호적과에 가서 약식의 결혼 선서식만 담당 공무원 주례로 하고 만다. 그리고는 아주 가까운 친지나 친구들과 함께 식사로 결혼 파티를 때운다. 물론 이런 약식 결혼식도 하지 않고 그냥 사는 경우도 많다. 보통 이럴 때는 남에게 동거자를 소개할 때 그냥 파트너partner라고 한다. 영국 젊은이들의 삶도 코로나 사태를 거치면서 전보다 훨씬 더 팍팍해져서 그 핑계로 결혼식을 생략하고 마는 경우가 많은데, 결국 돈 문제 때문에 삶에서 가장 중요한 의식 중 하나인 결혼식을 못 치른다는 의미여서 씁쓸하다.

영국인의 휴가에는 휴가를 가기 전 준비하는 과정과 휴가를
다녀온 후 다음 여행지를 정하는 즐거움까지 포함된다.

진정한 삶을 되찾는 시간, 휴가

　폭염이 기승을 부린 2022년은 예외였지만, 영국 여름 날씨는 기
온이 높아야 25도 전후이고 특히 습기가 없어 전혀 불쾌하지 않다.
그런데 2018년 여름의 경우는 특이했다. 70일 넘게 계속되는 가뭄
과 폭염은 42년 만에 처음이라고 했다. 영국 언론은 당시 인류가 지
구를 무책임하게 쓴 탓으로 말세가 왔다고 난리였다. 42년 만이라고
하면, 1976년에는 과연 어땠을까? 당시 가뭄은 3월부터 9월까지 거
의 반 년 동안 계속됐고, 폭염은 거의 세 달을 갔다. 2018년의 여름
에 영국인들은 죽는다고 난리였지만 그래도 1976년과는 비교가 되
지 않는다는 말이다.

그런데, 영국 여름이 폭염이라고 영국인들은 난리를 치지만 사실 따지고 보면 엄살에 불과하다. 아무리 덥고 가물다 해도 영국 여름은 습도가 높지 않아 한국에서 고생하는 친지들에게 미안할 정도이다. 영국에서는 집 안에 있으면 결코 에어컨을 켤 필요가 없어 영국 가정에는 어디에도 에어컨이 없다. 단지 햇빛이 유난히 심한 날 저녁은 2층이 하루 종일 달아 잠을 못 잘 정도인데, 이럴 때에는 아래층에서 자면 전혀 문제 없다. 그러나 이런 날도 사실은 1년에 10일도 안 된다. 낮에 아무리 더워도 해만 지면 정말 거짓말처럼 서늘해진다.

영국인들에게는 웬만한 햇빛과 폭염(한국에 비하면 폭염이라는 말을 쓰기가 미안할 정도로, 28도가 폭염의 기준이다)도 사실 전혀 문제가 안 된다. 오히려 햇빛을 찾아 나설 정도로 햇빛을 좋아한다. 하루 종일 비가 오고 며칠씩 햇빛을 못 보는 겨울이 11월부터 3월 말까지 워낙

영국인들은 해가 내리쬐는 날을 축제처럼 즐긴다.

길어 우울했던 영국인들은 해가 계속 나오면 거의 축제 분위기처럼 즐긴다. 가뭄만 조금 문제가 될 뿐이다. 평소에는 바닷물이 차서 한산하던 영국 해변도 수영복을 입은 영국인들로 인산인해가 되고, 런던 시내 공원 잔디밭에는 벌거벗고 태양을 즐기는 반라의 남녀들로 꽉 차 있게 된다. 심지어 영국 남부 포도밭에서 포도주가 나오기 시작한 지도 꽤 오래되었다. 2000년대 들어 지구온난화 현상으로 포도가 자라기 적당한 환경이 되면서 포도밭이 늘고 있다. 특히 해가 오래 지속되었던 2018년은 최고급 포도주를 생산하기에 거의 완벽한 조건이었기 때문에, 몇 년만 지나면 2018년산 와인이 인기를 끌 것으로 예상된다.

여행 트렌드가 바뀌고 있다

그래서인지 점차 해외로 여름휴가를 떠나는 영국인들이 줄어들고 있다. 이런 기미를 항공 노동조합이 먼저 알아챘나 보다. 매년 학교 방학일을 전후로 휴가 성수기에 맞춰 연례 파업을 시작해 공항을 생지옥으로 몰아넣는 일이 2018년 여름에는 없었으니 말이다. 햇빛에 굶주린 영국인들의 여름 휴가 행선지는, 더위를 피하는 '피서避暑'가 아니라 '구양求陽'이라는 신조어를 만들어야 할 정도다. 1순위는 항상 스페인이다. 그다음이 남부 프랑스, 포르투갈, 이탈리아, 그리스 등의 지중해를 끼고 있는 5개국이다. 그런데 2016년 브렉시트 이후, 하락이 가속된 영국 파운드화로 해외 휴가는 너무 비싼 여행이 됐다. 몇 년 전만 해도 파운드화와 유로화의 환율은 1.5 대 1이었다. 저렴한 값에 유럽 여행이 가능했다. 최근 들어서는 1 대 1을 오고 갈 정도로 파운드화가 떨어져 유럽 여행비는 연간 상승 요인을 감안하지 않더라도 30% 이상 비싸졌다. 그렇다 보니 영국인들은 이제 지중해 못지않은 날씨의 영국을 두고 굳이 유럽으로 휴가를 떠날 필요가 없게 되었다.

거기에 더해 몇 년 전부터 휴가 풍조로 '노스탤지어nostalgia'와 '스테이케이션staycation' 바람이 불기 시작했다. 과거 해외여행은 중산층 이상에나 해당되는 이야기였다. 그러다가 저가 항공과 저가 숙박업소 개발로 더 이상 신분의 상징이 아니게 됐다. 휴가객이 몰려 발 디딜 틈 없는 지중해의 피서지에 가는 대신, 영국 중산층에 새롭게 등장한 여행 풍조가 바로 노스탤지어와 스테이케이션이다. 스테이케이션은 원래 2010년 미국의 서브프라임 모기지 사태 때 세계 경제가 어려워지면서 나온 말이다. 비싼 해외 휴가 대신 집에서 조용하게 휴가를 보내는 코쿠닝Cocooning(누에고치처럼 집에서 지낸다는 조어)과 같은 뜻이다. 스테이케이션은 집에서 지낸다는 'stay home'과 휴가를 뜻하는 'vacation'이 합쳐진 단어이다. 여기서 'home'은 집뿐만 아니라 국내를 뜻하기도 한다. 한국의 '방콕(방에 콕 박혀 있는 상태)'이나 '호캉스(호텔+바캉스)'와 같다고 보면 된다.

위) 영국 코츠월드의 평화로운 유채밭.
아래) 영국 캠브리지 근교의 어느 고즈넉한 농장.

이렇게 국내에 머무르면서 과거의 향수가 있는 곳을 찾아가는 여행 풍조를 일러 '노스탤지어' 여행이라고 이른다. 노스탤지어는 외국인 관광객이 떼로 몰려와서 북적거리는 유명 관광지가 아니다. 다른 사람들에게는 전혀 가치가 없지만 내게는 아주 중요한, 나만의 기억이나 추억이 있는 곳이다. 어릴 때 자라던 고향이나 모교 혹은 첫 데이트 장소, 부부가 처음 만난 곳 같은 데 말이다. 세계의 모든 유명한 박물관은 다 가 보면서도 정작 안 가 봤던 우리 동네 박물관을 찾아가는 일이 바로 노스탤지어와 스테이케이션이 합쳐진 경우이다.

물질적인 면보다 추억, 기억, 경험 같은 정서적인 면에 돈 쓰기를 좋아하는 영국인의 성향과도 관련이 있다. 요즘 젊은 영국인들은 일상생활을 위한 생필품, 옷 등에는 지독히도 돈을 아끼면서도 휴가에는 아끼지 않는다. 어차피 집은 사기 힘드니 가구나 그릇 같은 가재도구는 가장 간편하고 저렴한 이케아 등에서 사고 휴가에 투자한다. 전문가들은 삶이 과거에 비할 수 없도록 팍팍해진 탓이라고도 말하지만 꼭 그렇지도 않다. 현실의 고통에서 벗어나 가족과 친구 사이의 관계를 회복시켜 주고 '일상의 방해에서 벗어나는' 휴가의 효과를 귀중하게 생각하기 때문이다. 조건이 점점 더 각박해지는 피상적인 관광보다는 자신의 추억을 찾아다니는 구체적인 가치와 경험, 기억에 돈을 더 쓰려고 한다.

코로나로 인해서도 영국인의 국내 여행은 어쩔 수 없이 엄청나게 늘었다. 물론 그전부터도 이미 국내 여행은 과거에 비해 엄청나게 늘어난 상태였다. 2018년 영국 숙박업소 통계에 의하면, 2017년에 비해 100만 박泊의 내국인 예약이 늘었다고 했다. 이는 금액으로 8000만 파운드(약 1280억 원)에 해당한다. 국내 여행 바람은 영국 경제에 지대한 공헌을 하고 있는 셈이다.

휴식을 넘어 가치 있는 체험으로

이런저런 이유로 요즘 영국인의 휴가는 예전과 많이 달라지고 있다. 과거 영국인의 휴가는 휴양지에서 책 읽고, 수영하고, 와인 마시고, 저녁에는 잘 차려입고 현지 동네 식당으로 가서 가족 정찬을 하는 비활동의 휴식 기간이었다. 그러나 지금의 젊은 세대는 단순한 관광이 아닌 활동적인 경험을 할 수 있는 휴가를 원한다. 아직은 관광 도시 여행이 영국인의 관광 순위 1위이지만 험지를 탐험하는 여행이나 구릉 지대를 도보 여행하는 트레킹 혹은 평소에 해 보고 싶던 특이한 운동(행글라이딩, 스피드 보트, 스쿠버다이

ⓒ권석하

런던 시내 한복판에서 점심시간을 이용해 독서에 열중하는 영국인.

빙 등)을 하는 휴가도 늘고 있다. 새로운 지식 획득이나 체험을 해 보려는 시도도 많다. 예를 들면 외국의 요리 강습에 참여한다든지, 프랑스 유명 포도주 산지 농장에 가서 포도주 시음을 해 본다든지, 인도에 가서 대체 의학을 통해 지병을 치료해 보는 식이다.

아버지 세대가 해 봤음직한 구세대의 휴가도 인기를 끌고 있다. 영국 각 곳에 산재한 무수한 증기기관차와 운하 보트를 이용한 여행 같은, 1940~1960년대 스타일의 복고형 여행 말이다. 이는 비닐 LP 레코드를 듣고, 종이 메모장을 사용하고, 필름 카메라를 쓰고, 종이 책을 다시 읽는 디지털 세대의 아날로그화 풍조가 여행에서도 나타나는 셈이다. 아버지 혹은 할아버지마저 CD를 지나 이제는 스트리밍으로 음악을 듣고, 스마트폰으로 메모장을 사용하고, 사진도 찍고, 이북E-book으로 책을 읽으니 그에 대한 반발로 다시 복고풍으로 돌

비틀즈가 건넜던 애비로드의 횡단보도.

아가는 셈이다.

더 나아가 단순히 흥미와 여흥만을 위해 휴가지를 선택하던 경향을 벗어나 '지속가능sustainable하고 책임 있는responsible 여행지'를 찾는 경향이 늘면서 최근 여행사들이 긴장하고 있다. 영국 여행객들은 여행사에 아주 까다로운 조건을 원한다. 여행사들이 관광지의 경제·복지·환경에 대해 관심을 가져야 하고 인권·근로조건까지 살펴보고 여행지를 제시해야 한다고 주장한다. 심지어 동물 보호 수준도 여행지 선정에 영향을 미친다. 영국 최대의 여행사 '토머스 쿡'은 코끼리와 낙타 타기, 돌고래 묘기와 고래 구경 투어를 이미 관광 일정에서 뺐다. 베네치아, 산토리니, 산마리노같이 관광객들로 몸살을 앓으면서 주민들이 반발하는 곳도 피하고 있다.

프랑스인은 평소에 영국인은 음식도 먹을 줄 모르고 인생도 즐길 줄 모른다고 불쌍해한다. 그러나 영국인은 "프랑스인은 먹기 위해 살지만 영국인은 살기 위해 먹는다"고 자랑스럽게 이야기한다. 영국인들은 신이 준 음식을 '맛이 있니 없니' 평하면서 먹는 일은 음식을 준 신에게 불경한 일이라고 굳게 믿는다. 또 자신들은 평소에 일을 더 잘하기 위한 재충전의 기간으로 휴가를 보내는 데 비해, 프랑스인은 오로지 휴가를 가기 위해 평소에 일한다고 빈정거려 왔다.

그러던 영국인도 이제는 '일상을 잊고 새로운 경험을 하는(switch off and switch on) 휴가'를 즐긴다. 휴가비가 가계에서 차지하는 비중도 해가 갈수록 높아지고 있다. 2018년의 1인당 휴가비는 550파운드(약 88만 원) 정도로 조사됐다. 4인 가족을 기준으로 보면 2200파운드(약 352만 원)이니 영국인 평균 세후 연봉 2만 1744파운드(약 3479만 원)의 10%를 넘는다.

부품이 아닌 인간이 되는 시간

그렇다고 영국인에게 휴가는 프랑스인들처럼 그냥 즐긴다는 개념만은 아니다. 모든 것을 잊고 단순하게 쉬는 일도 아니다. 휴가를 통해서 자신이 인간임을 깨닫고 싶어한다고나 할까? 영국인들은 일에서 굳이 즐거움이나 보람을 찾지 않는다. 그냥 일은 일일 뿐이다. 일에서 즐거움이나 보람을 찾을 수 있다면 정말 좋지만, 그렇지 않아도 그만이다. 그래서 영국인은 아무리 스트레스가 많은 직업을 가졌더라도 그렇게 심하게 힘들어하지

ⓒ권석하

1960~70년대 런던 패션·문화의 중심 거리,
카나비 스트리트.

194

않는다. 왜냐하면 아무리 힘들어도 퇴근 후의 삶이 있고, 주말이 있고, 거기에 더해 일 년에 한 달이라는 긴 휴가가 있어서다. 퇴근 후의 저녁, 주말, 특히 한 달의 휴가 기간에는 '부품'이 아닌 '인간'으로 돌아갈 수 있다는 희망이 있다는 걸 알고 있다.

영국인들의 휴가를 자세히 보면 휴가는 바로 인생인 듯하다. 휴가 기간 동안만이 아니라 휴가 전후도 행복에 포함된다. 영국인의 3분의 1은 휴가지에서 행복해하고, 5분의 1은 휴가를 예약할 때, 10분의 1은 어디로 휴가를 떠날지 준비할 때 이미 여행을 즐기고 있다는 통계도 있다. 이렇게 보면 영국인은 1년 내내 휴가를 즐기고 있는 셈이다. 휴가를 다녀오면 가족끼리 둘러앉아 사진을 정리하고 에피소드를 말하면서 또 행복해한다. 이렇게 영국인은 대단하지 않으나 자기가 가진 소소한 것들에서 행복을 찾는다. 한국에서도 유행 중인 '소확행'이다. 식구 모두가 연말까지 자신이 가 보고 싶은 다음 여행지를 각자 찾아본다. 그리고는 연말연시가 되어 온 가족이 모이면 둘러앉아 각자가 그동안 찾아본 내년 휴가지를 상의한다.

이를 노려 연말연시가 되면 영국 신문과 잡지, TV에는 각종 휴가 광고가 쏟아진다. 집으로도 온갖 여행 전단지와 프로그램 카탈로그가 배달된다. 가족들은 이들을 살펴보고 신년 휴가지를 연초에 결정한다. 거의 반년 이상의 시간을 두고 휴가 예약을 하는 셈이다. 여행 업계 통계를 보면 예약은 매년 빨라지는 추세라고 한다. 물론 일찍 예약하면 할인을 해 주기도 하지만, 가고자 하는 날짜에 희망 행선지를 확보하려는 이유가 더 크다. 심지어는 거의 1년 전에 예약을 하기도 한다. 물론 보다 싸게 예약하려는 이유도 있지만, 기다리는 즐거움을 일찍 맛보려는 이유도 있다.

영국인들의 휴가 준비

연말연시가 지나면 가족들은 각자 맡은 임무를 행해야 한다. 예를 들면 여행사나 호텔, 항공사들이 업무를 시작하는 연초에 아버지는 각종 예약을 맡는다. 어머니는 이때부터 휴가지에서 생산되는 재료로 해 먹을 수 있는 요리도 배우고 거기에 따르는 재료도 준비한다. 또 현지의 특산 요리도 조사하고 그 요리를 맛볼 수 있는 식당도 알아 놓는다. 그리고 아이들은 휴가지의 역사, 문화유산 등을 공부하고 투어 코스를 짠다. 교통을 알아보고 유적지의 개폐 시간, 휴양지 인근의 축제와 같은 조사도 아이들의 몫이다. 이렇게 온 가족이 여행을 떠나기 전 여행 준비를 즐기면서 이미 행복해한다. 1년 내내 휴가로부터 행복을 찾는 영국인들의 관점에서 보면, 여행지에 도착해서야 비로소 행복해하는 우리 한국인 같은 사람들은 여행의 즐거움의 반을 잃는 셈이다. 또 이렇게 철저하게 준비하고 계획하면 의외의 이변으로 인해 여행을 망칠 위험도 줄어든다.

의외의 돌발 사태를 싫어하는 영국인의 휴가 준비는 이것으로 끝이 아니다. 각종 보험을 휴가 예약과 동시에 한다. 물론 브렉시트 전에는 EU 국가 내에서 병원 갈 일이 생기면 현지 국내인과 똑같은 의료 혜택을 받았다. 영국인들은 브렉시트로 현지에서 혜택 볼 수 있는 의료보험이 상실된 것을 가장 아쉬워한다. 하지만 원래 영국인들은 국내로 돌아와야 할 병이나 사고가 나는 경우의 운송수단 같은 경비에 대한 보험을 철저히 들어 두는 편이다. 해외로 여행 가면서 여행자 보험을 안 들고 가는 일은 정말 위험한 일이다. 해외에서 병원에 가면 정말 병원비가 엄청나다. 그걸 생각하지 않고 "무슨 일 있겠어?" 하고 갔다가 불운하게 사고라도 나면 정말 집안이 거덜난다. 제발 다른 건 몰라도 보험은 반드시 들어 놓고 해외로 나오길 진정으로 권한다.

여행자 보험이 필요한 곳은 병원뿐만이 아니다. EU 국가라도 각국 법이 달라서 이에 대한 대비도 철저히 해야 한다. 예를 들면 스페인에서 교통사고나 형사 사건에 개입이 된 때는 사건이 해결될 때까지 출국이 제한되는 경우가 왕왕 있다. 이럴 경우 보석금을 내야 귀국을 할 수 있다. 이에 대한 준비가 반드시 필요하기 때문에 세세한 여행자 보험은 필수다.

이뿐만이 아니다. 심지어는 예기치 않게 여행을 취소해야 할 경우에 대비한 보험도 들어 놓아야 한다. 예를 들면 취소·환불이 안 되는 여행을 예약해 놓고, 가족이나 본인이 갑자기 아프거나 하는 피치 못

할 상황이 생기는 경우에 대비한 보험 말이다. 의외의 사태로 인한 손해를 지극히 싫어하고, 불확실한 미래에 대한 불안을 피하고 싶어 하는 영국인은 모든 '만약의 사태'를 보험으로 대비한다.

내가 아는 한 영국인 가족이 바로 이런 대비를 안 해서 낭패를 본 대표적인 경우다. 이 가족은 거의 1년 전에 저렴한 가격으로 예약을 해 놓고, 영국인답지 않게 휴가 취소 보험을 들어 놓지 않았다. 그런 데 기다리고 기다리던 한 달간의 가족 휴가 5일 전에 어머니가 갑자기 심장마비로 돌아가셨다. 영국 장례식은 최소 10일, 심지어는 한 달이 필요한 경우도 있다. 사망진단, 사망신고, 장지 마련, 장례절차 예약, 장례식에 참석할 친지에게 통보 후 참석 확인까지 복잡한 절차를 거쳐야 한다. 5일로는 휴가 전에 장례식을 치를 수 없었다. 휴가를 취소하면 전액을 돌려받지 못하는 조건이었다. 이 친구는 고민 고민하다가 결국 어머니를 장의사 냉동실에 모셔놓고 한 달 휴가를 다녀온 뒤 장례식을 치렀다. 우리가 봐서는 이해도 용납도 안 되는 천하의 불효를 한 셈이다. 그런데 합리적인 영국인에게는 전혀 문제가 되지 않는다. "이미 돌아가신 어머니는 한 달을 기다리는데 아무런 문제가 없고, 어머니도 우리 가족이 휴가를 취소하고 한 푼도 못 돌려받는다는 걸 알면 펄펄 뛰면서 휴가를 가라고 하셨으리라고 나는 믿어 의심치 않는다." 이 말을 남기고 가볍게 휴가를 떠나는 그 친구를 경악의 눈으로 본 기억이 생생하다.

휴가를 가기 위해 돈을 번다는 프랑스인이 이런 일을 했다면 이해가 가지만, 일을 더 잘하기 위해 휴가를 간다는 영국인마저 부모의 장례식보다 가족의 휴가가 더 귀중하다는 걸 보면 유럽인에게 있어 휴가는 정말 신성불가침sacrosanct한 일이라는 생각이 든다. 하긴 그 친구의 어머님이 진정한 유럽인이라면 전혀 개의치 않으셨을 듯도 하다. 오랫동안 영국에 살면서도 영국인의 의식 구조를 이해할 수 없을 때가 한두 번이 아니다. 그래도 그 일은 도저히 이해도 용납도 되지 않는 일이었다. 휴가철이 되거나 주위의 부고를 들을 때마다 생각나는 일이다.

영국은 '세계에서 가장 골동품이 많은 나라'라는 별명을 가지고 있다.
여기에는 섬이라는 지리적 특성이 큰 영향을 미쳤다.

골동품 속에
영국의 역사가 숨 쉰다

영국과 영국인을 묘사하고자 할 때면 '온고이지신溫故而知新'이라
는 고사성어가 자주 생각난다. '옛것을 익힘으로써 새것을 배운다'라
는 이 고사성어의 뜻은 영국과 영국인을 가장 잘 대변하는 듯 싶다.
그러면 영국과 영국인을 가장 잘 나타내는 TV 프로그램이 무엇이냐
는 질문을 던져 보자. 여러 개의 후보가 금방 떠오르지만 그래도 나
는 골동품을 다루는 〈앤틱 로드쇼Antiques Roadshow〉를 첫 번째로
꼽는다. 골동품이 '온고이지신'에도 가장 걸맞지 않은가? 내가 제일
좋아하는 프로그램이다. 본방은 못 보더라도 자동 녹화를 해 놓고 반
드시 챙겨 본다.

〈앤틱 로드쇼〉는 영국 공영방송 BBC1에서 매주 일요일 저녁에 방영된다. 한 주일을 마감하고 내주를 준비하는 일요일 저녁 팡파레가 울리는 〈앤틱 로드쇼〉 시그널 음악이 나오면 좀 과장하면 가슴이 두근댄다. 오늘도 무슨 기이한 골동품이 나오

영국의 골동품 마켓에는 영국인의 숨결과 스토리가 담긴 다양한 물건이 있다. ©권석하

고 거기에 얽힌 가슴 찡한 사연이 있는지 그리고 그 골동품 가격이 얼마나 내 짐작과 일치할지를 기대하면서 차 전문점으로 유명한 영국 왕실 납품 백화점 포트넘 앤 메이슨Fortnum & Mason의 밀크 티를 손 그림과 모양도 아름다운 잉글리쉬 본 차이나 앤슬리Aynsley 잔에 담아 소파에 앉으면 기대가 한껏 부풀어 오른다.

〈앤틱 로드쇼〉는 전국의 성과 궁궐 같은 유서 깊은 건축물들과 정원을 찾아다니면서 진행하고 촬영한다. 시청자들 누구나 자신이 소장하고 있는 골동품을 들고나와서 전문가들에게 무료 감정을 받는다. 군사와 무기, 책과 원고, 도자기와 유리제품, 시계와 손목시계, 가구, 보석, 그림과 인쇄 그림, 은제품, 기타 등 9개 부문의 전문가 64명이 골동품에 대한 각종 정보와 함께 최근 경매 결과를 바탕으로 가격을 알려 준다. 전문가들은 제작처, 제작자, 제작연도는 물론 골동품에 얽힌 놀라울 정도로 자세한 이야기까지 들려준다. 출품자들도

자신이 물건을 소장하기까지의 가족사나 개인 사연을 이야기해서 시청자들을 울게도 만들고 웃게도 만들어 빠져들게 한다.

물품에 얽힌 구구절절한 가족사와 개인사가 이 프로그램이 가진 또 하나의 큰 재미이다. 예를 들면 자신의 증조부가 2차 대전 중 기록했던 전투 일지를 들고 나와 얽힌 사연을 말한다. 가치는 얼마 안 되지만 젊은 군인이 겪어야 했던 참상을 적은 일지는 직계 후손인 출품자는 물론 주위 사람들을 숙연하게 만든다. 거기에 등장하는, 정식 역사에는 빠져 있던 전투사와 전상자 이름 등의 역사적 가치를 영국인들은 매우 중요하게 여긴다.

이렇게 영국인들의 삶 가까이에서 사랑받던 별별 물건들을 다루면서 〈앤틱 로드쇼〉는 40년 넘게 방영돼 왔다. 1979년 2월에 첫 방송을 시작해 44개의 시리즈를 거치며, 2022년 6월 말 기준으로 60분 짜리 프로그램을 무려 866편이나 내보냈다.

TV 쇼에도 배어 있는 관성과 습관

〈앤틱 로드쇼〉는 1977년 파일럿 프로그램으로 시작했다. 처음에는 지방 신문과 전신주 등에 골동품을 무료로 감정해 준다고 광고해서 출품자를 모았다. 과연 몇 명이 어떤 물건을 갖고 나타날지 처음에는 기획자들이 성공에 대한 확신이 없었다. 그러나 일단 문을 여니 수천 명이 기이하고 진기한 물건들을 가지고 나타났다. 영국인들의 골동품 사랑은 정말 누구도 못 말린다. 프로그램이 역시 뭐든지 버리지 않고 소중하게 보관하는 영국인의 특성을 잘 자극한 셈이었다.

이렇게 프로그램은 시작부터 성공작이었고 거의 50년간 프로그램 구성에 별다른 변화 없이 거의 동일하게 계속 이어져 왔다. 반세기에 이르는 시간 동안 여섯 명의 사회자가 쇼를 이끌어 왔는데, 지금의 사회자도 10년 이상 계속 맡고 있다. 영국인들은 '지속성과 변화 없는 구성(constancy and the unchanging format)'을 TV 프로그램의 성공 요인이라고 평가한다. 극적인 변화를 싫어하는 '관성과 습관(inertia and habit)'에 대한 선호가 배어 있는 셈이다.

특히 방송 시간대도 프로그램의 성공 요인 중 하나일 정도로 중요하다. 이 프로그램 역시 첫 방송 이후 사정에 따라 한두 시간의 차이는 있었지만 '일요일 저녁 방영'은 변하지 않았다. 일요일 저녁은 영국인에게 가장 개인적인 시간이다. 그래서 영국인은 일요일 저녁에는 거의 약속을 잡지 않는다.

한 주일을 마감하고 새로운 한 주를 계획하는 일요일 저녁은 모든 영국인이 가정에서 가족들과 보낸다. 아들 식구들이 일요일 늦은 아점(아침 겸 점심)을 먹고 오후 서너 시쯤 손자 손녀를 데리고 오면 시어머니와 며느리는 부엌에서 같이 저녁 준비를 한다. 그러면 아들은 거실 소파에서 축구 시합을 보고 아버지는 정원 흔들의자에 앉아 일요판 신문을 보면서, 정원 잔디에서 손자 손녀들이 재잘재잘하면서 노는 걸 흐뭇한 표정으로 바라보는 장면이 바로 영국인들이 가장 평화로워하는 시간이다. 그러고는 준비된 저녁을 삼대가 같이 들면서 〈앤틱 로드쇼〉를 같이 보거나 혹은 저녁을 일찍 먹고, 소파에 앉아서 차 마시며 같이 보는 시간일 수도 있다.

일주일 중 가장 평화롭고 개인적인 시간에 홍차 한 잔을 하며 거실 안락의자에 앉아 출품된 물건들에 얽힌 이야기와 함께 타인들의 삶의 한 자락을 엿보는 일이야말로 영국인들이 가장 즐기는 일 중 하나이다. 영국을 일러 '안락의자 국가armchair nation'라고 한다. 안락의자 국가의 국민들에게 가장 맞는 TV 프로그램 시간대인 셈이다. 타인의 삶에 절대 개입하지 않고 개인의 사생활을 절대 불가침의 권리로 소중하게 여기는 영국인들은 이런 식으로 타인의 삶을 엿본다.

나도 거의 매주 빼놓지 않고 본다. 본방을 못 보면 찾아서라도 본다. 일요일 저녁 편안한 마음으로, 흡사 궁궐 파티장에 왕이 등장하는 듯한 트럼펫 연주 오프닝 시그널 뮤직을 들으면서 오늘은 어떤 영국인이 무슨 물건을 가지고 나올지 흥미진진한 마음으로 지켜본다. 아주 오래전부터 내려오는 물건들을 대하는 영국인의 마음에는 오래된 물건에 대한 존경만 있지 않다. 세월을 두고 손때와 입김으로 숙성된 물건이 주는 익숙함과 정겨움도 있다. 이렇게 오래된 물건들이 등장하는 오래된 쇼에서 영국인은 '위안과 위로(comforting

항공기를 이용한 해외 여행이 일반화되기 전, 기차로 여행하던 빅토리아 시대 여행용 가방을 쌓아 놓은 골동품 상점.

and consoling)'를 얻는다. 이를 두고 감정가 중 한 명은 이 프로그램을 '폭풍의 한 주를 앞둔 정적의 일요일 저녁 TV 담요의 위안(Sunday night comfort blanket of television, the calm before the storm of the week)'이라고 표현하기도 했다.

이 프로그램을 보면서 항상 가장 놀라운 점은 '어떻게 영국인들은 저렇게 오래된 물건을 온전하게 보관하고 있는가?'이다. 50년 전에 가지고 놀던 천으로 만든 인형을 아직도 저렇게 흠 없이 보관한다는 사실이 놀랍다 못해 경악스럽다. 소장자들은 대부분 가치가 오르면 팔겠다는 목적으로 물품을 보관하지 않았다는 점을 분명히 한다. 할머니가 입고 어머니와 자신이 3대에 걸쳐 입은 웨딩드레스를 출품한 중년 여인이 바로 그런 경우이다. 다음 달에 결혼하는 딸이 입으려 한다는 말을 하는 여인의 얼굴은 예쁜 드레스를 물려준 할머니, 어머니와 함께 얼마 전 세상을 떠난 남편과의 애틋한 결혼의 추억으로 가득 차 있다. 그리고는 이제 4대 째인 "조카들도 웨딩드레스를 입으려고 줄줄이 기다리고 있다"고 말한다.

한 번 입고 마는 드레스를 굳이 비싼 돈 주고 사지 않겠다는 영국인 특유의 실용 심리와 함께 할머니, 어머니가 입은 드레스를 대를 이어 입는다는 후손으로서의 자부심이 느껴진다. 100년 된 웨딩드레스가 단순히 역사적인 가치로만 보관된 박물관 전시용이 아니라, 실제 살아서 이용되고 있고 앞으로도 사용될 것이라는 사실이 놀랍다. 결국 영국인들이 중시하는 '실용의 가치practical value'와 함께 '감상적인 가치sentimental value'가 100년이 지난 드레스를 보관하게 만든다. 그러고 보면 엄숙하기만 한 듯한 영국인들은 상당히 센티멘털하고 로맨틱한 민족이다. 아주 작은 물건에서 과거의 추억을 상기하면서 향수를 느끼는 걸 보면 말이다.

골동품 속에 살아 있는 역사

출품된 품목을 감정하는 전문가들의 해박한 지식도 놀랍다. 출품자는 한 명당 세 점을 가지고 올 수 있다. 녹화 당일 평균 약 5000점이 전문가들에게 보여진다. 그래서 전문가들은 하루에 70여 점을 감정해야 한다. 물론 이들은 물건을 보자마자 평가를 내린다. 본차이나 한 점을 누가 언제 어떻게 만들었는지를 알아내는 전문가들이 정말 경이롭다. 본차이나의 경우 현대에 들어 프린트로 된 무늬를 표면에 붙여 제작하기 전에는 기술자들이 일일이 손으로 그림을 그렸다. 그래서 전문가들은 어느 본차이나 메이커는 누가 언제 그린 제품인지를 거의 정확하게 맞힌다. 심지어는 몇 개를 만들었는지까지도 안

집안의 소소한 골동 장식품들이 놓여 있다.
사진 왼쪽 가운데에 위치한 자스퍼 도자기 접시는
영국 최고의 본차이나 회사 '웨지우드'에서 만든
것이다.

다. 물품을 제작한 장인들에 대한 모든 기록이 남겨졌고, 후대에게 전해져 이런 전문 지식의 바탕이 되었다. 해당 공장들에는 오랜 기록들이 꼼꼼하게 기록되어 있다. 만일 가치가 있는 물건인데 당일 감정이 되지 않으면 다음 녹화장으로 들고 오라고 한 다음, 감정을 해서 녹화하고 방영을 해 준다.

　전문가들이 감정한 모든 물품이 촬영되지는 않는다. 특이한 물품을 발견하면 PD를 불러 상의한 후 가치가 인정되면 촬영을 한다. 대개 150점 정도가 촬영되지만 실제 방영되는 것은 40점 내외다. 예술적 가치가 있는 물품과 역사적 가치의 물품, 고가의 물품 그리고 기이한 사연을 가진 물품들이 중점적으로 다루어진다. 아주 가끔 대단한 예술품이 발견되는 경우도 있다. 렘브란트와 반 다이크 그림이 발견된 적도 있었고, 기록에만 존재하던 프랑스 수채화 대가의 작품이 발견되어 감정하던 전문가가 흥분에 벌벌 떨기도 하는 걸 본 적이 있다. 전문가는 "내 손으로 이 작품을 발견하다니" 하면서 거의 울 듯이 흥분했다. 이미 존재하지 않을 거라고 생각했는데 작가의 작품

목록에 채워질 생각을 하니 정말 기쁘다는 그의 말에는 전문가로서의 직업의식이 진하게 느껴졌다.

내가 본 가장 고가의 작품은 러시아 화가의 유화 작품인데, 전문가는 당장 그림을 알아보고 동일 화가가 그린 비슷한 수준의 그림이 지난 달 소더비 경매에서 5억 원에 팔렸다고 하면서 비슷한 가격으로 감정을 해 출품자가 거의 기절할 정도로 놀라는 걸 본 적이 있다. 자신의 할아버지가 해군에 근무할 때 러시아에서 사 온 그림으로, 자신이 어릴 때부터 벽에 걸려 있어서 전혀 그런 중요한 그림인 줄 몰랐다고 하면서 이제부터 어떻게 보관해야 할지를 걱정하고 있었다. 역사적 가치를 가진 물품 중에는 1·2차 대전 관련 기록이 가장 많다. 그중에는 히틀러와 로멜 장군 사이에 오고 간 전문을 비롯해 부대 일지 같은 문건들도 있다. 또 지방 소방서 일지라든지 조선소 작업 일지 같은 일상 문서들도 출품된다. 지극히 일상적이고 가치가 없어 보이는 문서를 보관한 이름 없는 영국인 덕분에 영국 역사가 풍부해졌음을 알 수 있다.

소장자가 전혀 예상치 못하고 들고온 물품이 엄청난 고가로 감정받는 경우를 기대하며 시청자들은 쇼를 기다린다. 오늘은 누가 어떤 로또 같은 돈벼락을 맞을지 기대한다. 한 여인이 벼룩시장에서 1파운드에 산 항아리가 영국 유명 도자기 제작자가 1900년 초에 만든 물품으로 밝혀져, 3만 파운드(약 4800만 원)의 가치로 감정돼 출품자가 주저앉은 적도 있다. 높이 때문에 아이들 축구 골대로 사용하던 청동 물병이 700년 된 원나라 시절 것으로 판명되어, 66만 8000파운드(약 10억 원)라는 감정가를 듣고 출품자가 정말 휘청해서 옆 사람이 잡아 준 일도 있었다.

다양한 물건, 다양한 에피소드

전문가가 물품을 칭찬하고 귀한 물건이라고 말할수록 출품자는 물론 시청자들까지 숨을 죽이고 기다린다. 누구도 전혀 상상치 못한 가격을 전문가가 말할 때, 전형적인 영국인의 반응을 볼 수 있다. 예상 밖의 고가를 말해도 대개의 영국인은 애써 놀라려고 하지 않는다. '와!(wow!)'라고도 하지 않고 그냥 담담한 반응을 보이려고 애써 노력한다. 너무 경악하거나 실망하면 바보처럼 보인다는 이유 때문이다. 한 여인은 집에 굴러다니던 단순한 도기 항아리 하나가 알고 보니 2만 파운드(약 3000만 원)짜리라는 소리를 듣고는 잠시 침묵을 지킨 후 "오, 세상에! 기가 막히네(Oh, my goodness! Good gracious)"라고 아주 소박하게 반응했다. 아주 드물게 고가를 감정받으면 방송을 원하지 않는 경우도 있다. 예상했던 가격에 전혀 못 미쳐도 애써 실망을 감추고 담담하게 표정 관리를 하는 게 가장 영국인다운 반응이다.

물론 감정사들도 가끔 망신을 당한다. 2008년, 미국판 〈앤틱 로드쇼〉에서는 전문가가 피카소 작품이라고 감정해서 3만 5000파운드 (약 5250만 원)를 매긴 괴물 모습의 물항아리가 1970년대 고등학생 이 만든 숙제 작품으로 판명나서 망신을 당했다. 한 감정사는 1991 년 프랑스에서 만들어진 일본풍의 화분을 1만 2000파운드(약 1800 만 원)로 감정했는데, 2012년에 경매에서 무려 56만 파운드(약 8억 4000만 원)에 팔리는 걸 보고 자신의 눈이 얼마나 어두운지를 알았다 고 고백했다. 2001년에 나온 금도금 라이카 카메라에 5000파운드 (약 750만 원)라는 감정가가 매겨졌을 때도 출품자는 놀라움을 금치 못했다. 그런데 이후 그 카메라는 세계에 다섯 대밖에 없는 한정품으 로 판명되어, 14년 뒤인 2015년 경매에서는 무려 38만 파운드(약 5 억 7000만 원)에 팔렸다. 전문가도 제대로 몰랐던 탓이다.

내가 본 가장 코미디 같은 경우는 한 여인이 영국 최고의 화가 컨 스터블의 작품이라고 주장하는 그림을 들고 왔을 때였다. 당시 감정 사는 복사본이라고 했고, 화가 난 여인은 그 후 20여 분간 감정사와 논쟁을 벌였다. 결국 양측은 결론을 내지 못하고 헤어졌다. 문제는 여인이 자신의 집에 이 그림을 걸어 놓고 지난 20여 년간 컨스터블 의 그림이라고 손님들에게 자랑했다는 점이다. 결국 '나는 상류층이 에요'라는 허세가 풀풀 풍기던 그 여인은 1300만 명의 시청자 앞에 서 망신을 당했다.
감정사들이 높은 가격을 매기면 대부분의 출품자는 "가치에는 관 심이 없고 '순수한 역사적 호기심(pure historical curiosity)의 발로'로 가지고 왔다. 집안의 역사와 관련이 있거나 추억이 깃든 물건이라 절대 팔지 않는다"라고 이야기한다. 그런데 감정사들은 "얼마 지나지 않아 경매장에 해당 물건이 등장하는 걸 너무 많이 봤다"고 말하면서 고소를 금치 못한다.

세계에서 골동품이 가장 많은 나라

'세계에서 골동품이 가장 많은 나라'라는 별명에서 알 수 있듯이, 영국에는 정말 끝을 모를 정도로 수많은 골동품이 존재하고 아직도 새로운 골동품들이 발견된다. 영국에서 대서양을 건너 미국으로 가는 화물 중 가장 비중이 큰 화물이 바로 영국 골동품들이다. 주말이면 각 지방 마을들에서 열리는 골동품 전시회는 셀 수 없이 많다. 이런 골동품 전시회 일정표가 거의 200쪽짜리 책으로 나온다. 거기에 보면 각 지방 골동품 전문 가게들의 광고도 정말 많이 나온다. 또 지방 시골 마을 어디에나 골동품 가게들이 존재한다. 물론 유럽 어느 나라나 골동품 가게들이 있다. 그러나 영국만큼 많은 나라는 절대 없다. 숫자가 비슷한 나라도 없다. 예를 들어, 영국 시골 마을 하나에 다섯 개의 골동품 가게가 있다면 비슷한 역사의 프랑스나 이탈리아는 하나도 있을까 말까 하는 수준이다. 그만큼 영국인의 골동품 사랑은 타의 추종을 절대 불허한다.

'도대체 영국에서는 어디서 그렇게 많은 골동품이 나올까'라는 의

문이 들지 않을 수 없다. 이에 대한 대답은 영국 중산층 집안에 존재
하는 가구를 보면 알 수 있다. 영국 중산층의 수준을 평가하는 기준
중 하나는 '집안 가구가 얼마나 오래 되었냐'이다. 내력이 전혀 없는
새 가구들로만 채워져 있으면 격조가 없는 가문 취급을 받는다. 그래
서 대부분의 격조 있는 영국 중산층은 대를 이어서 내려오는 가구들
로 집 안을 채운다. 저 가구는 증조부가 샀고, 저 의자는 조부 때부터
내려오는 물건이라는 식이다. 남자들이 새 고급 시계를 차도 졸부 취
급을 받는다. 아버지나 할아버지가 차던 오래된 고급 브랜드의 기계
식 손목시계를 차야 존경받는 집안 출신이다. 부인들도 시어머니나
친정어머니 혹은 할머니가 차던 유명 보석상회 반지나 보석 장신구
로 장식해야 파티에서 대접을 받는다. 마거릿 대처 총리 시절, 국방

영국의 골동품 마켓에서는 별로 오래되지 않은 잡동사니 가구도 찾을 수 있다. 하찮은 물건에서도
과거의 향수를 느끼는 영국인들은 일생의 업인 양 열심히 골동품을 모은다.

장관이면서 차기 총리 후보였던 마이클 헤즐타인은 자수성가한 사업가 출신이라 항상 보수당 동료들로부터 "자신의 손으로 가구를 구입한 친구"라는 멸시를 받았다.

영국인들이 왜 골동품에 집착하는가 하는 의문은 결국 영국인의 품성이나 역사와 관련이 있다. 외침을 당하지 않아 피란 가지 않고 한곳에서 오래 살아온 섬 특유의 역사와 함께, 유럽에 속한 국가들과는 달리 자신들의 영토에서 대형 전쟁을 겪지 않아 수많은 골동품이 파괴되거나 사라지지 않고 보관될 수 있었다. 전쟁을 겪거나 피란을 가게 되면 결국 골동품은 거추장스러운 존재로 전락한다. 다행히 영국인들은 그런 불행을 겪지 않아 집안의 역사를 보존할 수 있게 되었다. 또한 자신들의 호시절good old days에 대한 아련한 추억과 향수nostalgia와 함께 '영국인 특유의 별난 애호심(British penchant for eccentricity)'이 발로한 결과라고도 볼 수 있다. 이를 한국 신조어로 표현하면 '덕후들의 덕질'이라고 표현할 수 있다.

〈앤틱 로드쇼〉에서 내가 본 가장 뭉클한 휴먼 스토리는 2차 대전 미군 참전 메달에 얽힌 슬픈 개인사였다. 2차 대전 미군 메달을 들고 온 남자는 2차 대전 중 미군 병사가 어머니에게 보낸 편지 200통을 어머니가 죽고 나서 발견했다. 편지 내용을 보면 자신의 아버지가 전쟁에 나간 사이, 어머니가 휴가 나온 미군과 아주 짧은 기간 충동 같은 일탈의 사랑을 했다. 그 사이에 생긴 아들이 자신임을 확인하고 충격을 받았다. 결국 이 남자는 나중에 미국에 있는 생부 가족을 찾아냈고 그들은 그를 기꺼이 받아들였다. 생부는 영국에 있는 아들의 존재를 자신의 가족들에게 이미 말을 해서 모두들 알고 있었다. 더욱 놀라운 점은 자신이 생부라고 평생 알고 있었던 아버지가 종전 후 집에 돌아와 아내를 용서했을 뿐 아니라, 불륜의 소생을 아무런 내색도 하지 않고 친자식처럼 키웠다는 사실이다.

그래서 미국의 생부는 이를 알면서도 안정된 아들의 삶을 복잡하게 하지 않으려고 평생 연락을 하지 않고 지냈다. 아들이 알고 찾지 않으면 아들에게 불필요한 사연을 이야기하지 않고 무덤으로 가지고 가겠다고 결심한 탓이다. 대서양을 중심으로 한 진한 사랑의 이야기였다. 아들의 평화를 깨지 않기 위해 그리움을 평생 참았던 생부의 사랑, 그리고 불륜을 저지른 부인을 용서하고 그 소생도 내색 한번 하지 않고 사랑하며 길러 준 아버지의 마음까지…. 당시 메달을 갖고 쇼에 나온 남자는 메달을 만지면서 한 번도 만나지 못한 자신을 평생 보고 싶어하며 사랑해 왔던 생부와, 자신을 사랑으로 기른 양부를 기리며 인터뷰 내내 울었다.

〈앤틱 로드쇼〉는 이런 세상 인간사가 곁들여져 더욱 사랑받는다. 그래서 내가 제일 좋아하는 프로그램이다. 아마 이 〈앤틱 로드쇼〉는 영국에서 영원히 존재할 거라고 자신 있게 말할 수 있다. 지금도 영국인 가정에는 매일 또 다른 골동품이 손때와 입김으로 숙성되어 가고 있기 때문이다.

영국 여성들이 남자를 선택할 때 가장 중요하게 보는 기준은
'유머 감각'이다.

휴 그랜트보다는
콜린 퍼스

영국인들은 어떤 기준으로 애인이나 결혼 상대를 찾느냐는 질문을
자주 받는다. 수도 없는 사연이 있는 세상일에 딱 부러지는 정답이
있겠는가마는 나는 영국에서 살면서 듣고 보고 지켜본 나름대로의
답을 한번 말해 보고자 한다.

우선 영국 여성들이 선호하는 남자의 기준부터 보자. 이제는 인기
정상에서 좀 내려오긴 했지만 그래도 귀공자형의 휴 그랜트와 호남
형의 콜린 퍼스는 아직도 영국을 대표하는 남자 영화배우들이다. 둘
은 한때 영국 배경의 영화는 물론 미국 할리우드 영화에도 많이 출
연해 영국 악센트의 매력에 세계 영화 팬들을 흠뻑 빠지게 했다. 특
히 뚱뚱한 올드미스 역의 르네 젤위거가 주연한 영화 〈브리짓 존스

의 일기〉(2001)에는 둘이 같이 출연해 삼각관계의 러브스토리를 엮어 가면서 세계적인 히트를 쳤다.

두 남자 배우에 대한 영국 여인들의 평가

당시 세계 영화 팬들은 영국 남자 배우의 전형인 두 사람의 서로 닮은 듯 다른 매력을 발견했다. 한때 세계 영화계를 독점하다시피 하던 영국이 할리우드에 주도권을 뺏긴 후 세계인들은 영국 배우라고는 엘리자베스 테일러의 남편으로 알려진 리처드 버튼과 셰익스피어 연극 전문 명배우 로렌스 올리비에 정도의 이름만 알 뿐이었다. 그러다가 007 시리즈의 숀 코네리와 〈미션〉의 가브리엘 신부 역의 제러미 아이언스를 거쳐 귀공자형의 깔끔한 미남 휴 그랜트와 전형적인 영국 신사풍의 호남 콜린 퍼스의 매력을 알게 되었다. 그랜트는 영화 〈네 번의 결혼식과 한 번의 장례식〉(1991)으로 이미 인기 절정에 올랐었다. 퍼스도 1995년 BBC 드라마 〈오만과 편견〉에서 매력 넘치는 다르시 역으로 많이 알려진 바 있다.

영국 여인들에게 이 두 배우를 어떻게 보느냐는 질문을 던져 보면 세계인들의 일반적 인식과는 다른 견해가 나와 외국인들을 당황케 한다. 한국을 비롯해 특히 미국에서 인기가 높은 그랜트를 평가해 달라는 질문에 상당수 영국 여성들은 "크게 매력을 느끼지는 않는다"

라고 답한다. 다시 "그럼 어떻게 느끼느냐"고 다잡아 질문하면 "분명 잘생기기는(smart and handsome) 했는데 어쩐지 'nauseating' 혹은 'sleazy', 'slimy'해서 싫다"고 표현한다. 세 단어 모두 우리 말의 '느끼하다'는 말에 해당하나 더 심하고 강한 표현이다. 심지어 "그는 정말 그냥 싫다(He is a bit icky)"는 지극히 영국적인 악평도 들었다. 그리스 조각처럼 깎아 놓은 듯한 비현실적인 용모의 그랜트는 영화배우로는 몰라도 애인이나 남편으로 삼고 싶지는 않다는 말이다. 반면 "퍼스는 어떠냐"고 물어보면 바로 호평이 돌아온다. 퍼스에 대한 여인들의 평은 "믿음직스러워서 좋아한다", "왠지 신뢰감이 간다", "친절할 것 같다", "예의가 있는 듯하다" 등이다. 한국인의 눈으로 보면 그랜트는 얼굴도 작고 잘생겨서 꽃미남인 반면, 상대적으로 얼굴이 큰 퍼스는 호남일지는 몰라도 결코 미남으로는 볼 수 없다. 꽃미남들의 인기가 높은 한국 기준에는 분명 어긋나는 반응이다. 사실 내가 직접 운영하다가 세를 준 식당에 퍼스는 단골이었다. 집이 근처라 자주 올 때는 일주일에 두 번은 와서 된장찌개도 먹고 김치찌개도 맛있게 먹었다. 가끔 집으로 배달을 요청해서 가 보면 반바지에 깃이 없는 티셔츠를 입고 나오는 퍼스는 평소 영화에서 볼 수 있는 아우라가 없어 완전히 동네 아저씨 같은 모습이었다. 그러고 보면 여자뿐만 아니라 남자도 분장발이 있긴 있는 모양이다. 하긴 영화에서는 제복이나 복장이 주는 권위에 의한 인상도 빼 놓을 수는 없으니 감안하긴 해야 한다. 퍼스는 역시 여인들이 짐작하듯이 친절하고 배려가 있는 전형적인 영국인이다.

사실 영국인들의 미의 기준은 우리와 좀 다르다. 서유럽에서 아주 인기가 있는 동양인 패션모델이나 휴 그랜트의 전 중국 부인, 혹은 니컬러스 케이지와 웨슬리 스나입스 같은 할리우드 배우들의 한국인 부인들을 보면 분명 한국에서는 미인 기준에 들지 않을 인물들이다. 그들은 갸름하게 보이려고 생명을 걸고 하는 양악 수술은 물론 거의 모든 한국 여자가 하는 쌍꺼풀 수술도 하지 않은 얼굴을 가지고 있다. 유럽인들은 그런 인물을 아름답다고 느끼고 멋있다고 여긴다. 분명 유럽인의 미의 기준은 우리와 다르다.

한국에서라면 미인으로서는 분명 결격 사유인 높은 광대뼈도 영국인에게는 미인의 중요 요인이 된다. 긴 얼굴과 높은 광대뼈high cheekbones는 특히 패션모델에게는 필수불가결의 조건이다. 서양인들은 높은 광대뼈를 섹시하다고 느낀다. 이건 남자 배우들도 마찬가지이다. 영국인들은 얼굴이 큰 남자 배우를 더 남성스럽다고 여긴다. 얼굴이 작고 고와서 미소년 같은 느낌의 그랜트보다 얼굴이 큰 퍼스를 더 남성스럽다고 느낀다. 특히 영국 여자들은 굳이 근육형까지는 아니더라도 무인武人형의 남자 얼굴을 더 좋아한다.

꽃미남을 거부하는 남성주도 사회

그러고 보면 영국은 아직도 남성주도 사회이다. 지금으로부터 거의 500년 전에 여왕들(메리 1세, 엘리자베스 1세)이 통치를 시작하면서 세계 몇 번째로 양성평등 사회를 만든 영국이지만, 아직도 어느 나라보다 더 남성주도적인 사회이다. '남자는 역시 남자다워야 한다'는 의식이 영국인의 심리 근저에 깔려 있다. 그래서인지 영국 남자들에게는 마초 macho적 기질이 아직도 다분하다. 영국 남자들 사이에서는 '다리가 부

'블러디 메리(Bloody Mary)'라는 별명으로 유명한 메리 1세

러져도 참고 견디다가 뼈가 살갗 밖으로 삐져나왔을 때 비로소 병원에 가야 남자'라는 말들을 한다. 잘 믿지 않을지도 모르지만 사실이다. 아파도 약을 잘 먹지 않는 것은 물론이고 평소에도 건강보조식품을 안 먹기로 유명하다. 영국 남자들이 미용실에 가서 피부 관리를하고 화장품을 여러 개 쓴다는 이야기는 들어 본 적도 없다. 한국에다녀온 영국인, 특히 남자들로부터 길거리에서 만나는 한국 청년들이 너무 여성화되어 있어서 불편했다는 말도 많이 듣는다. 한국 청년들이 화장하고 옷도 여성스럽게 패션화되어 있고, 여성이 드는 클러치 핸드백은 물론 심지어는 숄더백을 들어 뒤에서 보면 남녀를 구분할 수 없다고 말했다. 상당히 이질적이었다고 했는데, 말은 이질적이라고 했지만 아마도 그들의 속마음은 '느끼하다'는 'nauseating' 혹은 'sleazy', 'slimy'라는 단어를 쓰고 싶었을지도 모른다. 장군형이나

런던 버킹엄 궁전 근처의 정부 기관 건물 앞. 제복을 갖추어 입은 왕의 근위병이 보초를 서고 있다.

ⓒ권석하

남성적인 남자를 좋아하던 한국이 언제부터 꽃미남을 좋아하게 되었는지 모르겠다.

영국 여인들이 영국 남자들을 가장 매력 있게 느끼는 복장의 순서를 보면 '제복을 입었을 때'가 첫 번째이고, 다음이 '조끼와 넥타이까지 갖춘 정장에 중절모자와 코트까지 제대로 입은 모습'이라는 조사도 있다. 영국 남자들이 남자같이 안 보이기 시작한 때가 바로 중절모를 쓰지 않게 되면서부터라는 말도 있다. 그래서 퍼스가 〈오만과 편견〉에서 완전한 정장 차림의 시골 귀족으로 분해 영국 여성 팬들의 가슴을 흔들었을지 모른다. 어찌 되었건 그랜트와 퍼스는 영국을 대표하는 남자 배우로서, 깔끔한 미남과 믿음직한 미남으로 양립하는 선의의 라이벌 배우로 자리매김을 해도 문제가 없을 듯하다. 그러고 보면 둘은 1960년생의 동갑이어서 이제 환갑이 지난 나이이다. 거기다가 생일마저도 그랜트가 9월 9일이고 퍼스가 9월 10일로 하루 차이인 걸 보면 둘은 떼려야 뗄 수 없는 운명인 듯하다.

외모는 그렇다 치고 영국 여자들이 남자를 고르는 조건의 순서가 무엇일까? 애인이나 배우자가 될 남자를 고를 때 인물, 키, 성격, 직업, 재산, 학벌, 가문 등을 예로 주고 고르라면 무엇에 가장 중점을 둘까? 놀랍게도 이 질문에 대한 답은 위의 선택지에는 없다. 답부터 말하면 영국 여인들은 '유머, 친절, 인성, 매력' 순으로 남자를 고른다. 그러고 나서 외모, 직업, 재력을 본다. 여기에 학벌이나 가문은 들어가지도 않는다. 물론 아주 특별한 계급이나 부류들은 학벌도 따지고 가문도 따지지만 평균적인 영국 여인들은 별로 관심을 가지지 않는다.

남자의 첫 번째 조건, 유머

영국 여인들뿐만 아니라 남자들마저도 남자의 가장 중요한 인성을 '유머'라고 치는데 여기에 대한 답은 간단하다. 영국 사회에서는 서로의 관계가 아주 깊어지기 전까지는 세속적 조건인 '직업, 재산, 연봉, 학벌, 가문'을 알기

전형적인 영국 시골 노신사 숙녀의 모습.
편안한 오후를 즐기는 듯하다.

가 정말 어렵다. 그래서 '우선 재미있는 사람'이 인기가 있을 수밖에 없다. 영국인들은 만나자마자 학교, 나이, 고향, 직업, 심지어 연봉을 알려고 하는 한국식 호구 조사를 절대 하지 않는다. 사교모임에서도 필요한 만큼의 신상만 서로 교환한다. 심지어는 비즈니스 미팅에서

도 명함조차 잘 주고받지 않는다. 그냥 자연스럽게 알게 되면 다행이고 모른다 해도 얼마든지 소통할 방법이 있으면 굳이 '촌스럽게' 명함을 주고받지 않는다. 이런 건 파티에서도 마찬가지이다. 거기서 관심 있는 상대를 만났다고 바로 전화번호를 따거나 명함을 요구하는 건 상당히 이례적으로 여겨진다.

영국인들이 가장 쉽게 사람을 만나는 사교모임, 개인 파티 혹은 펍이나 클럽에서 만난 상대방이 무얼 하는 사람인지, 돈을 얼마나 벌고 집안이 어떤지는 알 방법이 거의 없다. 심지어 매일 얼굴을 맞대고 같이 일을 하는 직장 동료라도 개인 인적 사항을 전혀 모르는 경우가 대부분이다. 애인 사이가 되어도 인적 사항을 알게 되는 데는 상당한 시간과 노력이 필요하다면 말 다했다. 그만큼 영국인은 자신의 신상을 필요 이상으로 공개하지 않고 알려고도 하지 않는다.

그렇다고 영국인들이 세속적인 조건에 무관심하거나 초연해서 따지지 않는다는 말은 아니다. 단순히 알 수 없기 때문에 관심을 안 가지는 척하고, 그래서 현실적으로 중요시하지 않을 뿐이다. 물론 대다수의 영국인이 그런 세속적 조건보다 인성이 더 중요하다고 여기는 이유가 있다. 거의 모든 영국인은 '얼마나 큰지, 얼마나 빠른지, 얼마나 비싼지(how big, how fast, how much)'에 별로 관심이 없다. 영국인들끼리 모이면 사는 집이 몇 평인지 서로 묻지도 않고 알려고도 않는다. 자신이 가진 것을 누구 것과 비교하지 않는다. 그래서 영국인에게 직업, 재산, 연봉, 학벌, 가문은 사실 중요한 요인이 아니다.

222

자신의 신상을 밝히지 않고, 남의 신상을 알려고도 하지 않는 영국인이다 보니 일단 상대방을 만나게 되면 제일 먼저 매력을 느끼는 요소가 바로 말문을 트게 하는 '유머'라고 여길 수밖에 없다. 영국인들은 이를 냉랭한 얼음 같은 분위기를 깬다고 해서 '얼음 깨기 icebreaker' 즉 '분위기 만들기'라고 부른다. 날씨 이야기를 얼음 깨기로 사용하기도 하지만 일단 대화가 시작되면 그다음은 바로 유머가 바통을 이어받아야 한다. 이때부터는 능숙한 유머를 잘 구사하는 사람이 자리를 주도하게 되고 대화의 중심이 되어 결국 좌중의 인기를 끈다. 물론 자기 딴에는 농담을 한다고 썰렁한 농담을 꺼내면 주위 분위기는 쥐 죽은 듯이 조용해진다. 그래서 유머에 자신이 없으면 나서지 말고 그냥 다른 사람이 농담할 때 잘 웃어 주고 분위기만 맞춰 줘도 된다. 누구나 그런 유머를 가질 수는 없으니 모두들 이해한다.

눈치 없는 사람의 쓴웃음 나오는 썰렁한 '아재 개그'라도, 영국인들은 분위기에 맞지 않는 진지한 주제를 꺼내는 것보다는 낫다고 여긴다. 그들은 시도 때도 없이 진지한 주제를 꺼내드는 파티 주최자나 참석자들을 가장 경계하고 싫어한다. 유머와 냉소와 풍자를 중요하게 여기고 즐기는 영국인들 사이에는 장소와 경우에 맞는 지나치지도 않고 모자라지도 않은 유머를 던질 수 있으면 일단 상대방 마음의 반은 얻고 들어간다. 이는 굳이 이성 간이 아니라도 해당된다. 남자들 사이에서도 마찬가지다. 여자보다 남자를 더 좋아한다는 영국 남자들만 모이는 고급 사교클럽을 가 봐도 시작부터 끝까지 박장대소하는 농담 분위기로 일관한다.

신사가 가져야 할 두 가지

그래서 격조 있고 단단
한 유머로 무장한 남자가
여자들은 물론 남자들 사
이에서도 인기가 있다. 그
러면서도 해야 할 중요
한 대화는 다 해낸다. 영
국 정치와 사회가 극단으
로 치닫지 않는 이유도 이
런 고급 사교클럽을 통
해 협상하고 양보해서 조
화를 이루는 전통 때문일

©권석하

흔히 볼 수 있는 영국 상류 중산층 신사의 독특한 패션.
화려한 색상의 바지가 기존의 고정 관념을 깨는 듯 이색적이다.

지 모른다. 정색하고 하는 협상을 통해서가 아니라 웃으면서도 할 말
은 다 하는 허허실실의 분위기를 통해서 말이다. 상담이든 협상이
든 시작부터 시의적절한 유머를 구사하면서 분위기를 훈훈하게 만
들면 다음이 훨씬 쉬워진다. 서로 호감을 가지려는 둘 사이의 시작
을 이런 유머로 만드는 재주를 가진 남자에게 영국인들 특히 여자들
은 가장 큰 점수를 준다. 그래서 '신사는 항상 두 가지는 갖고 다녀야

한다. 바로 우산과 유머banter'라는 속담도 생겼다. 여기서 쓰는 단어 'banter'는 그냥 단순한 농담joke이나 유머가 아니다. 상당한 수준의 유머, 기지機智, 냉소, 위트, 풍자같이 영국인들이 가장 좋아하는 요소가 골고루 들어가 있는 농담을 말한다. 아주 날카로우나 상대방을 결코 기분 나쁘게 하지 않으면서도 약간은 건드리는 듯한 장난기까지 깃든 높은 수준의 농담을 뜻한다.

영국인들과 대화를 하다가 무릎을 칠 정도로 기가 막힌 농담을 적절하게 사용하는 걸 보고는 입을 다물지 못했던 적이 많다. 그래서 영국인은 유머를 인간성의 가장 첫 번째로 친다. 어차피 지난한 삶을 사는데 굳이 얼굴 찌푸리고 마냥 진지하게 살기보다는 웃으면서 가볍게 사는 것이 더 낫지 않은가 하는 철학이다.

겸손과 자기 비하 유머가 최고

그다음이 '친절'이다. 영국도 시대가 많이 변해서 이제 영국 신사가 다 사라지고 없다고 해도 과언이 아니지만 어찌 되었건 친절은 상대방의 마음, 특히 여성의 마음을 사는 요소로 유머만큼 중요하다. 대부분의 영국인들은 처음 보는 타인에게도 친절하려고 노력한다. 그런 사람들 사이에서 어떻게 더 친절한 사람이 있을 수 있느냐는 의문이 들 수 있지만 그래도 진심이 담긴 친절은 마음에 더 잘 보이기 마련이다. 친절 안에는 인성도 들어 있다고 여기기 때문에 제대로 된 인간성을 찾으려는 영국인은 이를 잘 살펴보고 깊게 느낀다.

영국인이 중요하다고 여기는 품성에는 '겸손'과 '공손'도 들어 있다. 영국인이 가장 싫어하는 인간의 품성 중 하나가 바로 자만과 거만을 곁들인 자기 자랑이다. 그래서인지 영국인들이 가장 좋아하고 고급으로 여기는 유머도 자기 비하self-disparaging, 자기 조롱self-mockery, 자기 비난self-deprecating이다. 이는 자기 자신을 드러내놓고 바보로 만들어 참석자 모두의 웃음거리로 삼는 최고 수준의 유머이다. 영국의 스탠딩 코미디언들도 이를 잘하면 잘할수록 인기가 더 높다. 좌중을 웃기려고 자신을 희생함으로써 자기 겸손self-effacing부터 공손과 배려까지 동시에 이루는 셈이 된다. 바로 이런 면을 잘 조합해서 세계적인 인기를 끈 코미디 드라마 시리즈와 영화가 바로 〈빈〉이다. 주인공 미스터 빈은 바보 같은 실수를 연발해서 웃기고, 이기심과 치사한 탐욕을 드러내고, 악의없는 소소한 악행을 해 가기 때문에 세계인의 사랑을 받는다. 미스터 빈은 최고의 유머를 가진 사람만이 할 수 있는 자기 비하, 자기 조롱, 자기 비난을 통해 사람들을 웃긴다. 바로 영국인들이 제일 좋아하는 유머의 정수를 보여 주는 영화이다. 결국 이런 유머는 바로 친절이다. 자기 자신을 먼저 웃음거리로 만들어 타인을 즐겁게 해 주는 일이야말로 고도의 친절이다.

이렇게 친절 안에는 이 모든 요소가 다 들어간다. 바로 여기까지,

즉 유머, 친절, 공손, 겸손을 갖춘 인성이야말로 영국 여인들이 가장 바라는 남성상이 되는 셈이다.

이제 '매력'과 '카리스마'로 들어갈 차례이다. 영국 남자들 중에는 한 가지의 스포츠를 평생 지속하는 경우가 많다. 굳이 몸을 튼튼히 하겠다는 목적보다는 일과 가정 말고 자신만의 뭔가에 몰두하려는 인간상에 남녀를 불문하고 매력을 느끼기 때문이다. 특히 영국 남자라면 한 가지 스포츠를 잘해야 한다. 그렇지 않으면 매력이 없고 카리스마가 없다고 여기는 여성들이 많다. 뭔가에 몰두하는 남자들을 보면 여자들은 감히 쉽게 범접하지 못할 카리스마를 가졌다고 느낀다. 바로 그런 '뭔가'가 스포츠라는 말이다.

거기다가 얼굴 모르는 타인을 위해 자신의 시간과 돈을 쓰는 평생의 봉사 활동까지 겹치면 매력 만점의 남자가 된다. 개인적인 이야기이지만 콜린 퍼스는 항상 겨울이 되면 내가 운영했던 레스토랑 앞 교회에서 노숙자들을 위해 식사를 제공하는 봉사를 한다. 사람들 속에 섞여 묵묵히 설거지를 하는 퍼스의 모습은 매력 그 자체이다.

이제 비로소 '외모'이다. 만일 위의 조건이 갖추어지면 영국인들은 이미 승부가 났다고 여긴다. 거기다가 키와 외모까지 갖추면 더욱 좋지만 여기까지만 와도 대개의 여인들은 마음을 연다. 외모에 대한 영국인들의 기준은 그랜트와 퍼스의 이야기에서 보았듯이 다양하다. 사실 알고 보면 영국인에게 외모는 크게 문제가 되지 않는 셈이다.

세속적 조건을 따지지 못하는 이유

이렇게 하면 깊이 사귀어 보지 않고 알 수 있는 외부적인 조건은 다 끝났다. 지금부터는 소위 말하는 세속적인 조건, 즉 직장, 연봉, 재산, 학벌, 가문이 보이기 시작하고 보아야 하는 단계에 들어간다. 그러나 여기까지 오는 과정에서 두 사람 사이의 관계는 이미 돌이킬 수 없는 단계에 들어와 버렸다. 깊어진 둘 사이를 갈라놓을 특별한 조건이 보통의 영국인들에게는 있을 수 없지 않은가? 그러고 보면 자신의 신상을 밝히지 않는 영국인의 습성이 세속적 조건을 안 따지고 사귀게 했다는 말이 된다.

자신을 과대평가하지 않기에 능력에 비해 과한 꿈을 꾸지 않고 단순한 삶에 만족하는 영국인들에게 사실 직장, 연봉, 재산, 학벌, 가문을 따져 봐야 뭐가 필요하겠는가? 그냥 웃기고, 친절하고, 사려 깊고, 사교성 있고, 자신감 있고, 로맨틱하면 다 아닌가?

228

최근 영국의 장례식은 '슬픔의 의식'보다는
고인의 일생에 바치는 '헌정의 의례'로 바뀌는 추세이다.

영국 장례식장에서
벌어진 일들

유럽에서는 11월을 '위령성월All Saint Month'이라고 부른다. 돌아
가신 모든 영혼을 기리는 예식이 각 교회마다 치러지는 시기다. 그렇
게 과거를 돌아보고 난 뒤 유럽인들은 성탄이 있는 12월로 또 한 해
를 보내고 희망찬 새해를 맞을 준비를 한다.

사람들의 삶에서 장례식만큼 중요한 일도 없다. 그래서 각 민족마
다 나름대로의 절차와 예법이 있다. 모든 것이 바뀌는 세상이지만,
영국인들은 아직도 장례식만큼은 200년 전인 빅토리아 시대 전통을
거의 그대로 지키고 있다. 예를 들면 장례식 조문객은 반드시 검은색
이나 어두운 색조의 정장을 입어야 한다. 여자들은 거기다가 모자까

영국 장례식은 대부분 성당에서 열린다.

지 쓰고 온다. 모든 제례가 간단해지는 세태에서도 장례식에서만큼
은 반드시 갖추어 입는 것을 고인에 대한 진지한 예의라고 여긴다.

부고 기사부터 '폭로' 추모사까지

영국에서도 일단 가족의 일원이 세상을 뜨면 유족들이 부고
obituary notice를 한다. 요즘은 페이스북이나 소셜미디어를 많이 이
용하지만, 아직도 격식을 갖추려는 가족들은 지방 언론이나 전국지
에 부고를 낸다. 부고에는 장례식 일정과 함께 장소, 연락처 등이 명
기된다. 저명인사의 경우 언론이 고인의 약력과 함께 자세한 부고 기
사를 올린다. 부고 기사는 고인의 기록되어야만 할 사항과 사연 그

리고 철학과 발언까지 언급하는 미니 자서전이다. 영국 정론지인 '더 타임'이나 '가디언'에 부고 기사가 나면 일단 성공한 삶으로 본다. 물론 엄청난 악인도 나오긴 하지만. 이런 유명인사의 경우 부고 기사 말고도 가까운 친지나 동료들이 추모사를 기고하기도 한다. 그래서 서양에서는 추모사가 하나의 문화로 자리 잡고 있다. 추모사에는 추모와 함께 고인의 업적과 공헌을 언급하고 그로 인해 우리가 어떤 혜택을 받았는지에 대한 내용도 기재된다. 대단한 악인에 대해서도 (추모라는 단어가 안 어울리지만) 같은 추모기사가 나온다. 물론 냉정하게 악인을 고발하고 평가한다. 그래서 언론에 나오는 추모사들을 모으면 영국 역사와 함께 사회의 일면을 고찰해 볼 수 있다.

영국에서 장례식은 한국처럼 3일장을 치를 수가 없다. 사인을 규명하는 사망 진단서부터 장의사 예약을 비롯해 화장장이나 장지 준비 등이 우리처럼 쉽지 않아서이다. 최소한 10일은 걸린다. 심지어 사망 후 한 달을 훨씬 넘겨 장례식을 치르는 경우도 있다.

영국인들은 장례식funeral service을 장례예배memorial service라고도 부른다. 고인이 불행한 사고 등으로 갑자기 사망할 경우, 가족장 private service으로 황망히 치르고 나서 상당 기간이 지난 후 정식으로 조문객을 초대해 차분하게 고인을 기리면서 추모예배를 치르기도 한다. 왕실, 귀족 또는 상류층들은 모든 형식을 완벽하게 갖춘 장례식을 했음에도 불구하고 일정 기간이 지난 후 추모예배를 따로 지낸다. 워낙 세간의 이목이 집중되어 있어 제대로 고인을 추모하지 못했다고 느껴서 따로 자리를 만드는 것이다. 이때는 정말 가까운 친척, 친지만 초대한다. 예배 후 따로 다과회를 가지면서 번잡했던 장례식에서 제대로 못 나눈 얘기를 친족들끼리 오붓하게 나누면서 고인을 기억하고 추모한다. 나는 가까운 영국인들의 이런 추모예배가 훨씬 더 원의미의 장례식 같아서 좋아한다. 보편적인 장례식에서는 유족과 추모객 모두에게 절차를 치러야 한다는 강박감이 있다. 그래서 쫓기듯 진행되는 한국식 장례에서는 고인을 제대로 추모하지 못하고 보내게 된다. 결국 슬픔을 제대로 느끼지도 못한 채 장례를 치르고, 집에 도착해서야 슬픔과 고인에 대한 그리움이 밀려오는 느낌을 받는다.

성공회가 국교인 영국인들은 평소에는 성당에 잘 안 나가더라도 장례식만큼은 성당에서 신부가 주례하는 일종의 미사 형식으로 치른다. 성가대가 성가를 부르고 유족 대표(주로 아들이나 딸)가 고인의 약력을 읽고 자신의 기억 속의 고인에 대한 추억을 말해 식장을 숙연하게 만들거나 울음바다를 만들기도 한다. 이어서 친구나 친지 중에서 한두 명이 조사를 한다. 자신과 얽힌 일화를 소개하면서 고인을 기억하고 추모하면서 그리워한다. 사실 이 두 절차가 장례식의 정점이다. 추모객들은 조사를 들으면서 각자 고인에 대한 기억을 나름대로 반추한다. 바로 여기서 아주 영국적인 '무례'가 범해지기도 한다. 장례식은 무조건 엄숙해야 한다는 우리로서는 놀라운 '사건'이 일어난다. 유족이든 친지든 추모사 중 '반드시' 한두 번은 고인과 있었던 가장 우스꽝스러운 사건이나 고인의 특이한 실수나 버릇을 '폭로'해서 슬픔에 잠긴 유족과 조문객들을 폭소하게 만든다. 결코 실례가 아니고 그만큼 고인을 그리워한다는 뜻이어서 진정이 전해진다. 가장 영국적인 해프닝이다. 슬픈 일을 겪는 와중에도 이렇게 영국인들은 자신들이 가장 싫어하는 '지나치게 엄숙하고, 불필요하게 심각하고, 우스꽝스러울 정도로 진지한 일'을 피하는 해학과 풍자의 관습을 통해 고인에 대한 진하고 깊은 사랑을 표시한다.

전문 장례식장이 없는 나라

장례식은 보통 가족이나 고인이 다니던 성당에서 치르지만, 만일 고인이 평생 성당을 나가지 않았다면 화장터에 딸린 예배실에서 치르기도 한다. 따로 전문 상업 장례식장이 없는 탓이다. 장례예배가 끝난 후 화장이 아닌 매장을 하는 경우, 많은 조문객들이 장지까지 따

영국인들의 묘지는 주택지 사이사이에 있다.
그들은 죽음을 하나의 삶의 단계인 듯 여겨,
공동묘지를 생활 터전의 일부로 받아들인다.

라간다. 영국은 주로 주택지 중간에 공동묘지가 있고 그 안에는 거의 화장터가 있기에 고인의 집이나 장례예배를 한 성당에서 그렇게 멀지 않다. 서양 영화에서처럼 장지에서 하관할 때 유족은 물론 가까운 친지들도 참석한다. 조문객들은 하관만 보고 매장은 인부들에게 맡긴다. 유족과 조문객들은 고인의 집이나 근처 식당에서 다과를 나누면서 고인의 사진을 보고 추억을 되새기며 유족을 위로한다. 유족은 다음 날 다시 장지를 방문해 묘지가 제대로 되어 있는지를 확인하고 조화를 놔두고 온다.

이런 전통적인 장례 풍습도 요즘은 많이 바뀌었다. 가장 큰 이유는 영국도 거의 80%가 화장을 선택하기 때문이다. 영국은 원래 부활을 강조하는 기독교 전통에 따라 화장이 거의 없었다. 1900년대 초만 해도 화장을 하는 비율은 1% 미만이었다. 요즘은 성당에서 장례식이 끝난 후 직계 유족과 유해를 실은 장의차가 화장터로 간 뒤, 추모객들은 안내에 따라 인근 펍이나 레스토랑에서 유족들이 준비한 다과를 나누면서 유족들이 화장터에서 돌아오기를 기다린다. 유족들은 화장터에서 관이 들어가는 걸 보고 돌아온다. 뒤풀이 장소로 돌아온 유족들은 조문객들에게 일일이 감사를 표하고, 조문객은 유족들에게 위로의 말을 차분하게 전한다. 유족 측은 이때 고인의 생전 모습을 추억할 수 있는 사진이나 기념품 등을 전시해 놓기도 한다. 영상을 틀면서 함께 고인을 기리는 경우도 많다. 갈 때 가져가라는 의미에서 기념품을 준비하기도 하는데 대개 양초 같은 작은 물품들이다. 이런 행사가 다 끝난 후 화장터로 가서 분골을 수습해서 납골당이나 묘지에 매장한다.

최근 나는 친한 영국 친구를 잃었는데, 그의 아내는 정말 선웃음이 픽 나오는 고인의 '유치한 취미'를 장례식 참가자들에게 공개했다. 고인이 아끼던 청개구리 관련 조그만 물건들을 가져다 놓은 것이다. 평생 언론인으로 살아 농담도 잘 못하고 진지하기 그지없었던 고인에게 이런 아이 같은 취미가 있는 줄은 가까웠던 친지들도 몰랐다. 모두 웃으면서 고인의 인간적인 면모를 다시 한번 기렸다. 부인은 고인을 두고두고 기억하라고 고인이 아끼던 물건들을 조문객들에게 하나씩 나눠주기도 했다. 청개구리가 그려지고 새겨진 넥타이, 책갈피, 인형, 모형, 연필, 필통, 배지 같은 잡동사니 물건들을 고인은 생전에 참 많이도 모아 놓았다. 내가 그때 가져온 책갈피는 내 책상에, 넥타이는 옷장에 걸려 있다. 한때 세계를 뒤덮은 대영제국을 운영하던 영국인들은 의외로 이렇게 섬세하고 잔망스럽다. 고인 로저 질Rojer Jeal은 로이터통신과 BBC 기자를 하다가 은퇴한 후 기자 교육을 하는 전문가로 일했다.

흥겨운 축제가 된 장례식 뒤풀이

영국인들은 이런 뒤풀이 장례 절차를 일러 '깨어난다'라는 뜻의

'wake'라고 부르기도 한다. 원래는 장례식 후가 아니라 장례식 전에 치르던, 이제는 보기 힘든 우리의 장례식장 '밤샘'과 같다. 우리가 옛날에는 한자로 '경야經夜'라고 부르던 'wake' 풍습에는 혹시 고인이 깨어날까 하는 유족들의 애달픈 염원이 담겨 있다. 한국에서도 옛날에는 실제 유해를 병풍 뒤에 모셔 놓고 그 앞에서 친지, 친구들이 밤을 새면서 지켰다. 금방 보내지 못하는 아쉬움도 있지만 의사의 사망 선고 뒤 장례 준비를 하던 중 고인이 깨어나는 경우가 가끔 있기도 해서이다. 우리 옛 선인들은 이렇게 현명했고 모든 만일에 대비했다. 지금처럼 의사가 사망 선고를 하자마자 기다렸다는 듯이 바로 냉동고에 넣지 않았다. 그래서 옛날 사람들은 혹시라도 고인이 다시 살아날 수 있는 가능성에 대비해 가까이에서 경계하고 관찰하려는 이유로도 이런 풍습을 만들었다. 물론 멀리 있는 친족과 친지 등 조문객이 참석하기를 기다리는 현실적인 이유도 있었다.

통계로 보면 영국도 1930년 이전에는 한국처럼 90%의 유해가 장례식 전 고인의 집에 모셔져 있었다. 이때 바로 한국식 밤샘이 행해졌다. 유해 가까이에서 고인이 다니던 성당 교우들이 밤새워 일종의 기도인 연도煉禱를 해서 고인도 위로하고 악령의 접근을 막기도 했다. 지금은 거의 10% 이하만 이 전통을 지킨다. 유해를 모셔 놓고 밤샘을 한다는 의미의 'wake'도 장례식 후 뒤풀이로 뜻이 바뀌었다.

장례식 후의 뒤풀이는 원래 게일족의 풍습이어서 주로 아일랜드와 스코틀랜드에서 성대하게 치러졌다. 특히 아일랜드인들이 장례식 후에 치르는 흥겨운 파티 같은 뒤풀이는 유명하다. 〈P.S 아이 러브 유P.S. I Love You〉(2007)라는 영화의 펍 파티 장면은 유명하다. 이 영화에는 미국의 아일랜드인들이 장례 후 아이리쉬펍에서 뒤풀이를 여는 장면이 있다. 모두들 먹고 마시고 와자지껄 떠들지만 표정에는 뭔가 말 못 할 슬픔을 가지고 있는 듯한 분위기를 잘 묘사했다.

최근 한 한인 교포의 영국인 남편이 세상을 뜬 후 치렀던 장례식 뒤풀이가 한동안 한인촌의 화제가 되었다. 영국 한인촌 노인회 회원이기도 했던 고인은 사교댄스를 워낙 좋아해 자신의 장례식 후에 파티에서처럼 음악을 틀어 놓고 조문객 모두 춤추게 하라는 유언을 남겼다. 검은 상복 말고 화려한 파티복을 입고 와서 장례식이 끝난 후 넓은 공회당에서 파티를 성대하게 하라는 유언이었다. 한인들은 버스를 한 대 마련해 한인촌에서 한 시간 거리의 에섹스Essex로 갔다. 그리고 슬프지만 고인의 뜻에 따라 파티를 연 고인의 부인을 위로하면서 멋진 하루를 보냈다. 장례식이라고 반드시 슬퍼야만 하는 건 아니지 않은가? 우리 모두 죽는데 굳이 마지막 순간까지 질질 짜고 슬퍼해야만 고인을 잘 보낸 건가?

대개 이런 뒤풀이는 2~4시간 정도 계속되지만 때때로 밤을 새울 만큼 길어지기도 한다. 수년 전 런던 중심 유흥가인 피커딜리에 있는 대형 클럽 소유주의 장례식은 고인의 유언에 따라 뒤풀이가 밤샘 파티로 성대하게 치러졌다. 뒤풀이는 고인 소유의 클럽에서 열렸는데, 클럽을 평소 애용하던 영국 유명 연예인들이 대거 참석해 시중의 화제가 되었다.

최근에는 아예 성당 장례식은 생략한 채, 유해를 바로 묘지로 보낸 뒤 성대한 뒤풀이만 하는 경우도 많아졌다. 고인과 유족들의 뜻에 따라 뒤풀이에만 조문객들이 참석하는 경우도 많아지고 있다. 파티 같은 뒤풀이로 인해 이제는 슬픈 장례식이 아니라 '행복한 장례식 happy funerals'이 대세인 셈이다. 심지어는 뒤풀이하는 동안 폭죽을 터뜨리기도 한다.

요즘 영국의 장례식 뒤풀이를 지켜보고 있자면 한국 영화 〈축제〉(1996)가 떠오른다. 영국의 장례식 예의를 알려주는 웹사이트에는 '장례식을 이용해 가족이나 친족 간 아직도 풀리지 않은 과거의 긴장 관계를 풀려고 시도하지 말라'고 권하지만 〈축제〉의 원작자 이청준 작가와 임권택 감독은 장례식장에서 펼쳐지는 유족·친족들 간의 온갖 사연들을 다 풀어헤쳤다. 별별 인간사가 펼쳐지고 결국 집안 어른의 장례식을 계기로 가족과 친족이 그동안의 오해를 풀고 화해한다는 설정은 놀랍다. 극중에서는 바람나서 가출했던 손녀가 돌아오고 집안의 말썽쟁이가 나타나 친족들 사이에서 분란이 일어나지만 결국 모두 화해한다. 그런 의미로 가장 슬픈 장례식을 '축제'라는 제목으로 표현한 이청준과 임권택의 인생의 깊이를 헤아린 눈의 넓이는 정말 놀랍다. 한국 드라마 〈갯마을 차차차〉에서도 이런 행복한 장례식이 등장한다. 원로배우 김영옥이 열연한 김감리 할머니 장례식 장면도 축제 분위기였다. 영국에서 이미 유행을 타기 시작한 파티 같은 장례식이 한국에서도 곧 대세가 될지 모르겠다.

눈물 대신 기부하는 사람들

영국이나 한국이나 장례식이 끝나면 대개 친구들이 관을 지는 경우가 많지만, 나이가 든 고인의 경우 질 사람이 없으면 장례 회사 직원들이 진다. 관이 장의차에 실려 장지로 갈 때는 반드시 일정 구간 서행을 하는데, 이때 길이 밀려도 뒤의 차들은 아무도 경적을 울리거나 항의하지 않는다. 고인이 누군지 몰라도 서서히 따라가는 것을 당연한 관습으로 여긴다. 특히 시골의 경우는 아직도 장의차나 장의 마차 앞에 장의 주관인 funeral director이 천천히 걸어가면서 소리를 외치며 주위의 시선을 끈다. 이를 일러 옛날 우리 풍습인 '물렀거라'와 같은 뜻의 '페이징 어웨이 paging away'라고 부른다. 그러면 고인을 모르는 길가의 행인들마저도 모자를 벗거나 가슴에 손을 얹어 조의를 표한다.

영국인들은 기독교 사상이 머리에 밴 탓인지, 장례식을 고인과의 마지막이라고 여기지 않는다는 느낌을 자주 받는다. 주택지 안에 공동묘지가 있고, 거기에는 반드시 화장터가 있다. 영국인들은 묘지와 화장터를 혐오 시설이라고 보지 않는다. 우리 모두가 언젠가는 죽는데 그 시설이 왜 혐오 시설인가? 우리는 도시에서 아주 멀리 떨어진 외딴곳에 무덤을 만들고 1년에 한 번 찾아볼까 말까 한다. 그러나 영국인들은 사랑하는 사람을 집 가까운 묘지에 모시고 싶어 한다. 그러고는 틈만 나면 묘지에 가서 꽃도 놓고 오고 비석을 쓸기도 한다. 슬픈 일이 있거나 기쁜 일이 있으면 묘지 옆에 앉아 고인과 두런두런 이야기도 나누고, 오다가다 들리기도 한다. 그래서 동네 공동묘지에 가보면 꽃을 챙길 직계 가족이 과연 있기나 한가 의심이 들 만큼 아주 오래전에 돌아가신 분의 묘지에도 생화가 놓여 있음을 많이 볼 수 있다. 이렇게 영국인들은 고인을 아주 먼 외딴 장지에 묻지 않고 자신의 집 근처에 두고 자주 찾아본다. 이런 모습을 보면 한국인이 자랑하는 효성孝誠이 과연 무얼 뜻하는가 하는 의문도 든다.

앞서 이야기했던 내 친구의 부인은 옥스퍼드 대학교 캠퍼스 커플로 시작해 50년의 삶을 함께한 남편을 갑자기 폐암으로 잃었다. 그런데 그녀는 장례식은 물론 동네 카페에서 열린 뒤풀이에서도 '영국인답게' 눈물은커녕 슬픈 표정 한 번 짓지 않고 의연하게 버텼다. 영국인들은 공공장소에서 '절대' 감정을 드러내지 않는 걸 미덕이라고 여기고 철칙처럼 지킨다. 장례식에서마저 슬픔을 나타내는 일은 타인에게 폐를 끼친다는 이유에서다. 모든 감정은 속으로 삭이고 어떤 경우에도 평정심을 유지해야지 그러지 않으면 '정상인이 아니다'라는 취급까지 받는다. 한국인들의 영국 여행기를 보면 출발 지연과 항공사의 늦장 대처라는 부당한 일을 당하면서도 아무런 불평 없이 조용히 책을 보는 영국인들을 경악의 눈으로 본 경험을 많이 얘기한다. 그러나 현장에서 조용하게 있는다고 해서 영국인들이 결코 가만히 있는다고 생각하면 착각이다. 영국인들은 현장에서는 조용히 당하지만 반드시 나중에 절차를 밟아 항의를 하고 적절한 보상을 받는다. 물론 항공사 잘못으로 일정 시간 이상 출발이 늦어지거나 하면 항공료 환불은 물론 불편에 대한 소비자 보상 조치가 유럽연합EU 차원에서 만들어져 있음을 잘 알기 때문이다. 또한 현장에서 힘없는 항공사 직원들에게 소리 지르고 난리 쳐 봐야 화내는 자신의 감정만 손해볼 뿐 아무런 실질 이득이 없다는 걸 경험으로 잘 알기 때문이다. 이렇게 영국인들은 감정을 밖으로 표현하지 않고, 극한의 상황에서도 흥분하거나 화내지 않고, 평정심을 유지하고 경험으로 터득한 합리적인 방식을 택하는, 어찌 보면 무서운 사람들이라는 사실을 옆에서 살면서 매일 느낀다.

영국인들이 고인의 유족에게 부의금을 전달하는 방식도 우리와는 많이 다르다. 영국인들은 장례식 현장에 접수대를 두고 현금을 주고받지 않는다. 상당히 오래전부터 영국에는 고인이나 유족들이 지정한 자선 단체 기부를 통한 부의금 전달이 일반화되어 있다. 내 영국 친구의 부인도 런던 한인들이 많이 이용하는 킹스턴병원과 영국 숲 관리 자선 단체에 고인 이름으로 개설된 기금에 기부를 해 달라고 부탁했다. 기부할 곳으로 지정된 기관의 웹사이트에 들어가 보면 조문객들의 이름과 기부 금액이 나온다. 거기에는 장례식을 거행했던 성당의 당일 헌금도 포함되어 있음을 볼 수 있다.

얼마 전 한 영국인은 사고로 세상을 뜬 군인 조카를 기억하기 위한 헌정 기금Tribute Fund을 만들기도 했다. 기금 모금 행사도 하고 수 공예품도 만들어 팔아서 1만 파운드(약 1600만 원)의 기금을 만들었다. 고모인 그녀는 "나는 조카가 세상을 떠났을 때 오래 기억되길 바랐다. 그래서 다른 사람들을 돕는 의미 있는 일을 통해 조카를 기억할 수 있게 하기 위해서 기금을 만들었다"라고 기금 조성의 목적을 설명했다. 그녀는 이렇게 모은 기금을 군인들의 복지를 돕는 왕립 영국군단The Royal British Legion, RBL에 조카 이름으로 기부했다. 자신의 슬픔을 자선으로 환치해서 기억에 길이 남을 일을 해서 슬픔으

성당에서 장례식이 끝난 후, 유족과 사이가 가까운 조문객들은 장지까지 따라와 하관식에도 참석한다. 그 후 고인의 집에서 뒷풀이가 이루어진다.

로만 간직하지 않은 셈이다. 타인을 돕는 일을 통해 고인에 대한 기억이 오래가도록 하고 고인의 죽음을 더욱 명예롭게 만들었다.

영국인들도 우리처럼 인간은 흙으로 돌아간다고 여긴다. 신이 인간을 흙으로 만들었다는 기독교 신앙 때문이다. 전통적인 매장 하관식에서는 내려진 관 위에 유족과 조문객들이 흙과 꽃을 뿌린다. 이 관습은 고인이 흙으로 다시 돌아감을 의미하고, 꽃은 유족과 조문객의 고인에 대한 사랑을 상징한다. 그래서 장례식을 주관하는 신부는 거의 예외 없이 성경의 '일반기도서' 문구를 읽으며 기도한다. '우리는 그래서 지금 흙은 흙으로, 재는 재로, 먼지는 먼지로 돌아가게 이유해를 땅에다 묻는다(We therefore commit this body to the ground, earth to earth, ashes to ashes, dust to dust).'

영국인들이 죽음을 대하는 태도를 보면 분명 우리와는 다르다는 느낌을 받는다. 영국인들은 흡사 죽음 뒤에도 다른 삶이 있다고 분명히 느끼고, 죽음이 마지막이 아니라고 믿는 듯하다. 그 말은 영국인들 의식 세계 안에는 자신이 인식하든 안 하든 기독교 사상에 의해 내세에 대한 어떤 확신이 있지 않나 한다. 비록 자신은 기독교인이 아니라고 하면서 성당에는 안 나가도 영국인의 유전자 안에는 기독교 사상이 분명 존재하는 듯하다. 그렇지 않고서는 죽음을 영국인들처럼 평정심으로 일상화하지는 못한다고 생각한다.

영국인들의 묘지는 반드시 주택가 중간에 있다. 주택 골목길 바로 건너에 공동묘지가 있다. 유럽 유일의 런던 한인촌 뉴몰던이 속한 인구 4만 5000명의 킹스턴시 안에는 여섯 개의 공동묘지가 있다. 더욱 놀라운 일은 우리가 질색팔색하는 공동묘지에는 화장장도 있어 매일 화장이 이루어지고 있는데도 영국인들은 그러려니 한다. 더더욱 놀라운 일은 공동묘지의 많은 무덤에는 가져다 놓은 지 며칠 안 되어 아직 살아 있는 생화가 놓여 있다는 사실이다. 결국 이 말은 영국인들에게 죽음은 결코 무서운 일이 아니고, 죽은 이의 시신을 꺼리지 않는다고 해석할 수 밖에 없다. 영국인 틈에 살다 보면 흡사 죽음을 생활 속에 받아들이고 태연하게 살아가는 듯한 느낌을 참 많이 받는다.

그래서 자신이 사는 가까운 곳에 사랑하는 사람을 묻고는 살아 있을 때처럼 기쁠 때나 어려운 일이 있을 때 찾아보고 위안을 얻으면서 살고 있다. 바로 그 말은 사랑하는 가족이 비록 내 곁에는 없지만 어딘가에서 나를 지켜보고 있다는 확신을 영국인은 분명 가지고 있다는 말이다. 그렇지 않으면 누가 세상을 뜬 지 40년도 넘은 이의 무덤에 매주 생화를 놓겠는가? 그가 하는 말과 행동을 내가 비록 듣거나 볼 수 없지만, 분명 내 말과 내 행동을 그는 듣고 있다는 확신이 서지 않으면 할 수 없는 일이 아닌가? 내세가 없고 부활이 없어 죽으면 그만이라는 유교의 유전자를 가진 우리는 그렇게 하지 않을 뿐더러 할 수도 없는 듯하다. 이렇게 효도와 사랑은 분명히 다른 개념이다.

영국 장례식이 언제부턴가 슬픔mourning의 의식이 아니고, 고인의 일생에 바치는 헌정tribute의 의례로 바뀌고 있다. 유족은 물론 친척, 친구, 친지들도 장례식을 마냥 슬퍼하고 애도하는 의식으로 치르지 않고, 고인의 일생을 치하하고 기념하는 의례로 치른다는 느낌을 받는다. 그래서 영국인들은 장례식의 목적을 애도가 아닌 '한 인생의 치하(a celebration of life)'라고 표현한다. 한 인간으로서 긴 삶을 살았고, 비극적인 운명을 맞아 애처롭게 끝을 맺었으니 장례식만큼은 마냥 슬프고 세상의 끝인 듯 고인을 보내지 말자는 뜻이다.

예를 들면, 외출에서 집으로 돌아오다 묻지마 살인 사건으로 꽃다운 청춘을 피워 보지도 못하고 세상을 떠난 16세 소녀의 장례식을 봐도 그렇다. 소녀의 죽음 자체는 애절하기 그지없지만, 장례식만큼은 소녀의 평소 모습처럼 발랄하고 예쁘게 치러 주자는 뜻이다. 친구, 친척들이 모여 소녀가 좋아했던 노래, 꽃, 옷, 음식을 차려 놓고, 정말 진심으로 소녀의 짧고 아름다웠던 인생의 의미를 찾아 주는 의식을 하는 일이 그 소녀에 대한 최대한의 사랑의 표시이고 예의라고 영국인들은 여긴다.

그래서 최근의 영국 장례식 분위기는 음울하지 않고 마냥 슬프기만 하지도 않다. 영국인들은 더 이상 고인을 보내는 장례식이 반드시 엄숙하고 근엄해야만 한다고 생각하지 않는다. 고인이 우리 곁에 조금 더 같이 있어 주었으면 더할 나위 없이 좋았겠지만, 이왕 떠났으니 보다 밝은 분위기로 애절하기보다는 행복하게, 마냥 슬프기보다는 축제같이 치러지기를 바란다. 많은 고인들이 생전에 유언으로 자신의 장례를 축제처럼 치러 주길 바라고 있고, 고인이 비록 그런 유언을 못 남겨도 유족들이 그렇게 보내 주는 걸 고인이 더욱 행복해할 거라고 믿고 그렇게들 많이 한다.

미리 준비하는 맞춤 장례식

벌써 꽤 오래전인 2014년, 2000명을 대상으로 한 조사에서도 54%의 사람들이 자신의 장례식은 '자신의 삶에 대한 헌사'같이 치러 주길 바란다고 했다. '헌사의 방법'으로는 48%는 자신의 취미, 색깔, 축구팀, 음악과 관련해 장례식을 준비해 주었으면 한다고 했다. 영국 화장장에는 이제 모두 음향과 동영상 시설이 갖춰져 있다. 그래서 장례식이 끝나고 화장장에서 하는 마지막 의례 때도 고인이 가장 좋아했던 음악과 고인의 모습이 담긴 동영상을 틀어 주는 경우가 많다.

심지어는 자신의 장례식 리허설까지 해서 동영상을 촬영하고, 거기서 고인은 직접 조문객들에게 웃으면서 작별 인사까지 한다. 그러면서 농담 삼아 자신이 생전에 했던 악의 없는 악행까지 고백해서 조문객을 박장대소하게 하고는 마지막으로 자신의 장례식에서 눈물을 절대 보이지 말아 달라고 부탁한다. 이유는 자신의 일생은 축복받은 삶이었고, 그래서 이 세상을 떠나는 것이 끝이 아니며 다른 세상에서 당신들을 기다릴 터이니 남은 생을 잘 즐기고 와서 다음 생에서 즐기고 있을 자기와 만나자고 한다. 그러고는 지금부터 먹고 마시고 춤추면서 늦게까지 즐기다가 가라는 부탁으로 끝을 맺는다.

그래서 이제는 고인이 생전에 자신의 장례식 계획을 다 세우고는 장례 비용까지 다 내 놓는 경우가 많다. 그런 수요에 맞추어 영국 장의사 회사들은 웹사이트에 수도 없이 많은 종류의 특별한 장례식 형태를 제시하고 있다. 자신이 평생 해 왔던 취미를 이용한 방법부터 시작해서, 해 보고 싶었으나 능력이 없어 못 했던 각종 것들을 해 달라는 요청에 장의사들은 정말 별별 기발한 장례식 예를 준비하고 있다. 물론 예시에 없는 어떤 것도 해 줄 수 있다고 장의사들은 장담한다. 장의사가 이제는 축제나 이벤트 회사 같은 일을 하고 있다. 하긴 죽음이 축제가 되면 그 얼마나 즐거운 일이겠는가?

최근 영국 신문에 보도되었던 가장 기발한 장례식은 고인이 자주 가던 성인클럽의 댄서들이 장례식장에서 비키니를 입고 폴댄스 공연을 해서 조문객들을 기절초풍하게 하는 동시에 즐겁게 한 일이다. 이는 고인이 생전에 이미 클럽 측에도 돈을 주고 부탁을 해 놓았고, 특정 댄서와 음악도 직접 골라 놓았다. 또, 스카이 다이빙을 취미로 하던 고인이 스카이 다이빙을 하던 중 낙하산이 펴지지 않아 사망했음에도 불구하고, 고인의 골분을 클럽 친구 여러 명이 같이 들고 스카이 다이빙으로 내려와 밑에서 기다리던 유가족에게 전하는 방식으로 장례식을 치른 일도 있었다. 고인이 평소에 자신의 장례식은 어떤 경우에도 이런 식으로 했으면 한다고 말을 해서 비록 비극적인

런던 하이게이트 공동묘지에 자리한 말콤 맥라렌의 무덤. 이 묘지에는 《자본론》으로 공산주의의 아버지가 된 카를 마르크스의 무덤도 있다. 영국 공동묘지에 가면 영국인의 역사가 보인다.

죽음을 맞았지만 고인의 뜻에 따라 치른 것이다. 빛나고 행복한 장례식이었다.

1970년대 세계를 휩쓴 펑크록 밴드 섹스 피스톨스를 창단한 말콤 맥라렌은 2010년에 세상을 떠났다. 당시 영국 최고의 대중 공연 예술인이었던 그는 자신의 장례식을 시대의 풍운아답게 준비해서 지금까지도 유명하다. 런던 북부 중심가를 고인이 한창 활동하던 70년대 유행의 히피스러운 장례 마차가 가고 그 뒤를 200여 명의 댄서들이 밴드 연주에 노래를 부르면서 따랐다. 장례가 치러지는 동안 인근 교통이 마비되고, 군중들이 몰려들어 댄서들을 따라 가면서 춤추고 노래하는 축제가 벌어졌다. 바로 그런 떠들썩하고 축제 같은 장례식을 멕라렌이 원했다. 자신은 남들처럼 조용히 잊혀지지 않겠다는 뜻이다. 맥라렌은 부모를 일찍 잃어 "못되게 구는 일이 좋은 일이다. 착하게 살면 정말로 지겨운 일이다(To be bad is good because to be good is simply boring)"라고 하는, 당시로는 대단한 할머니 손에 큰 덕분에 맥라렌은 정말 특이한 인물이 되었다. 결국 그의 묘비명도 '얌전한 성공보다는 장관을 이루는 실패가 낫다(Better a spectacular failure, than a benign success)'이다. 맥라렌이 생애의 마지막 12년을 같이 보낸 여인이 미국교포 한국인 영 김이라는 사실도 흥미롭다.

장의차의 경우, 기존의 승용차를 중간에 늘인 검고 긴 대형 자동차와 말이 끄는 검은색 마차도 아직 많이 쓰지만 이제는 다양한 차량들이 등장한다. 생전에 고인이 타고 가족들과 같이 캠핑을 다니던 캠퍼 밴을 비롯해 자신의 농장에서 쓰던 픽업트럭, 농기구차 또는 자신이 몰던 런던 시내 이층 버스, 심지어 청소부는 자신이 타고 다니던 청소차에 실려 가기를 원해 그걸 사용했다고도 장의사 웹페이지에 나온다.

사람의 삶에서 가장 확실한 일은 모두 언젠가는 반드시 죽는다는 사실이다. 누구도 죽음을 피할 수 없고 피하려고 해도 허사다. 노년에 잘 죽는 일을 우리는 보통 웰다잉well-dying이라고 한다. 그러나 그 말에는 죽음에 끌려가는 듯한 느낌이 있다. 나는 그래서 웰엔딩well-ending이라는 단어를 쓰자고 권한다. 이왕이면 죽음에 수동적으로 끌려가지 말고, 죽음에 능동적으로 "죽음아, 와라! 난 준비되어 있어!"라고 맞닥뜨려 보자는 뜻이다. 죽음을 대면하는 연습으로 유언을 써 보는 일이나 가족들에게 마지막 편지를 써 보는 일, 그리고 관 안에 오랜 시간 누워 보는 경험 등은 많이 해 보는 일이다. 그러나 차라리 그보다는 자신의 묫자리를 봐 놓고 수의도 먼저 장만해 놓던 우리 어른들처럼 자신의 죽음에 대한 대비를 미리미리 해 놓자고 권한다. 자신이 원하는 장례식과 묘비명, 입고 갈 옷까지 골라 놓고 장례식 음악도 선정하고 아예 장례비까지 내 놓고.

영국인들은 중년을 지나면 재산이 많든 적든 누구나 변호사를 통해 유언을 작성한다. 영국법에는 유언이 없으면 고인과 연관되는 모든 이를 찾는 작업을 해야 한다. 그래서 해외 토픽을 보면 듣도 보도 못한 먼 친척의 엄청난 재산이 돌아오는 일이 생긴다. 그런 일은 오래 걸리고 돈도 많이 든다. 남은 가족을 힘들게 하지 않으려면 미리 변호사를 통해서 유서를 만들어 놓아야 한다.

그리고 영국인들은 이런 식의 맞춤 장례식을 위해 자신의 장례식 비용 보험을 일찍부터 들어 놓는다. 영국은 장례식에는 부조를 하지 않기에 자신의 장례식 때문에 생기는 가족의 경제적 부담을 덜어 주려고 고인이 미리 자신의 장례식 보험을 들어 놓기도 한다. 이렇게 영국인들은 자신의 죽음을 쿨하게 받아들여 자신도 스마트한 장례식을 받고 초연하게 세상을 뜬다.

사라져가는 우리의 정체성

한국인들은 언제부턴가 통과 의례에 너무나도 인색해져 한국인으로서의 정체성을 잃어가고 있어 안타깝다. 요즘 50대부터는 들어 보지도 못한 말이겠지만, 한때 식량이 떨어지는 보릿고개를 못 넘겨 절량농가絶糧農家라는 단어가 봄이면 신문에 매일 나던 시절이 있었다. 정말 못살던 그 시절 허례허식虛禮虛飾을 없애려 만든 가정의례준칙이 아직도 펄펄 살아 우리 의식구조에 남아 있는 듯하다. '돈 들고 귀찮은 건 모두 없애!'라고.

인간의 삶에서 의례는 양파와 같다. 불편하다고 귀찮다고 하나하나씩 없애다 보면 결국에는 양파처럼 우리들의 인생에는 남는 게 하나도 없어진다. 아이 백일도 없어지고, 첫돌, 회갑, 칠순, 팔순 모두 폐가 된다고 없애고, 제사도 귀찮다고 없앤다. 결혼식의 즐거움 중 하나이던 신랑 친구들의 함진아비, 처갓집 동네 청년들의 새신랑 발바닥 때리기, 신혼 집들이, 새집 사서 자랑하려고 하던 집들이같이 사람 냄새가 나는 모든 의례는 이제 정말 조선 시대 이야기마냥 아득해졌다.

거기에 옛날 상갓집의 유족들의 벗이 돼 주던 친척, 친구들의 밤새기마저 없어져 밤이 되면 유족들만 유난히 휑한 빈소를 외롭게 지키는 정말 서글픈 세상이 되어 버렸다. 거기에 구성진 향도의 '이제 가면 언제 오나'라던 구슬픈 상엿소리를 따라 상여꾼들이 끄는 꽃상여에 실려가던 고인의 마지막 길은 영화에서나 보는 일이 되어 버리고 말았다. 하긴 우리는 우리 옷을 한복이라 이름 지어 명절 때나 입는 옷으로 만들어 버렸으니 더 말 할 필요가 뭐 있겠나?

4장

홍차와 부동산이
만나는 사회

영국인은 제대로 된 차(Proper tea)와
부동산(Property)을 가장 중요시한다.

폭등하는 부동산과
싸우는 방법

'영국인의 집은 그의 성이다(An Englishman's home is his castle)'
라는 유명한 말이 있다. 영국인의 인성과 삶의 철학을 논할 때면 절
대 빠지지 않고 등장하는 격언이다. 이어지는 설명은 이렇다. '집이
란 한 인간에게 있어 피난처이고 안가安家이다(A home is the place
of refuge and safety for a person).' 여기서 집을 이르는 영어 단어
'home'은 집을 뜻하기도 하지만 가정도 된다. 물리적인 피난처와 안
가이기도 하지만 심정적인, 그리고 정신적인 피난처와 안가라는 뜻
이기도 하다. 결국 다른 뜻으로 보면 집이란 사생활privacy과 안전
security을 보장받는 곳이라는 말이다. 그래서 영국인은 정말 집을 중
요하게 여긴다.

차와 부동산을 가장 중요시하는 민족

영국인을 이르는 농담 같은 진담은 '영국인은 제대로 된 차proper tea와 부동산property을 가장 중요시한다'이다. '제대로 된 차'와 '부동산'의 영어 발음이 '프로퍼티'로 우연히 같다는 걸 유의해서 보면 깊은 의미와 함께 말장난이 재미있다. 핵 전쟁이 났다는 소식을 듣고 피란 가기 전에도 차 한잔을 하는 게 영국인이다. 갑자기 청천벽력 같은 이혼을 선언하는 남편과 대화를 하기 전에도 영국인들은 차 한잔 끓이기 위해 주전자를 올린다는 말도 있다. 전쟁 중에도 티타임을 위해 휴전을 한 민족이니 제대로 된 차와 자신들의 성城인 부동산이 삶에서 가장 중요한 두 가지라는 말은 전혀 이상하지 않다.

그래서 영국인의 자가보유율은 주변 유럽 국가들에 비해 상대적으로 높다. 53개국 중 영국의 자가보유율 65.2%는 43위로 하위권

영국에서 가장 아름답다는 코츠월드의 버튼 온 더 워터 마을.
영국의 전통 가옥과 영국인들의 망중한이 눈에 띈다.

©권석하

이지만 그래도 바로 아래 44위인 프랑스(65.1%)보다 살짝 높고, 끝에서 세 번째인 51위 독일(51.5%)에 비하면 상당히 높은 편이다. 서구 유럽 국가 중 가장 높은 25위의 스페인(76.2%)과 36위 아일랜드(70.3%)와 비교하면 놀라울 정도로 낮긴 하지만 말이다. 영국 자가보유율은 유럽 평균 67%에는 거의 근접하지만 그래도 평균 이하이다. 이는 53개국 중 1위인 루마니아(95.8%), 헝가리(91.7%), 슬로바키아(91.3%) 등 구 사회주의 국가들이 주택을 거의 무상으로 지급하다시피하면서 평균 자가보유율을 높여 놓은 탓이다. 사실 독일인과 프랑스인들은 굳이 자신이 사는 주택에 거액의 돈을 묶어 둠을 어리석다고 여긴다. 차라리 그 돈으로 인생을 즐기면서 사는 방법이 훨씬 더 현명하다고 생각한다. 왜 평생을 주택융자를 갚는 일에 허비하는가 하고 말이다. 독일과 프랑스인들은 소유하지 않고 공공주택을 임대해서 사는걸 당연하다고 생각한다. 우리도 한번 곰곰이 따져 볼 일이다. 주택에들이는 돈으로 인생을 즐긴다? 나쁘지 않은 철학일 듯하다.

그렇다면 영·독·프 3국의 자가보유율이 낮다고 이들 국가의 주택 상황이 나쁠까? 그건 아니다. 굳이 자가 소유를 하지 않아도 여러 가지 제도로 인해 주거 상황이 나쁘지 않다. 이들 나라의 신혼부부는 굳이 거액이 드는 주택을 보유하지 않고 공공임대주택에 살면서 삶을 즐기는 경우가 많다. 특히 천정부지로 오른 주택값에 기가 죽어 아예 포기한 MZ세대들은 주택 구입이라는 엄청나게 무거운 짐을 지고 인생을 시작하기보다는 차라리 평생 보장되는 공공임대주택에 월세를 내고 가볍게 사는 걸 당연하다고 여긴다. 물론 집값이 젊은 부부들의 능력 밖에 있다는 실제적인 이유도 있긴 하지만.

영국인의 삶은 집에서 시작된다

그러나 중년 이상 중산층 영국인은 많이 다르다. 예로부터 삶의 시작을 주택 구입이라고 여겨왔다. 그래서 대다수의 중년 이상 중산층은 자가를 가지고 있다. 그들은 신혼 때부터 계획을 하고 주택융자를 받아 평생 주택 부금 상환을 해 왔다. 주택융자가 끝나는 날을 은퇴하는 날로 정했다. 결국 주택이라는 고리에 걸려 평생을 꼼짝 못하고 살았다는 표현도 영국인들은 가끔 한다.

그래서 나는 평소에 결혼을 신고하러 오는 주위의 젊은 청년들에게 악담 비슷한 덕담을 한다. 즉 "자네는 지금 자신이 남자로서 인생 종 치고 막 내리는 첫 단계에 들어가는 걸 자각하고 있기나 한가?"

런던 머스웰 힐에 위치한 영국 중산층의 전형적인 벽돌집. 런던 시내가 멀리 보인다.

라고 말이다. 즉 결혼이 첫 단계, 자식이 생기면 두 번째, 집을 사면 세 번째 단계에 들어가는데 이들 3단계의 족쇄에 발이 묶이면 옴짝달싹 못 하고 그냥 코가 꿰여 일만 하고 살아야 한다는 뜻이다. 결국 지금까지의 질풍노도 독신 시절은 끝을 맺고, 보다 진지하고 숙연한 마음 자세로 인생 설계를 잘해 안주하라는 선배로서의 진심의 충고다. 인생의 최고 기쁨인 결혼식을 앞에 둔 청년에게 인생의 선배로서 해줄 수 있는 악담이자 덕담이다.

그래서 영국인들은 전통적으로 집을 사면 인생 설계의 첫 단추를 끼웠다고 여긴다. 즉 국가가 권장하는 저리의 주택융자mortgage를 받아 집을 사서 안정을 취하면서 어른으로서의 삶을 시작한다. 그리고는 자식 낳고 평생에 걸쳐 융자금을 갚아 나간다. 앞서 말했듯, 융자금 상환이 끝나는 날을 보통 자신이 원하는 은퇴 날로 정한다. 융자금을 다 갚은 주택과, 융자상환금과 같이 부은 개인연금, 그리고 국가연금으로 노후를 영위해 간다. 거기다가 좋은 직장을 다녀 직장연금이 나오면 금상첨화이다.

그래서 영국인에게는 직장이 문을 닫는다든지 해고를 당해 융자금을 내준 금융회사에 주택을 뺏기면 그때부터는 인생이 고달파진다. 물론 그렇더라도 장기간 재취직을 못한 최악의 상황에 처한 가정에는 국가가 공공주택을 임대해 주기에 가족들이 길바닥으로 나앉을 일은 없다. 최저 생활비도 국가가 주기 때문에 굶을 일도 없긴 하다.

하지만 결코 이전 삶의 수준으로 돌아가기는 불가능해진다. 그래서 영국인에게 실업은 지금까지의 모든 걸 잃고 새로운 삶을 시작해야 하는 상황을 의미한다. 해서 영국인들은 직장에서 쫓겨나지 않기 위해 정말 체제 순응의 성향을 갖는다. 영국인 특유의 보수성도 이래서 나타난다고 영국을 잘 아는 사람들은 말한다. 영국인들에게 국가가 보장해 주는 권리라면 권리고 복지라면 복지인 네 가지가 있다. '배 고프지 않을 권리, 지붕을 가질 권리, 아프지 않을 권리, 배울 권리' 말이다. 영국인들은 이를 국가가 주는 혜택이라고 여기지 않고 하늘 이 내려 주는 당연한 천부天賦의 권리라고 믿는다. 이는 누구에게나 해당된다. 특히 그늘진 곳에 있는 저소득층을 보살피는 제도는 정말 알뜰하게 모든 것을 보장해 준다. 다 찾지 못해 못 챙겨 먹는다는 말 이 나올 정도이다.   이렇게 영국인들은 사회 보장 제도의 안전망이 저 밑바닥 바로 위에 쳐져 있어 인간 이하의 나락으로 최소한 떨어 지지는 않는다. 그래서 진지하고 엄숙해 보이고 좀 비관적인 모습의 영국인은 사실 보기보다는 낙천적이다. 나락으로 떨어질 일이 없기 때문이다.

　사실 결혼한 영국의 젊은 신혼부부가 주택을 마련하는 일은 과거 에는 큰일이 아니었다. 그래서 결혼을 하면 집을 사는 게 당연한 일 로 여겨졌다. 부부 합계 3년치 연봉에 해당하는 주택융자금을 얻는 일은 정말 자연스러운 권리였다. 그러나 미국에서 시작해 세계인의 삶을 영원히 바꿔 버린 서브프라임 모기지 사태 이후 영국인의 삶도 엄청나게 바뀌었다. 당해 국가 소유가 된 은행부터 문을 닫은 은행까지 해서 영국 금융계 지형이 엄청나게 바뀐 탓이다. 사태 이후 주택 구입 자금 대출심사 과정에서 연봉은 참고사항이고 상환 능력이 더 중요한 요건이 되었다. 연봉으로 생활하고 융자금을 정상적으로 갚아 나갈 수 있는지를 더 따진 셈이다.

안정된 사회라는 자부심이 깨지다

거기다가 집값이 부동산 가격 상승으로 엄청나게 비싸졌다. 그뿐 아니라, 과거에는 연봉만 높으면 집값의 100%까지 융자도 가능했지만 지금은 주택 시가의 90%를 얻기도 엄청나게 힘들어졌고 심지어는 70%만 융자해 주는 경우도 많아졌다. 결국 나머지 30%의 현금을 마련해야 하는데 신혼부부가 그 금액을 가지고 결혼하는 경우는 거의 없다. 그래서 이제 영국의 신혼부부도 자신들만의 힘으로는 집을 사기가 하늘의 별 따기처럼 되어 버렸다. 영국 사회를 안정된 사회라고 자부하던 근거였던 신혼부부의 주택 구입이 요원한 희망사항이 되어 버린 셈이다. 이것이 사회적인 불안과 젊은이들의 불만 요인이 되고 있다. 신혼부부가 3년치 연봉을 합친 금액을 저리 융자 받아 집을 사고 아이들을 놓고 키우면서 평생 융자금을 갚아 나가는 일이 안정된 영국을 만든 가장 큰 요인이라고 여겼는데 이제는 불가능한 일이 되어 버렸다.

이해를 돕기 위해 런던 집값과 영국인의 평균 연봉을 비교해 보자. 1986년 런던의 평균 집값은 5만 5000파운드(약 8800만 원)였고 영국인 평균 연봉은 1만 2168파운드(약 1946만 원)였다. 3년치 부부 연봉 합계면 7만 3000파운드(약 1억 1681만 원)이니 런던 평균 집값의 90%인 4만 9500파운드(약 7920만 원)에는 넘치고도 남는 금액이었다. 그래서 평범한 영국 젊은 부부는 자신의 집을 갖고 자식 낳고 인생 설계를 할 수 있었다. 세를 살면서 매년 돌아오는 이사 걱정과 인상되는 월세(영국은 전세가 없다) 마련 걱정을 할 필요가 없었다. 주택 자금 마련을 위해 허리띠를 졸라매고 영혼까지 끌어들인다는 한국의 '영끌' 고통이나 걱정 없이 삶을 시작할 수 있었다. 그리고 직장 생활을 착실하게 하면서 융자를 다 갚는 그날을 은퇴 날로 정해 놓았다. 영국인은 그렇게 은퇴 40년 전에 이미 미래를 설계해서 생을 시작하는 것이 당연하다고 여겼다. 그래서 영국이 안정된 사회라고 영국인들은 자부했다.

하지만 이것도 옛말이 돼 버렸다. 과거에는 집값이 급격하게 오르내리지 않고 안정되어 있었다. 대처 정부 이후 중앙정부와 지방자치단체들의 재정악화로 공공주택을 원활하게 공급하지 못하고 경제불황으로 민간회사들의 주택공급도 줄어들자 집값이 천정부지로 오르기 시작했다. 그 결과, 1986년으로부터 28년 뒤인 2014년의 런던 평균 집값은 49만 2000파운드(약 8억 1180만 원)로 거의 9배가 올랐다. 거기에 비해 평균 임금은 2만 7215파운드(약 4490만 원)로 겨우 2.46배

올랐으니 얼마나 소득과 집값의 불균형이 극심해졌는지 알 수 있다.

결국 런던에 직장을 가진 영국 젊은 부부가 이제는 런던 시내에 도저히 집을 살 수가 없게 되었다. 시내 월세 주택에 살거나 출퇴근에 한두 시간 걸리는 근교로 나갈 수밖에 없다. 어떻게 보면 현재 젊은 세대들은 미래에도 자가주택을 가질 전망이 상당히 희박하다고밖에 볼 수 없다. 2014년에 비해 최근에는 상황이 더 심각해졌다. 2020년 런던 시내 원룸 아파트는 시세가 무려 35만 파운드(약 5억 6000만 원)에 이른다. 일반 월급쟁이 독신자들은 런던 시내는 고사하고 런던 근교에 집을 사는 것도 언감생심이다.

2020년 런던의 주택 가격은 평균 66만 6842파운드(약 10억 6669만 원)이고 평균 연봉은 3만 1361파운드(약 5017만 원)에 불과해 21년의 연봉을 먹고 입지도 않고 몽땅 모아도 살까말까 하는 하늘의 집이 되어 버리고 말았다. 2014년에 비해 6년간 집값은 27%나 올랐는데 임금은 14%만 올랐다. 월급과 집값의 비율 계산이 문제가 아니다. 집값의 절대 금액인 66만 파운드 자체가 영국 젊은 부부로서는 도저히 꿈도 꿔 볼 수 없는 높은 산이 되어 버렸다. 그래서 이제 영국인들에게 런던은 외국인이나 사는 도시가 되어 버렸다. 과반수의 주택이 외국인 소유라는 말까지 나온다. 실제 런던 주민의 37%가 외국에서 출생했고, 상업 건물이 아닌 주택의 51%가 외국인 소유라는 통계로 봐서 이는 절대 과장된 말이 아니다.

지방이라고 사정이 별로 낮지도 않다. 영국 전국 평균 집값이 25만 6000파운드(약 4억 960만 원)이니 영국인 평균 임금 3만 1361파운드에 비하면 8배나 많다. 두 부부의 3년치 연봉(약 18만 8166파운드)으로도 모자란다. 금액상으로 보면 73%이니 아직은 단순한 숫자 상으로만 보면 자가 소유의 희망이 완전히 사라졌다고는 말할 수 없는 듯하나 실상을 보면 아니다. 평균 금액인 25만 파운드로 살 수 있는 집은 직장이 인근에 없는 은퇴한 노인들이나 사는 시골·산골 집들이기 때문이다. 영국 주택 평균 가격은 이런 시골 마을 주택값까지 전부 포함한 평균치여서다.

그래서 런던도 아닌 지방 대도시 주택 구입도 신혼부부에게는 먼 나라 이야기이다. 다행히도 영국 지방 소도시나 시골은 집값이 대도시에 비해 상당히 저렴하고 자녀 교육 환경과 문화 향유 조건들이 현격하게 차이가 나지 않는다. 그런 덕분에 대도시 집값 상승 덕분에 대

영국 옥스퍼드 근교 시골 마을의 초가집.
이런 초가집들이 같은 크기의 보통 가옥들보다 30%는 더 비싸다.

©권석하

도시 집중 현상이 줄어든 이유로 그나마 긍정적인 효과가 나타나긴 했다. 시골에는 직장이 드물어 문제이긴 하다. 그래도 인터넷과 교통, 수송의 발달로 개인의 온라인 스타트업 비지니스가 가능해지고, 직장들도 재택근무를 대거 허용하는 덕분에 시골에는 아이를 가진 젊은 부부들과 청년들이 많아 영국 사회는 사실 좀 희망적이긴 하다.

대도시 노동자들을 위한 소셜하우징

그렇다면 영국 대도시에서는 서민들이 전혀 살지 못하느냐는 의문이 든다. 다행히 답은 '아니다'이다. 천정부지로 주택 가격이 오르는 런던에도 서민들이 살고 있다. 그들이 없으면 도시가 전혀 움직이지 않는 필수 핵심 노동자key workers(키워커)들과 국가의 보호가 필요한 각종 서민들을 위한 '소셜하우징social housing'이라는 일종의 공공지원주택이 곳곳에 산재해 있기 때문이다. 경찰, 청소부, 소방관, 간호사, 교사, 버스 기사들이 바로 공공 부문의 필수 핵심 노동자들이다. 런던 같은 대도시에 그들이 살 주택이 없으면 도시는 굴러갈 수가 없다. 그렇다고 이들을 고액의 임금으로 유인하거나 두세 시간을 들여 출퇴근하라고 할 수도 없다. 결국 대도시 지방정부들은 자체 재정으로 공공목적의 주택을 시내 요지에 짓는다. 영국 대도시 중심 주택지에 고층으로 올라가 있는 아파트들은 대개가 이들을 위한 공공주택이다.

영국에는 지방정부의 정치적 성향에 따라 정도의 차이는 있지만 전국 어느 곳이나 공공지원주택이 적당하게 산재해 있다. 공공지원주택은 주로 지방정부가 투자해서 짓는다. 하지만 주택 개발 민간회사들이 주택단지를 지을 때도 일정 비율의 공공주택을 반드시 포함해야 한다. 영국에는 고급 주택지 안이나 바로 옆에 서민 주택이 일정 비율로 존재한다. 도시란 빈부가 적당하게 섞여 있어야 원활하게 돌아갈 수 있다는 도시공학 철학 때문이다. 그래서 영국 대도시들은 특별히 지독한 슬럼이 없다. 그 이유가 바로 영국 특유의 도시개발 정책 때문이다. 공공지원주택 입주 대상은 '핵심 노동자'뿐만이 아니다. 다자녀 저소득 가정과 장애인, 미혼모 혹은 이혼모 같은 사회의 도움을 필요로 하는 서민들도 대상이 된다.

영국인의 삶이 각박하지 않고 어떤 경우에도 끝을 모르는 바닥으로 떨어지지 않는 이유는 이런 식의 공공주택 같은 사회보장 안전망이 있어서다. 또 영국인이 보기보다 삶에 긍정적이고 낙천적인 이유는 바로 이런 국가와 사회의 보살핌 때문이다. 영구임대주택은 물론 단기대여주택, 혹은 저가의 월세를 받고 대여해 주는 일종의 배려주택affordable house등 다양한 형태의 공공주택이 서민들의 삶에 도움을 주고 있다. 현재 영국에 존재하는 총 주택의 17%가 이런 목적의 공공주택이다. 물론 각종 공공주택은 국가와 지방정부의 재정에 엄청난 부담이 된다. 하지만 영국인들은 이를 국가 유지를 위한 당연하고 자연스러운 원가原價라고 여긴다. 이렇게 해서 영국의 자가보유율 65.2%와 공공주택 17%가 합쳐지면 82%에 해당하는 영국인이 자기 집에서 안정된 삶을 살아간다.

개발자와 소유권을 나누는 공동소유제

그렇다면 공공주택의 혜택을 받지 못하는 일반적인 젊은이들은 어떻게 대도시에서 살아갈까? 요즘 영국 젊은이나 신혼부부의 주택 구입 방도를 알아보자. 영국은 전세 개념이 없다. 자가 소유 아니면 월세이다. 사실 한국의 전세는 세계 어디에 내놓아도 자랑할 만한 제도이다. 자신의 집을 사기에는 돈이 모자라고 그렇다고 월세는 부담이 될 때 전세는 자가 구입을 하기 전 중간에 거쳐가는 쉼터가 될 수 있다. 거기다가 전세자금은 나중에 주택 구입 자금의 종잣돈이 될 수 있다. 그러나 문제도 있다. 전세 계약 갱신 때 오르기 마련인 전세금 인상 금액은 보통의 월급쟁이들이 생활하고 남는 돈으로 모아서 충당할 수 있는 수준이 아니다. 거기다가 집값은 나날이 오르고 있어 자가가 없는 젊은이들은 절망에 빠질 수밖에 없다.

영국의 경우도 마찬가지다. 월세를 사는 젊은이들은 매년 오르는 월세는 물론 끝을 모르고 오르는 대도시 주택 가격에 결국 자가 소유의 꿈에서 점점 멀어져 절망하고 있다. 주택을 살 수 있는 자금도 지금 없고 필요한 주택용자금마저 구할 수 없다. 그렇다고 공공주택을 지방정부에 신청해서 받을 수 있는 저소득자나 미혼모 같은 신분도 아니다. 이런 문제를 풀어 줄 마법의 제도가 여러 가지 있는데 그 중에서 가장 쉽고 인기 있는 제도가 바로 '공동 소유'라고 번역해야 할 '셰어드 오너십 스킴shared ownership scheme'이라는 제도이다. 주로 지방정부가 주도하고 주택 개발 민간회사들도 참여하는 제도로, 주택의 소유를 구입자의 경제능력에 맞추어 정할 수 있다. 예를 들면 50만 파운드의 주택을 한 개인이 10만 파운드를 내고 사면 주택의 20%를 소유할 수 있다. 나머지 80%는 개발자가 갖는다. 월세를 내긴 하지만 시중의 월세보다는 낮은 수준이다, 나중에 개인이 주택을 팔면 주택 금액의 20%만 받고 나가면 된다. 월세를 사는 수준이지만 매년 오르는 집값에 조금은 안심하고 희망을 주는 제도이다. 주거자가 팔자고 하기 전에는 개발자가 여하한 경우에도 팔 수 없다. 물론 전체 주택 가격의 80%에 해당하는 월세 개념의 부담금은 지불해야 한다. 이 제도를 이용하면 돈이 모자라도 주택을 소유해서 안정되게 살 수 있고, 오르는 집값만큼의 이익도 볼 수 있다. 돈이 더 모아지면 언제든지 금액을 더 지불하고 비율을 더 올릴 수 있다. 이사를 가게 되면 시가에 맞춰 자신의 비율만큼 금액을 받고 나올 수 있다.

주택 첫 구입자를 위한 보조금

다른 제도들도 있는데 대개 주택 첫 구입자first time home buyer를 위한 '헬프 투 바이help to buy'라는 자가 구입 보조 제도이다. 지금은 제도가 바뀌었지만 청년들이 주택 구입을 위해 예금을 하면 일정 비율의 금액을 정부가 보조해 주는 제도이다. 예를 들면 첫 주택 구입자가 매달 200파운드 이상을 예금하면 정부가 나중에 집을 살 때 예금의 25%를 보너스로 지불해 준다. 물론 금액이 3000파운드(약 450만 원)를 넘어가지는 않지만 영국 젊은이들이 주택 구입에서 가장 어려워하는 자기부담금deposit을 도와주기 위한 제도이다. 비록 큰돈은 아니지만 첫 구입 주택이 대개 20만 파운드 안팎이라 자기부담금이 2만파운드를 넘지 않는 상황에서 3000파운드는 거의 15%에 해당하는 금액이다. 젊은이들이 절망하면서 포기하지 말고 장래를 위해 조금씩이라도 저축하고 희망을 가지라고 돕기 위해 만든 제도이다.

영국도 이제 주택 가격의 100%를 융자해 주지 않는다. 자기부담금이 크면 클수록 주택 구입 자금 융자가 쉬워진다. 대개 주택 감정가액의 70~90%만 융자해 준다. 나머지는 예금이나 다른 도움을 받아야 한다. 그러나 영국 부모들은 자신도 여유가 없기에 자식들의 주택 구입 자기부담금을 도와주는 경우가 거의 없다고 봐야 한다. 그렇다고 이제 100세 시대에 부모 주택을 물려받을 희망도 없다. 해서 영국 젊은 부부는 그런 걸 당연하다고 여기고 누구도 부모를 원망하지 않는다. 결국 영국 젊은이들은 자신의 삶을 스스로 악을 쓰면서 개척해 나가야 한다. 그래서 영국 젊은이들도 한국 젊은이들 못지않게 고달프다.

영국은 주민등록 제도가 없기 때문에
국민의 자발적인 신고에 의해서만 국가의 관리가 이루어진다.

주민등록증이 없는
나라

영국에는 신분증이나 주민등록 제도가 없다. 한국에서는 사회 안위에 필요하다는 이유로 인해 그 누구도 당위성에 대해 감히 도전을 하지 않는 대단한 제도들인데도 불구하고 말이다. 국가가 국민의 주거를 관리하지 않는다면 무슨 그런 국가가 있는가 하겠지만 영국이 그런 국가다. 영국인은 세상에 태어나서 죽을 때까지 관공서를 방문해 신고해야 할 일이 세 번밖에 없다는 말이 있다. 바로 출생신고, 혼인신고, 사망신고이다. 이 중 혼인신고는 해도 그만 안 해도 그만이니 두 번뿐일 수도 있다. 그러니 반드시 해야 할 출생신고를 하고 나면 사망신고가 들어올 때까지 이론상으로 국가는 국민이 어디에 사는지 공식적으로 알 수 있는 제도상의 방법이 없다. 이사를 해도 주민등록이 없으니 관공서에 주거 이전 신고를 해야 할 의무조차 없다. 물론 소유 차량, 운전면허, 은행 계좌, 신용카드, 가스, 전기, 전화 관련 주소 이전 신고는 최소한으로 한다. 이는 자신의 필요에 의해 하는 것이지, 국가가 요구해서 하는 신고는 아니다. 한국에서는 도저히 이해가 가지 않을 일이다. 하지만 영국은 국가가 나서서 국민이 어디에 사는지 알 필요가 없다는 식의 제도를 무언의 국민적 합의에 의해 애써 유지해 간다. 이제 그 이유를 하나하나 풀어 가 보자.

대학을 진학하거나 취직해 집을 나가면서 살던 집 주소로 등록된 모든 서류를 굳이 새 주소로 옮기고 싶지 않은 사람들이 있다. 그럴 경우 영국에서는 우체국에 '바뀐 주소지로 우편물 자동 우송 서비스 mail redirection service'를 신청한 후 소액의 수수료(1년에 11만 원)를 내면 내가 원하는 주소에서 우편물을 받아볼 수 있다. 이 서비스에는 기간 제한이 없다. 물론 부작용도 있다. 이미 오래전에 이사 간 전 주인이나 방 하나에 세를 들어 살던 세입자, 심지어는 내 주소와 아무런 연관도 없는 나도 모르는 누군가가 내 집 주소를 이용해 뭔가를 하고 이 서비스를 이용하면 나는 영원히 그 사실을 모를 수도 있다. 그래서 영국에는 누군가가 내 주소를 이용해 대출을 받은 뒤 갚지 않아 신용불량자가 되면 나하고는 아무런 연관이 없는데도 불구하고 상당한 불이익을 받게 되는 이상한 일도 벌어진다.

영국에서는 대출 또는 신용카드나 금융 관련 신청 서류에서 제일 먼저 물어보는 항목이 바로 '현주소에서 몇 년을 살았느냐'이다. 대개 3년 이하면 이전 주소가 어디였는지를 상세하게 세월을 거슬러 적으라고 요구한다. 주소를 자주 옮기면 신용평가에서 감점 요인이 된다. 이런 모든 문제가 바로 국가가 국민의 주거 이전 사항을 관리하지 않기 때문에 생기는 일이다. 다시 말하면 국민이 주거 이전을 한 후 신고하는 주민등록이라는 제도가 없기 때문에 생기는 문제이다. 결국 영국인에게 국가란 그냥 도둑이나 지키는 야경夜警국가로 남아야지, 국민의 신상을 알려고 해서는 안 되는 존재이다. 조지 오웰이 소설《1984》에서 경고한 '국가가 국민을 통제하는 디스토피아'가 혹시 현실에서 일어날지 모른다는 그런 노이로제에 걸린 듯한 모습이다.

나를 증명할 방법이 없다

영국은 주거 이전 사항을 관리하지 않을 뿐만 아니라, 국민 개개인의 사진도 국가가 수집하지 않는다. 하물며 개인 지문은 범죄자가 아니면 어떤 경우에도 채취하지 않는다. 그래서 오히려 영국인은 자신을 증명하기가 상당히 어렵고 불편하다. 반드시 사진이 붙어야 하는 여권이 있긴 하지만 두껍기 때문에 소지하고 다니기가 불편하다. 물론 1998년부터 발급해 주는 사진이 부착된 명함 크기의 운전면허증이 있어 신분증으로 대용하긴 한다. 하지만 아직도 사진이 없는 과거

종이 형태의 운전면허증을 고집하는 사람들도 있다. 여기서 '대용'이라는 말에 유의하자. 그냥 신분증으로 상호 인증한다는 뜻이지, 신분증은 아니라는 말이다. 우체국에서 내 이름으로 온 소포를 찾을 때 운전면허증이 대용이 되지만 분명 운전면허증은 신분증이 아니라는 말이다. 사실 운전면허증을 신청할 때, 누군가의 사진을 내 사진이라고 붙여서 신청해도 국가는 내 사진의 원본이 없으니 확인·대조할 수가 없다. 그래서 그냥 넘어가 다른 사람의 사진이 붙은 내 운전면허증이 발급된다. 기막힌 사실이지만 분명 현실이다.

그런 이유로 보면 여권 신청할 때 제출하는 사진도 신청자 본인임을 증명할 마땅한 방법이 없다. 그래서 궁여지책으로 쓰는 방법이 있는데, 허술하기 그지없고 정말 기가 막힐 정도로 엉성한 방법이다. 다름 아니라 사진 뒤에 동네 유지가 '이 사람이 바로 여권 신청인 본인이다'라고 증명하면 끝이다. 동네 변호사, 회계사 같은 자격증 소유자나 공기관 인사, 심지어는 동네에서 가게를 열고 영업을 하는 나 같은 개인사업자도 사진에 본인 확인을 해 준 후 전화번호를 적고 서명만 하면 끝이다. 여권 신청자가 나쁜 마음을 먹고 가공의 동네 유지나 지나가다가 본 변호사 간판의 이름과 주소로 증명하고 자신의 전화번호를 적어서 신청해도 그만이다. 이론상으로는 사진 뒤에 적힌 전화번호로 여권 발급 당국의 담당자가 확인 전화가 올 수도 있다고는 하지만, 신청자 본인의 전화번호를 적어 놨으니 확인 전화에 그냥 '예스'라고 하면 그만이다. 그러나 나도 주위 친지 수십 명의 여권 신청서에 증명을 해 주었지만 한 번도 확인 전화를 받아 본 적이 없다. 자신의 전화번호를 적어도 사실 여권 당국은 맞는 번호인지 아닌지를 서류 접수를 하면서 알 방법이 없다. 그런데 이제는 이런 절차마저 없어졌다. 그냥 신청자 본인이 사진을 붙이면 끝이다. 아마도 당국도 내가 위에서 언급한 가능성을 알아 어차피 통제가 되지 않는다면 그냥 절차 없이 하자고 바꾼 듯하다. 이렇게 보면 이런 제도가 말이 되는가? 본인 사진이 붙은 주민등록이 있고, 그에 따른 신분증이 있으면 여권을 신청할 때도 본인 확인에 아무런 문제가 없을 터인데도 그렇게 하지 않는다.

주민등록이 없으니 여권 신청에 들어가는 서류도 한심하다. 본인의 주소지를 증명할 방법은 물론 없다. 신청서에 적는 주소지는 그냥 발급된 여권을 받을 주소지에 불과할 뿐이다. 심지어는 사서함 주소를 적어도 그만이다. 그래서 여권 신청에 반드시 필요한 서류가 출생등록서 정도다. 호적이나 주민등록 서류에 해당한다고 볼 수 있으나, 문제는 태어나자마자 신고해서 받는 출생등록서이니 사진이 당연히 없다는 점이다. 자식이 태어난 후 병원이 발급해 준 출생증명서로 출생신고를 하면 시청은 그 자리에서 출생등록서birth certificate를 발급해 준다. 출생등록서에는 생부의 이름과 출생지와 태어난 시일이 적혀 있다. 향후 영국인의 삶에서 자신을 증명할 수 있는 유일한 공적 서류이다.

그런데 문제는 유일한 공식 서류인 출생등록서로는 본인의 다른 인적 사항, 즉 생김새나 현주소를 증명할 수가 없다는 점이다. 그래서 범죄자들이 남의 이름을 도용해 여권을 만들고, 운전면허증도 만들어 여행도 하고, 신분증으로도 사용한다. 1973년에 영국 작가 프레더릭 포사이스의 동명 소설을 영화화한 〈자칼의 날〉에 보면 프랑스 우익 테러 단체의 사주를 받아 드골 대통령을 암살하려는 살인전문 청부업자 자칼이 위장 신분으로 여권 발급을 어떻게 받는지가 나온다. 공동묘지의 묘비에서 자신과 비슷한 시기에 태어났으나 바로 죽은 아이의 이름과 생년월일을 적어 동네 구청에서 출생증명서를 발급받는다. 죽은 아이 이름으로는 여권이 발급되었을 리가 없으니, 이중 발급 시도로 발각이 될 리가 없다는 점을 노렸다. 그러고는 그 출생증명서를 이용해 위의 방법으로 여권을 받아 프랑스로 잠입해 드골 대통령을 살해하려고 한다. 아직도 이런 방식은 사용 가능하다. 그래서 영국 신문에는 가끔 이런 맹점 때문에 멀쩡히 살아 있는 사람이 해외에서 사고로 사망했다는 기사가 나오거나 경찰로부터 통보가 와 본인이나 가족이 기절초풍하는 사건이 종종 보도된다.

누구나 할 수 있는 영국의 투표

한국인 입장에서 기가 막히는 일은 이뿐만이 아니다. 각종 선거철이 되어 투표를 하러 가면, 투표장에서 투표용지를 받기 위해서 내가 누구라는 걸 증명하는 서류나 신분증을 보여 줄 필요가 없다. 거기에 더해 영국에서는 주소와 이름을 말하면 정말 묻지도 따지지도 않고 투표용지를 내준다. 투표통지표도 보자고 하지 않는다. 그래서 대리 투표나 부정투표가 얼마든지 가능하다. 사실 영국에서 처음으로 투표를 하러 간 날, 좀 과장하면 거의 기절초풍의 문화 충격을 받았다. 어떻게 민주주의의 가장 중요한 절차의 하나인 투표를 하는데 본인 확인도 하지 않고 투표에 참가하게 하는가 말이다. 과연 이런 제도의 맹점을 영국인은 모르는가, 아니면 알면서도 무슨 특별한 이유가 있어 애써 모르는 체하는 건가? 아니면 이래도 문제가 없다는 말인가?

국민이 와서 자신이 누구라고 하면 믿어야지, 관에서 감히 의심을 하고 신분을 확인하는 일은 월권이라는 믿음이 영국 사회에는 분명 있다. 그런데 문제는 그 사람이 영국 국민인지를 누가 아는가 말이다. 사실 엄격히 따지지 않아도 말이 안 된다. 그래도 아직도 영국에는 이런 제도가 존재한다. 그 사람이 본인이 아니라는 확실한 의심이 들 때에는 신분을 확인할 수 있다는 제도가 있긴 하지만, 그런 확인 절차가 있었다고 한번도 주위에서 들은 바가 없다. 정말 기가 막힐 노릇이다.

투표를 하기 위한 권리를 얻는 근원적인 절차는 더 황당하다. 영국에서 투표를 하기 위해서는 반드시 투표 등록vote register을 해야 한다. 법에 의해 투표권이 있다고 모두 투표할 수 있는 건 아니다. 법적인 권리가 있더라도 본인이 투표를 하겠다고 투표인 명부에 등재 신청을 해야 한다. 선거일이 다가오면 각 주소지로 투표 등재 신청을 하라는 서류가 우송되어 온다. 이 서류에 이름과 생년월일을 기재해 우송하면 된다. 별다른 부속서류가 필요하지도 않다. 여타 자세한 인적 사항이나 법적근거를 요구하지도 않는다. 그냥 아무런 이름이나 써서 내면 끝이다.

런던 근교 도시이자 한인촌 뉴몰던이 속한 킹스턴시 지방의회 선거 개표장의 풍경.

더 기가 막힌 일은 투표 등록 관청은 등록 서류의 기재 내용을 확인할 방법이 없으니 등록 서류의 기재 내용 그대로 투표인 명부에 등재하고 만다는 사실이다. 주민등록이 없으니 해당 기관은 등록서 기재 내용의 진위를 확인할 방도가 없어서이다. 그래서 투표 등록서는 문자 그대로 투표vote를 하겠다는 등록register이지 신청서 application가 아니다. 신청이란 해당 관청이 승인을 해야 한다는 전제로 하는 절차이다. 그러나 등록은 그냥 신청서에 쓴 대로 해당 관청이 등재한다는 말이다. 해당 주소로 간 서류에 누군가가 투표를 하겠다고 기재해서 보낸 것을 정말 묻지도 따지지도 않고 투표인 명부에 등록을 해 준다면 등록이 맞지 신청이 아니다. 그리고 그 서류에는 '당신은 영국 국적을 가지고 있습니까?'라는 항목이 있긴 하다. 그러나 그 항목의 진위 여부를 영국 기관이 절대 확인하지 않는다고

276

나는 장담한다. 투표권이 없는 외국인이 그냥 자신이 영국 국민이라고 적어서 신청했을 때, 아무런 확인 절차나 증빙 서류 없이 그냥 믿고 등록해 주어서 투표하게 만드는 일이 사리에 맞은 일인가? 국민을 잠재적 범죄자로 여겨 모든 행정 절차에 정말 물 한 방울 새어 나갈 틈이 없게 완벽한 제도를 요구하는 한국 관료들의 사고방식으로는 도저히 이해 못 할 일이다. 내 말이 틀리는가?

그래서 영국법에 의해 선거권이 없음에도 불구하고 오해를 했거나 혹은 장난으로 등록을 해도 투표인 명부에 등재가 되면 투표가 가능하다. 반대로 생년월일과 사진, 주소가 기재된 주민등록이 없으니 투표할 나이가 되어도 스스로 등록하지 않으면 정부에서 자동으로 투표권을 줄 수가 없다. 서류 만능의 한국적 사고방식으로는 도저히 납득되지 않을 일이다.

출입국 기록도 관리하지 않는다

이왕 말이 나온 김에 하나만 더 보자. 영국에서는 국가가 국민의 출입국도 관리하지 않는다. 영국인에게는 출입국 카드라는 제도가 아예 처음부터 없었다. 그 공항에서의 출입국 관리는 그냥 여권만 살펴보는 절차이다. 여기서 '그냥 본다'는 말은 문자 그대로 보기만 하지 어떤 기록이 남는 건 아니다. 과거부터 지금도 외국인은 영국에

입국할 때 입국카드를 쓴다. 물론 한국 여권은 이제 자동 게이트를 통해 입국하는 특혜를 받고 있지만, 과거에는 입국 카드를 써야 했다. 물론 영국인들은 그전에도 입출국 카드를 내지 않았다. 그냥 이민국 관리가 사진과 얼굴만 대조해 보면 그만이었다. 그래서 영국 정부는 자국민이 외국에 나가 사는지 아니면 국내에 있는지를 알 수 있는 공식적인 방법이 없다.

요즘은 공항 출입국 관리들이 여권을 기계에 스캔하긴 한다. 그러나 이 절차도 여권의 진위 여부를 가리기 위함이지, 결코 여권 정보를 인식해서 국가 정보 시스템에 국민의 출입국 사실을 기록하기 위한 절차가 아니다. 지금은 전자 자동 게이트를 통해 입국을 하니 그 절차에 여권 스캐닝이 포함되어 영국 국민의 입출국 기록을 관리할 수 있다. 그러나 자동 게이트가 제대로 작동하지 않아 이민국 관리를 통해 입국한다면 분명 옛날처럼 그냥 보고 말 뿐, 입출국 기록을 수집하지 않을 것이다. 영국 정부는 그런 자료를 보관하려고 하지도 않을 거고 또 쓸모도 없으리라고 나는 분명 장담한다. 한국에서 걸핏하면 언급되는 '출입국 기록'이란 단어를 나는

런던 제2의 관문 게트윅 공항의 모습. 영국 정부는 국민의 출입국 기록을 파악하거나 보관하지 않는다.

영국에 살면서 한 번도 들어 본 일이 없기 때문이다. 그러고 보면 한국 건강보험공단 담당자 책상에서 내 입출국 기록이 금방 뜨는 걸 보고 소름이 끼친 적이 있다. 그때 조지 오웰이 쓴 소설《1984》에서 등장하는 디스토피아는 바로 한국이라는 사실을 느꼈다. 내가 만일 한국에 계속 살았다면 분명 그런 제도를 편하다고 생각하고, 이상하다고 여기지 않았을 터이다. 그렇게 보면 한국인은 어항에 살고 있다.

영국 정부는 영국 국민이 어디에 살고 언제 출국하고 입국하는지, 혹은 국내에 살고 있는지 해외에 살고 있는지를 원래부터 관리하지 않았다. 물론 항공사 기록을 통하면 국민의 출입국을 알 수 있긴 하다. 하지만 알 수 있다는 말이지 모두 안다는 뜻은 아니다. 영국 정부는 자국 국민의 출입국 상황이 전혀 궁금하지 않은가 보다.

하긴 최근에는 전자여권 제도가 도입되어 영국인들도 전자여권 출입국 통로로 지나면서 스캔과 안면 확인을 하는 절차가 생겼다. 이전에는 그냥 여권의 사진과 얼굴만 이민국 직원이 대조하는 정도였으니, 국가 기록상으로는 영국 정부가 자국민의 출입국을 관리하지 않았음이 분명하다. 물론 항공사 예약 기록을 통해 출입국을 관리한다는 말도 있긴 하지만 공식적으로 확인된 바는 없다. 이제 영국인들도 자동 전자 출입국 관리를 하니 영국 여권의 스캔 정보가 정부 정보 서버에 등록이 되는지는 모르겠다. 이 자동 전자 출입 제도에 한국 여권도 세계 10여 개 국가와 같이 포함되어 일일이 의심스러운 눈초리로 여권과 얼굴을 쳐다보는 이민국 관리 앞에서 설 필요는 더 이상 없어져서 좋기는 하다.

그렇다고 영국 정부가 마냥 맥을 놓고 자국민에 대한 일체의 관리를 하지 않는 건 아니라는 점이 흥미롭다. 영국 정부가 국민들로부터 일체의 서류를 받지 않고, 신고를 요구하지 않으면서도 국민의 주소 이전이나 주거지 파악을 할 수 있는 방법은 수도 없이 많다. 위에서 이미 이야기한대로 은행 구좌, 운전면허등록 등을 통해 알려면 다 파악이 된다. 영국인들답게 내세우면서 호들갑 떨거나 소란을 피우지 않을 뿐, 조용히 할 일은 다한다는 뜻이다. 조금 돌아가는 방법이긴 하나 국민을 관리한다는 인식을 주지 않고도 결국 관리할 건 다한다. 한국처럼 모든 국민의 주거 이전, 출입국 기록, 부동산 소유, 세금, 소득 같은 사항을 쓸데 없이 모두 실시간으로 파악하고 관리하기 위해 매년 공무원을 증원하는 식으로 행정력과 혈세만 낭비하지 않을 뿐 필요한 만큼만 한다.

국가에게 권력을 주지 않는 국민들

영국에도 주민등록이나 신분증이 전혀 없었던 건 아니다. 1, 2차 대전 중에는 신분증이 있었다. 그러다가 1차 대전이 끝난 직후인 1919년, 그리고 2차 대전이 종전된 후인 1952년 폐지되었다. 전쟁 중에는 필요에 의해 신분증을 도입했지만 전쟁이 끝나 정부가 국민의 신분을 군이 확인해야 할 필요성이 없어지자 즉시 폐지했다. 당시 폐지의 대의명분은 '신분 확인의 필요성이 없어졌다'는 것이었다. 하지만 사실은 영국인의 국가 권력에 대한 태생적이고 신경질적인 의심이 이유였다. 국가라는 비인격적인 존재에 자신을 통제할 권한을 주는 데 대한 반감이 워낙 높은 탓이다. 다시 한 번 말하지만 조지 오웰의 《1984》 소설이 2차 대전이 끝난 뒤인 1949년에 발간되었으니 그럴 개연성이 있다. 사실 소설이 발간될 때 당시 영국인들은 상당한 충격을 받았었다. TV가 발명된 지도 얼마 되지 않았고, 각 가정에 TV가 있지도 않던 시절이었다. 그 시점에 국가가 양방향의 희미한 거울 같은 금속판(소설에서는 그걸 텔레스크린이라고 불렀다)을 통해 개인의 일거수일투족을 감사한다고 하니 영국인들은 기절초풍을 했다. 더군다나 그 스크린은 끌 수도 없게 되어 있었으니 말이다. 소설 하나가 인간 삶에 지대한 영향을 미친 셈이다. 물론 《1984》의 힘 하나로 영국에서 신분증이 폐지된 건 아니지만 어찌 되었든 큰 영향을 준 건 사실이다.

그래서 국민 개개인이 어디에 사는지 언제 외국을 나갔다가 언제 돌아왔는지를 국가가 알 필요도 없고, 알려고 하지도 말고, 알아서도 안 된다는 무언의 합의가 영국인들 사이에 이루어져 있다. 그런 이유로 국가가 국민을 통제하기 위해서 신분증이니 주민등록이니 하는 제도를 만들게 허락하지 않는다.

영국의 역대 모든 정부가 한때는 신분증 제도를 도입하려고 시도했으나, 항상 의회에서 압도적 표차로 부결되곤 했다. 보수·진보 구분 없이 대다수 의원이 반대했다. 세계적인 테러 사태가 만연하는 요즘, 신분 통제의 가장 쉬운 방법인 신분증 제도를 도입하려는 유혹이 있을 만 한데도 한 번도 의회에서 먼저 신분증 필요성이 언급된 사례가 없다. 그만큼 영국인들이 신분증에 대한 반감이 높다는 뜻이고, 국가에 의한 통제를 싫어한다는 뜻이기도 하다. 그런 연유로 법의 그물망을 벗어난 문제 발생의 가능성이 설사 일부 있다고 하더라도 그걸 위해 주민등록 제도와 신분증 제도를 도입하지 않겠다는 뜻이다. 빈대 한 마리 잡겠다고 집에 불을 지르는 어리석은 짓은 안 하겠다는 믿음이다.

투표도 같은 맥락이다. 부정 투표의 가능성이 상당히 존재하는데도 불구하고 투표인 등록이나 투표 용지 배부 때 본인임을 확인할 수 있는 뚜렷한 방도를 마련하지 않는다. 그렇게 하나 둘씩 신분 확인 절차를 만들어 가다 보면 결국 국가가 국민을 통제하는 상황까지 가리라는 무언의 믿음과 합의가 영국 사회에는 분명 있다. 이 글을 쓰면서 영국 제도의 엉성함에 대해 의도적으로 도전하려고 내 영국인 친구들에게 물어봐도 그들은 내가 위에서 한 얘기처럼 '빈대 한 마리 잡겠다고 집에 불을 지르는 어리석은 짓은 안 하겠다'는 그런 뜻의 의견을 펼쳤다. 결국 모든 영국인들 사이에서 무언의 합의와 믿음이 있음을 살면서 여러 번 느낄 수 있었다.

영국 경찰은 아무런 이유 없이 길거리 보행객을 정지시킬 수도 없고 더군다나 신분증을 제시하라고 요구할 수도 없다. 신분증이 없으니 "없다"고 하면 그만이다. 또 있다고 해도 법적으로 신분증을 꼭 지니고 다닐 의무도 없다. 뭔가 범법 행위를 했거나, 했다는 확실한 확신이 설 때에만 경찰은 신분증을 제시하라고 정지시킬 수 있다. 음주운전일 것이란 의심만으로는 주행하는 차를 당장 세울 수도 없다. 일정 거리 이상을 따라가다가 차선을 계속 침범하는 등 음주운전의 행태가 보일 경우에만 정지를 요

경마모 같이 딱딱한 재질의 특이한 헬멧을 쓴 런던 경찰.

청해서 운전면허증 확인과 함께 음주 테스트를 할 수 있다. 속도위반 또는 자동차 등이 하나 나갔다는 등 명확한 이유가 있어야만 차를 세울 수 있다. 아무리 경찰이라도 아무런 근거 없이 주행 중인 차를 세워 음주 테스트를 하거나, 보행자를 세워서 신분증 확인이나 몸수색을 할 수 없다. 다시 강조하지만 영국인들은 무인격자인 국가에 너무 많은 권한을 주는 일을 가장 경계한다. 그러면 국가는 반드시 일탈을 해서 주인인 국민을 통제하려 든다고 보기 때문이다. 영국인들은 그것이 권력의 태생적 본성이라고 생각한다. 이 생각이 국민 모두의 사이에 합의가 되어 있다.

영국인들이 엉성한 제도를 알면서도 보완하지 않는 이유는 바로 영국인들의 피 속에 존재하는 합리적인 경험주의의 지혜 때문이기도 하다. 그냥 두어도 발생할 가능성이 아주 적은 범죄는 그냥 두자는 사회적 합의가 있다. 반면 관료들의 속성은 그런 범죄를 완벽하게 막으려는 제도를 도입하려 한다. 그러나 그런 제도를 관리하기 위한 절차나 서류로 인한 경비가 실제 범죄로 인한 피해보다 훨씬 많이 든다는 걸 영국인들은 경험에 의해 안다.

범죄를 막으려 그물망을 작게 하는 일이 더 번거롭고 더 비싸게 치인다는 말이다. 1995년 노동당 연례총회에서 보수당의 신분증 도입 시도를 비판하면서 당시 노동당 당수였던 토니 블레어는 "소수의 범죄자를 막을 수 있을지도 모르는 의무적인 신분증 제도를 도입하기 위해 투입할 수십억 파운드의 예산으로 차라리 수천 명의 경찰을 길거리에 투입하는 쪽이 더 효율적이다"라고 발언했다. 한국의 국회가 일을 잘한다는 표를 얻기 위해서인지는 모르지만 각종 사회 현안에 대한 법안을 경쟁적으로 쏟아내고 있다. 그러나 그 법안이 공무원 손에 의해 얼마나 국민들을 힘들게 하는지를 국회의원들은 잘 모르고 있다. 이뿐만 아니라 그 법을 자신들의 신분 보호를 위해 오용해서 모든 행정 절차를 물 셀 틈 없이 만들어 놓아 민원인으로 하여금 숨도 못 쉬게 한다. 공장 하나 짓는데 몇 년씩 걸리는 말도 안 되는 일이 대한민국에서 일어나고 있다.

영국인들의 소울 푸드는 '카레'이며,
영국 내 인도 아대륙인 인구는 약 320만 명에 달한다.

인종차별 없는 나라로
가는 길

내가 영국에 처음 정착했을 때 들은 영국인들의 인도인 차별 언사
는 사실 너무 참혹해 언급하기가 주저될 정도다. 이런 문답이었다.
"산길을 가다가 인도인과 뱀을 만났을 때 누구를 먼저 죽여야 하나?"
이 물음에 대한 답은 "인도인을 먼저 죽여라(Kill the Indian first)"다.
이 답에는 두 가지 의미가 있다. 인도인이 그만큼 위험하다는 뜻과
함께 인도인이 뱀보다 더 교활해서 먼저 죽여야 안전하다는 뜻이기
도 하다. 물론 인도 식민지 시절에 나온 말이지만 그만큼 인도인을
비하, 차별하는 언사다. 또 인도인이 그만큼 똑똑해서 경계하지 않으
면 당한다는 생활의 지혜이기도 하다. 사실 인도인으로서는 식민지
시절 영국인의 압제로부터 살아남으려면 영리하고 약삭빠르게 행동

해야 했다. 이런 인도인의 처세술을 비아냥거리는 영국인들의 악평이 만들어낸 말이다.

유태인이 유난히 머리가 좋고 영리한 이유를 탈무드를 비롯한 유난스러운 교육열 덕분이라고 한다. 하지만, 사실은 2000년 가까이 나라 없이 유럽을 떠돌아다니다 보니 영리하지 않으면 살아남기 힘들어서 그렇게 될 수밖에 없었다. 결국 영리함과 뛰어난 두뇌는 선천적인 것이 아니라 적대적인 이민족 속에서 살아남기 위한 생존 수단으로, 후천적으로 습득해 유전자 속에 간직한 덕분이다. 인도인들도 영국에서 살아남기 위해서는 영리하지 않을 수 없었다. 우리 한국이 거의 당대에 세계에서 가장 가난한 나라 중 하나이다가 세계 10위권의 경제국으로 들어 온 이유도 바로 여기에 있다. 유난히도 자원이 없는 척박한 땅에서, 세계에서 가장 호전적인 이웃 넷(중국, 러시아, 일본, 북한)을 둔 불행이 되려 행운이 된 덕분이라고 해야 한다. 어찌 보면 저주이지만 달리 보면 축복이다. 부단하게 사방에서 몰려오

영국은 다양한 인종이 살지만 인종차별이 드문 편이다.
과거 대영제국 시절 다양한 식민지를 가졌던 경험과 지혜 덕분이다.

는 위협에서 살아남으려면 강인해야 하고 잠시도 긴장을 늦추면 안 되었다. 그래서 우리 민족은 이를 악물고 열심히 일하고 자식 교육에 모든 걸 바치게 되었다. 그렇지 않으면 유난히 경쟁이 심한 한국 땅에서도 살아남지 못해서이다. 나라 사방도 적이고 내 주위 사방도 경쟁자들뿐이다.

영국 역사에서 인도는 단순한 식민지가 아니다. 그만큼 비중이 크다는 말이다. 영국을 '해가 지지 않는 제국'으로 만든 열쇠가 바로 인도이다. 인도는 거의 영국과 역사를 같이한 '대영제국의 일부'이자 자체였다고 해도 과언이 아니다. 17세기 초부터 네덜란드와 함께 동인도회사를 통해 인도를 수탈하던 영국은 이후 인도를 정식으로 식민지화했다. 빅토리아 여왕이 1858년부터 직접 통치하기 시작하면서 두 나라 간의 애증의 역사가 시작되었다. 당시 인도 인구는 2억 명, 영국 인구는 2100만 명이었다. 거의 10배인 거인 인도를 조그만 아이가 삼킨 셈이다. 이후 1947년 8월 인도가 영국으로부터 정식 독립할 때까지 거의 100년 간 인도 대륙은 영국의 재물 창고였다. 영국에서 파견된 4000명에 불과한 영국인들이 5만 명의 인도인 중간 관리인과 640만 명의 지방 인도인 공무원을 통해 인도 전국을 통치했다. 그만큼 효과적이고 완벽한 관리 체계를 만든 덕분이다. 특히 인도의 수많은 종족 간의 반목과 불화 그리고 계급 간의 긴장을 이용해 '분할 통치divide and rule'를 했다. 당시 인도로 파견된 4000명의 공무원이 자녀를 본국으로 보내 교육하면서 퍼블릭스쿨public school이라고 불리는 영국 명문 기숙 사립학교가 제대로 발전하기 시작했다. 영국 유명인 중에서 젊을 때 인도와 직접 관련이 있는 인물은 수도 없이 많다. 윈스턴 처칠과 작가 조지 오웰도 그중 하나이다.

의류공장 노동자에서 정계 진출까지

영국인에게 인도 아대륙亞大陸, subcontinent(인도·파키스탄·방글라데시·스리랑카를 지칭)인들은 단순한 소수 민족이 아니다. 스코틀랜드나 웨일스인만큼 친밀해 외국인이라 느끼지 않는다. 영국 어디를 가도 인도 아대륙인이 보이고 그들의 식당이 있다. 인도 아대륙 식당은 저렴하고 영국인 입맛에 맞게 맛을 바꿔 인기가 높다. 해외에 사는 영국인들이 가장 그리워하는 고향 음식도 피시 앤 칩스가 아니라 영국식 카레라니 영국인의 삶에 이들이 얼마나 파고들었는지 알 수 있다. 영국인 입맛에 맞게 변화한 영국식 카레는 맵지도 않고 냄새도 강하지 않아 정말 영국인들이나 먹지 인도인들은 안 먹는 국적 불명의 카레이다.

영국에서 인기 있는 카레인 치킨 티카 마살라. 영국인들은 해외에 가면 이처럼 영국화된 인도 음식을 그리워한다. 우리들이 해외에 가면 짜장면과 짬뽕이 그립듯이 말이다.

숫자로 봐도 그렇다. 영국 내 인도 아대륙인 인구가 320만 명이다. 인도 145만 명, 파키스탄 117만 명, 방글라데시 45만 명, 스리랑카 13만 명 등이다. 웨일스가 323만 명, 스코틀랜드가 525만 명이니 숫자로 봐도 이들 본토인 못지 않다. 혹시 나중에 여차하면 한 곳에 공동으로 모여서 땅을 분할해 달라고 해서 독립을 해도 될 만한 인원이다. 영국에 인도 아대륙인이 대거 유입된 때는 대영제국 시절이 아니라, 현대에 들어 영국이 의류 제품을 세계로 대거 수출하던 1970~1980년대였다. 1930년대만 해도 1만 명에 불과했다가 영국 의류공장 종업원으로 들어와 정착한 인도 아대륙인들이 가족과 친지를 불러들이기 시작하면서 1990년대에 들어 인구가 급격하게 늘었다. 이들 이민 2~3세대가 부모들의 직업인 구멍가게, 옷가게, 인도 식당들을 벗어나 고등 교육을 받은 후 영국 주류 사회에 본격적으로 진입하면서 영국 사회에 대한 영향력도 눈에 띄게 커지고 있다.

최근 들어서는 특히 정계 진출이 놀랍다. 아대륙인들은 2019년 12월 총선에서 전체 하원의석 650석의 6%인 39석을 차지하는 기염을 토했다. 39석 중 파키스탄 계열이 18석, 인도 16석, 방글라데시가 4석, 스리랑카가 1석이었다. 영국 내 인도 아대륙 인구(320만 명)가 전체 인구 6318만 명의 5%에 달하니 6%는 언뜻 보면 당연해 보일 수 있다. 그러나 영국 하원의원 선거가 비례대표제가 아니라 단 한 표라도 더 많아야 당선되는 절대다수선출first past the post 제도라는 걸 감안하면 숫자로 6%는 대단하다고 평가해야 한다. 아무리 현대화된 세상이라고는 하지만, 얼굴과 피부가 다른 이민족 출신이 영국 양대 정당인 보수당·노동당 후보가 되는 것부터 쉬운 일이 아니다. 그 후 영국 유권자의 표를 얻어 하원의원에 당선되는 일도 결코 쉽지 않다.

어떻게 인도 아대륙계가 인구 비율에 견주어 이렇게 많은 의원을 배출할 수 있었을까? 우선 이들이 정치 지향적이기도 하지만 주로 모여서 산다는 사실이 중요하다. 런던 히드로 공항에 도착한 한국인은 공항에서부터 인도 아대륙계 영국인이 많은 것에 놀란다. 특히 히드로 공항 인근 런던 서부 지역은 인도 아대륙계가 많기로 유명하다. 인도에서 하도 오래 비행기를 타고 와 지친 나머지 멀리 안 가고 공항 근처에 정착했다는 농담을 영국인들이 할 정도이다. 섬유산업이 한창이던 1950~1960년대 이민 온 인도 아대륙 계열 노동자 후손이 몰려 사는 잉글랜드 중부 지방에 가면 여기가 인도인지 영국인지 모를 정도다. 이렇게 몰려 사는 지역이 한정되어 있다 보니 후보 선출에 유리할 수밖에 없다. 인도 아대륙계는 영국 650개 선거구 중 15개 선거구에서는 유권자의 40%, 46개에서는 20%, 122개에서는 20%를 차지하고 있다.

인도인 특유의 정치성

후보가 되고 최종 득표에 이르기까지 인도 아대륙인 특유의 친화

력도 발휘된다. 이들은 우선 극단적이거나 과격하지 않다. 영국에 살면서 인도인이 술 먹고 주정을 부리거나 목청을 높여 싸우는 걸 본 적이 없다. 무뚝뚝하긴 하지만 그래도 유순하다. 식민지 시대를 살아서인지 눈치도 빨라 세勢의 유불리有不利에 따라 줄을 잘 선다는 평도 있다. 자신을 죽이고 친구도 잘 사귀고 좀처럼 적을 만들지 않는다면서 영국인도 좋아한다. 거기다가 일단 힘이 있는 사람에 대한 인도인의 충성심은 영국인 누구나 인정한다. 이런 모든 특유의 성품이 정치인으로서는 아주 적합하다. 결국 오랜 투자로 영국인의 신임을 얻어서 후보가 되면 당을 보고 투표하는 성향으로 인해 당선될 가능성이 커진다.

사실 인도인의 '정치성'은 식민지 시대부터 유래한다. 영국 통치를 오래 받으면서 본국의 정치 환경에 익숙해져서인지 인도인은 영국에 이민 와서도 다른 이민자들과 달리 정치 활동이 왕성하고 활발하다. 인도 아대륙 계열 특유의 억양과 발음이 있기는 하지만 영어 구사에 별다른 어려움이 없다 보니 바로 정당 활동에 뛰어들 수도 있다. 특히 인도 아대륙인은 자신들의 이익을 대변할 정치인을 키우기 위해 수많은 정당 후원 단체를 운영한다. 예를 들어 보수당 인도우호협회Conservative Friends for India, 영국 힌두 포럼Hindu Forum of Britain, 파키스 인도 영국 우호 포럼Pakistan, India & UK Friendship Forum, 영국 시크 협회British Sikh Association 등이 그런 단체이다. 이런 단체들은 청년 정치 신인들을 키우기 위한 후원 활동도 많이 한다. 인도의 정치는 세계적으로도 유명하다. 정당도 많고 활동도 많다. 또한 노동조합도 엄청나게 활동이 강하다. 그래서 인도의 외국인들은 인도인들의 정치를 보면 '영국에서 못된 점만 배웠다'고 고개를 절레절레 흔든다.

백인의 평균 임금을 뛰어넘다

전통적으로 영국 소수민족들은 인종차별에 많은 관심을 가진 노동당 지지자가 많았다. 2017년 총선의 경우, 노동당이 소수민족 유권자들로부터 77%의 지지를 받은 데 비해 보수당은 20%밖에 받지 못했다. 무슬림 유권자 87%가 노동당을 지지했다. 그러나 인도 아대륙인을 중심으로 이런 성향도 바뀌고 있다. 특히 평균 시간당 수입이 백인보다 많은 인도인 중에서 보수당 지지가 늘고 있다. 2010년은 30%, 2017년은 40%, 2019년에는 45%로 계속 보수당 지지가 늘어왔다. 인도인이 부유해지면서 지켜야 할 것이 많아진 탓이라고 영국 정치 평론가들은 말한다. 부를 축적한 인도인은 고율의 세금과 과도한 사회복지에 반대하며 노동당에서 떠나가

프리티 파텔 영국 내무부 장관

고 있다. 그와 함께 이전에는 거의 보기 힘들던 인도 아대륙 계열 정치인의 보수당 내 존재감이 확실하게 드러나고 있다.

특히 중앙정치권의 영향력은 보리스 존슨 총리 정권 2019년 첫 내각에서 아주 뚜렷해졌다. 영국 권력의 최고 정점인 내각 요원 26명 중 4명이 인도 아대륙 출신이고, 4명 중 2명이 여성이었다. 차기 총리 후보 영순위인 내각 서열 2위 전前 재무부 장관 리시 수낙(3선)을 비롯해 4위인 내무부 장관 프리티 파텔(4선), 상무에너지산업장관 알록 샤마(3선, 현 기후변화 대처 기관인 COP26 의장), 한국의 법무부 장관과 같으나 영국 특유의 직명인 법률 자문관attorney general에 재임 중인 수엘라 브레이브맨(3선) 등이 모두 인도계이다. 이 중 리시 수낙은 2022년 7월 초 보리스 존슨 총리의 거짓말과 실정에 반발해 전격 사임하며 충격을 주었다. 수낙의 사임으로 촉발되어 현직 보수당 하원의원인 장차관 50명이 연이어 동반 사임하자, 결국 존슨 총리가 보수당 당수 사임과 당해 9월 5일 새 당수 선임이 발표되면 총리 사임까지 약속하는 사태가 일어났다. 수낙은 결국 보수당 당수에 도전했고 최종 후보 2명으로 선정되었다. 하지만 리즈 트러스 외무장관에 지는 바람에 지금은 총리의 꿈을 접었으나 계속 차후 총리의 잠룡으로 남아 있다.

특히 수낙 재무부 장관은 코로나19 봉쇄 이탈로 세간의 비난을 받았던 총리 수석보좌관 도미닉 커밍스와의 불화로 전격 사임한 사지드 자비드 직전 재무부 장관(4선, 파키스탄) 밑에서 차관을 하다가 바

차기 총리를 노리다가 리즈 트러스에
진 리시 수낙 전(前) 영국 재무부 장관.

로 승진한 인물이다. 그뿐만 아니라 2선 하원의원을 하다가 2016년 런던 시장이 된 노동당 소속의 사딕 칸도 파키스탄 계열이다. 이렇게 보면 인도 아대륙 계열이 인구 비율에 비해 권력의 중심을 대단히 많이 차지하고 있다는 느낌이 들 수밖에 없다. 거기에 비하면 중국인 이민자 43만 명 중에는 하원의원이 한 명밖에 없고, 정치계나 경제계에서 중책을 맡은 중국인도 거의 찾아보기 힘들다. 우리 한국인은 2022년 5월 런던시 구의원councillor 선거에서 권보라 의원이 재선되었고, 박옥진, 김동성 의원이 초선으로 추가 선출되어 봉사하는 등 이제 발걸음을 떼고 있다.

인도 아대륙인 중에서도 특히 인도인이 정부 중책을 맡는 인재를 배출하는 이유는 높은 교육열 때문이다. 영국 내에서 인도 부모의 교육열은 유대인 부모와 함께 유명하다. 한때 유명 사립학교 한 곳 학생의 4분의 1이 인도 학생이라는 기사가 나오기도 했다. 막노동을 하거나 주택가 골목의 코너숍corner shop이라 불리는 잡화 구멍가게를 하면서도 자식은 자신의 전 수입에 해당하는 연간 5000만 원이라는 고액의 학비가 드는 사립학교를 보내는 인도 부모가 많다. 오후

294

6시면 정확하게 가게 문을 닫는 영국인과는 달리 인도인들은 아침 일찍 문을 열고 밤늦게까지 일한다. 이러한 1세대 인도 부모의 헌신과 희생으로 교육을 잘 받은 2세들의 3분의 1이 의사, 변호사, 회계사, 공인부동산감정사chartered surveyor 같은 전문직에 종사한다. 특히 4만 명의 인도계 의사는 영국의료보험NHS 전체의 20%에 달하는 수치다. 인도 아대륙계 2세들은 학연·지연·혈연이 출세에 중요한 영국 사회에서 백인과의 경쟁이 필요한 주요 회사와 기관에 취직하기보다는 자격증 등을 통해 자신의 노력과 실력으로 살아남을 수 있는 전문 직종으로 대거 진출한다.

영국의 인종 간 시간당 평균임금을 보면 중국인(15.8파운드·약 2만 5280원)이 제일 많고 다음이 인도인(13.5파운드), 그 다음이 백인(12파운드) 순이다. 거기에 비해 파키스탄(10파운드)과 방글라데시계(9.6파운드)가 제일 밑바닥에 있다. 인도인의 이민 역사가 긴 데 반해, 파키스탄과 방글라데시는 아직 1세대가 대다수를 차지하고 있어 저임금 노동에 종사하는 탓이다. 그런데 인도계는 인도계대로 요즘 고민이 있다. 고등 교육을 받은 자식들이 아버지 세대가 운영하던 소매업과 식당을 물려받지 않고 전문직으로만 진출하려고 해서다. 영국 동네 어디를 가도 잘 운영되고 있는 9500개의 인도 식당이 매년 10%씩 줄어든다는 통계도 있다. 물론 중국 식당도 비슷한 상황이다.

인도 아대륙인의 자부심

내가 40년 전 영국에 처음 왔을 때 인도 아대륙인과 관련해서 놀란 점이 몇 가지 있다. 우선 인종 관련 용어다. 우리 한국인은 당연히 스스로를 아시안이라고 여긴다. 그런데 영국에서 보통 아시아인이라면 대개 인도 아대륙인을 칭하는 걸로 인식된다. 영국의 공적 서류에 나오는 인종 구분에도 아시아인은 인도 아대륙인을 뜻한다. 그래서 한국인은 '기타 아시아other Asian'란 항목에 기입해야 한다.

다음으로 놀란 점은 인도인의 자부심이다. 인도 아대륙인 중에서 특히 인도인의 자부심은 백인 못지않다. 흡사 자신은 백인과 같은 위치에 있다는 듯이 행동하는 인도인이 많다. 지금은 많이 달라졌지만 당시만 해도 한국·중국·일본 같은 동양인보다 자신들이 훨씬 더 우월하다는 자부심을 가진 듯 행동하는 인도인이 많았다. 그런 인식을 모른 채 인도인을 처음 제대로 겪어 본 후에는 상당한 혼란을 느낄 수밖에 없다. 동양인을 아래로 내려다 보는 듯한 그들의 눈초리와 언사에는 곤혹할 수밖에 없었다. 엄격하게 따져 보면 찬란한 문화나 오랜 역사, 나라 크기로 봐서 그럴 만한 자격을 갖추고 있을지 모르지만 그래도 인도는 가난한 제3세계국이라는 인식을 갖고 있던 나로서는 당황할 수밖에 없었다.

인도 아대륙 계열인들의 자부심은 존경할 만하다. 우선 그들 중 많은 비율이 전통적인 머리 모양과 옷을 지키면서 살아가고 있다. 영국에 온 지 반세기가 다 되어 가는 노인네들은 그렇다 쳐도, 영국에서 태어나고 영국인보다 더 고급 영어를 쓰는 젊은이들도 명절이나 특별한 경우가 아닌 일상생활에서 자신들의 전통 복장을 하고 사는 것을 보면 심한 열등감을 느낀다. 특히 여성들은 거의 반 이상이 전통 복장으로 일상을 영위한다. 고유의 전통과 복장을 모두 버린 채 얼굴만 한국인이고 나머지는 모두 서양인으로 살아가는 우리를 볼 때 그들이 어떻게 생각할지는 모르겠다. 그들이 가지는 자신의 문화와 전통에 대한 자부심은 정말 존경할 만하다고 그들을 볼 때마다 느낀다.

다인종 사회로 나아가다

나는 영국에서 40년을 살고 있지만 운이 좋아서였는지 한 번도 면전에서 인종차별을 당해 본 적이 없다. 물론 영국인 모두가 아주 성숙한 시민이어서 인종차별 개념을 아예 갖고 있지 않다고는 말할 수 없다. 영국인의 실제 마음속이 어떤지는 모른다. 더군다나 영국인들끼리 모여서 인종차별에 관해 뭐라고 말하는지도 알 수 없다. 그러나 상식 있는 영국인은 일단 밖으로는 인종차별 발언이나 행동을 절대 하지 않는다. 한때 세계 인구의 거의 4분의 1을 지배한 덕분인지, 영국인은 인종차별을 밖으로 나타내지 않는 성숙한 시민 의식을 갖게됐다. 영국에는 인종차별 범죄에 대한 법률이 1965년에 제정된 후,

계속 보강되어 왔기에 일단 법적 장치도 잘 마련되어 있다. 사회 전반에 걸친 인종차별을 제도적으로 금하고 인종 간의 조화로운 사회를 건설하기 위한 시도였다.

그러다가 2000년대에 들어와 인종차별 금지에서 한발 더 나아가 증오범죄hate crime를 막고 처벌하는 법령도 제정되어 강력하게 시행 중이다. 영국 사회에서 인종차별과 증오범죄가 중죄라는 인식은 사회적 통념이 된 지 오래다. 영국 정치인이 인종차별 발언을 공개적으로 하면 사실상 정치생명이 끝난다. 심지어 브렉시트 투표 통과 이후 세력이 거의 소멸되어 버린 극우정당 '브렉시트당'에서조차 공개석상에서 인종차별 발언을 하면 바로 출당시켜 버렸다. 그만큼 영국

런던 시내 한복판을 점령한 시민들이 인종차별 반대 시위를 하고 있다.

정치인에게 인종차별은 금기의 화제이다. 직장에서도 인종차별 발언을 하면 바로 해고 사유가 되고, 학교에서도 인종차별은 정학이나 퇴교의 사유에 해당한다.

영국 학교에서는 인종차별 금지 교육을 어릴 때부터 시작한다. 내가 운영 위원으로 있는 런던 근교의 한인촌 공립학교는 한인 학생 10%를 비롯해 학생의 반이 얼굴 색깔과 모국어가 다른 다양한 인종들로 구성되어 있다. 그래서 학생들은 어릴 때부터 인종에 대한 편견 없이 삶을 시작한다. 거기다가 학교생활 중 인종차별에 대해 대단히 엄중한 교육을 받는다. 특히 교장은 매주 조회 시간에 학생들이 세계인의 일원이라는 점을 은연중 강조하기 위해 항상 세계에서 벌어지고 있는 일을 알려 준다. 동시에 어떤 피해가 한 나라에 생기면 학생들과 같이 모금을 해서 보내기도 한다. 물론 교과에도 세계 각국의 문화를 소개하는 과목들이 상당한 비중을 두고 채택되어 있다. 그렇게 해서 자연스럽게 어릴 때부터 인종에 대한 편견을 없애 준다.

1988년 올림픽이 열리던 해, 이 학교 전체가 1년간 한국을 공동 프로젝트로 삼아 자료조사하고 발표하는 일이 있었다. 학생들의 과제물을 모아 학기 마지막 날 전시하면서 학부모를 초대해서 보여 주었고, 끝으로는 강당에 전교생과 학부형들이 참석한 가운데 학예회가 열렸다. 당시 학생들 합창 곡목 중에 놀랍게도 한국 동요 '오빠 생각'이 들어 있었다. 상당히 오랫동안 연습을 했다고 들었다. 백인·흑

인·인도·말레이시아 학생들과 같이 까만 머리의 우리 한국 아이들
이 "뜸북뜸북 뜸북새 논에서 울고 / 뻐꾹뻐꾹 뻐꾹새 숲에서 울 제 /
우리 오빠 말 타고 서울 가시며 / 비단구두 사가지고 오신다더니 //
기럭기럭 기러기 북에서 오고 / 귀뚤귀뚤 귀뚜라미 슬피 울건만 /
서울 가신 오빠는 소식도 없고 / 나뭇잎만 우수수 떨어집니다"를 노
래하던 걸 생각하면 지금도 뭉클하다. 그 속에 우리 딸도 들어 있었
다. 약간은 어색한 발음이지만 모두 또록또록 한 자 한 자 참새 입을
벌리고 노래를 부르던 장면은 평생 잊지 못한 장면의 하나다. 인종의
전시장 같던 한국어 4부 합창단의 한국 노래 실력과 감성은 한국의
여느 어린이 합창단 못지않았다. 이렇게 영국 학교는 어릴 때부터 인
종차별을 느낄 수 없게 인종차별이 굳이 나쁘다고 가르치지 않고 섞
여 살아가는 일이 자연스러운 일이라는 걸 일상 속에서 가르쳐 학생
들 머릿속에 심어 주는 교육을 하고 있다.

우리도 이제 국내 외국인 숫자가 200만 명을 넘긴 지 오래 되었다.
그리고 매년 늘어 간다. 주위에 외국인 얼굴을 했으나 완벽한 한국말
을 하는 사람을 만나는 것은 이제 더 이상 놀라운 일이 아니다. 그리
고 세계 어디를 가도 K팝을 부르고 한국 드라마, 영화 팬이 수두룩
하다. 이제 한국도 명실상부하게 세계의 일원이 되었다. 그러나 우리
는 이방인을 진정한 이웃으로 하고 살 준비가 되어 있는지 모르겠다.
이제 더 늦기 전에 우리 아이들부터 세계인을 친구로 해서 살아가는
법을 배워야 할 때다.

영국의 교육 과정에는 글쓰기와 토론 수업이 빠지지 않으며,
사설 토론 훈련센터까지 있을 정도이다.

토론사회 영국은
어떻게 만들어졌나

　영국에서 오래 살면서 관찰한 바로는 영국인은 정말 누구 앞에서
나 당당하고 조리 있게 자신이 원하는 바를 잘 말한다. 영국인이 가
장 싫어하는 일이 '소란을 피우는 일make a scene'이다. 영국인은 부
당한 일을 당하면 화를 내거나 목소리를 높이지 않고 조곤조곤 사리
의 앞뒤를 따져 조용하게 말한다. 아무 장소에서나 소란을 피우거나
함부로 나서지 않는다. 물론 그냥 넘어가지는 않는다. 반드시 경로를
밟아 차근차근 부당한 일에 대한 조치는 끝까지 끈기 있게 취한다.
한번 말을 하기로 마음을 먹으면 누구에게라도 당당히 말을 잘한다.
상대가 부모든 선생님이든, 아니면 굉장히 높은 사장이든 총리든 하
원의원이든 간에 일단 결심이 서면 쫄거나 눈치를 보지 않고 발언을

망설이지 않는다. 또 말을 시작하면 주저하지 않고 논리정연하게 자신이 말하고자 하는 바를 명확하게 적당한 길이로 말할 줄 안다. 영국인의 이런 태도는 상하 위계질서가 분명한 사회에서 살아온 나에게는 새로운 발견이었고 문화 충격이었다. 얼핏 봤을 땐 버릇없고 당돌한 태도 같기도 했지만 정말 경이로운 경험이었다.

어릴 때부터 하는 글쓰기 훈련

영국인이 상대가 누구이건 '쫄지 않고 당당하게', 동시에 '분명하고 조리 있게' 자신의 의사를 밝히는 이유를 살펴보자. 우선 영국인의 유전자 속에만 특별하게 언어에 대한 재능이 있지 않다면, 영국인이 '분명하고 조리 있게' 말을 잘하는 이유는 결국 영국 사회 구조와 교육에서 원인을 찾아야 할 듯하다.

우선 영국인은 어릴 때부터 학교에서 글쓰기 교육을 중점적으로 받는다. 글쓰기는 자신의 정확한 논리를 먼저 세우고, 그 논리를

영국인들은 대부분 어릴 때부터 부단한 글짓기와 함께 토론 교육을 받기 때문에 어디서나 자신의 의사를 분명하게 표현할 줄 안다.

기승전결의 원칙으로 풀어 나가야 한다는 데서 출발한다. 영국 학생들은 그런 훈련을 초등학교 때 막 글을 배우면서부터 받기 시작한다. 교사는 저학년 학생들이 써 온 글을 꼼꼼히 하나하나 살펴보고 고쳐야 할 점이 있으면 일일이 빨간 펜으로 지적한다. 물론 문법적인 오류뿐만 아니라 소문자, 대문자, 쉼표, 마침표 같은 부호까지 고쳐 준다. 최종적으로 글의 논리가 왜 잘못되었는지까지 대화를 통해 논의해 가면서 고쳐 준다. 하나부터 열까지 정말 손을 잡고 끝까지 가르쳐 준다. 이렇게 초등학교 저학년 때부터 훈련을 받고 나면 고학년 영국 학생의 작문 실력은 나무랄 데 없는 수준에 달하게 된다.

거기다가 기본적인 독서 훈련 역시 쓰기 못지않게 강조된다. 어느 학교 교실이나 기본적인 책이 갖추어져 있어 학생들은 특별한 절차를 거치지 않고 책을 집에 가지고 가서 읽는다. 그뿐만 아니라 학교 군데군데에 개가식 간이 도서대가 있어 더 많은 책을 쉽게 접할 수 있다. 글 쓸 때뿐만 아니라 책을 오래 읽다 보면 사고 속에 자신도 모르게 논리정연한 글 체계가 자리 잡기 마련이다. 특히 말을 하려고 할 때 중구난방이 아니라 제대로 된 말이 나오게 된다.

이런 과정은 영국인이 교육을 받는 한 계속된다. 이렇게 어릴 때부터 책 읽기와 글쓰기 훈련을 기본적으로 받아 공부가 끝나는 날까지 이어지면 모든 사고가 작문하듯이 맞추어질 수밖에 없다. 결국 영국인은 어느 장소에서 어떤 주제를 가지고 대화를 하건 이런 교육이 몸에 배어 있어 반듯하게 자신의 의사를 밝힐 수 있게 된다. 자신의 의사를 조리 있게 망신 당하지 않고 제대로 밝힐 자신이 있으면 자신의 발언이 필요할 때는 주저하거나 눈치를 보지 않는다. 일반적으로 대중 앞에서 말하기를 꺼리는 이유는 말을 잘하지 못해서라기보다는 망신 당하지 않고 조리 있게 말할 자신이 없어서이다. 일반적으로 영국인은 별로 그런 걱정을 하지 않는다. 학교에서 오랜 기간 책 읽기와 글쓰기 훈련을 잘 받은 덕분에 말을 조리 있게 할 자신이 있어서다.

토론 시합으로 다지는 실력

그뿐만 아니라 토론 교육까지 부단히 받는다. 이런 토론 교육도 저학년 때부터 시작된다. 수업 시간에 학생들에게 일정 주제에 관한 의견을 물으면 놀랍게도 대부분의 학생들이 교사가 지명하기 전에 자진해서 자기 나름의 의견을 서슴없이 말한다. 학생들은 친구의 말을 반박하면서 자신의 생각을 말하길 주저하지 않는다. 교사가 말문만 트이게 만들어 주면 학생들 사이에는 아주 열띤 대화가 이어진다. 반 전체가 한꺼번에 하기 힘들면 둘러앉은 그룹 내에서라도 의견을 주고받는다. 이런 토론 수업에서는 저학년 학생들이라도 토론의 규칙을 반드시 지킨다. '급우가 말을 시작하면 반드시 끝까지 들은 다음에 자신의 의견을 말해야 한다'가 1순위 규칙이다. 자신의 의견을 말하는 훈련과 함께 남의 말을 듣는 훈련도 같이 한다는 뜻이다.

좀 더 학년이 올라가면 토론 시합debate competition을 한다. 학교마다 형식이 다르긴 해도 거의 대부분의 영국 중·고등학교에서 행해진다. 특히 사립학교는 그 중요성을 더욱 강조한다. 일단 학기 초마다 전체 학년에 토론 논제가 주어진다. 학기 동안 학급 학생들이 반반씩 나뉘어 찬반 토론을 이어 간다. 토론 시합에서는 반드시 종반에 가서 반전이 있다. 지금까지 진행한 토론의 찬반 그룹을 바꿔 버리는 식이다. 즉 주어진 주제에 찬성하던 그룹이 반대를 하게 하고 반대를 하던 그룹이 찬성을 하게 만든다. 이때 상대방이 사용했던 이론을 그대로 쓴다거나 차용하면 안 된다. 이때부터 학생들은 골치가 아파지기 시작한다. 머리를 짜내고 책을 뒤져서라도 새로운 주장을 내세워야 한다. 이런 과정을 통해 학생들은 토론을 어떻게 준비하고 실제로 행하는지를 많이 배우게 된다. 그러고는 학기말이 되면 학급별로 토론 시합이 벌어진다.

이런 토론 시합에서 가장 쉽게 이길 수 있는 방법은 상대방을 자극해 화를 내게 만들면 된다. 화를 내거나 인신공격을 하면 바로 감점이 들어가서 결국 지게 된다. 이때 심판은 대개 상급생이 본다. 학년 내에서 토론을 가장 잘하는 학생들을 대표로 뽑아 인근 학교와 토론 시합에 내보내기도 한다. 전국적인 학생 토론 시합도 있다. 심지어는 사설 토론 훈련센터까지 있다. 특히 대학 진학 준비를 시키는 학원에는 단기간 토론 훈련코스까지 있다.

펍부터 국회까지, 토론의 연장

이런 훈련을 거치면서 영국인은 평생 살아가면서 해야 할 각종 토론에 익숙해진다. 상대방이 발언을 할 때 경청하는 습관부터 아무리 화가 나더라도 절대 흥분하지 않는 자제력 그리고 토론 중 인신공격을 하지 않는 자제력과 참을성을 갖추게 된다. 어찌 보면 인생은 끝없는 토론의 연속이다. 비즈니스 상담도 사실은 광의의 협상 토론 아닌가. 삶을 이어 가는 한 토론은 어디에나 있다. 회사든 단체든 심지어는 가정에서도 끝없이 토론이 이어지지 않는가? 부부 사이와 자식과의 대화도 사실은 토론이다. 여기에서 어떻게 화를 내지 않고 가족을 설득하는가가 가정을 화목하게 끌고 가는 방법이다. 학교에서 배운 규칙은 가정에서도 적용된다. 즉 자식의 말이라도 끝까지 들어 주고, 아무리 화가 나도 참아야 하고, 그러고는 자식이 잘 알아듣게 이론을 정립해 설득하거나 꼼짝 못 하게 하는 규칙을 바로 학교에서 배웠다.

©권석하

정치 토론의 장, 웨스트민스터 의회당의 모습이 보인다.

펍은 일상 속 토론이 매일 끝도 없이 이루어지는 공간이다. 영국안들은 정말 별 뜻 없는 자잘한 말싸움 같은 토론을 즐긴다.

영국인들이 격렬한 논쟁을 하면서도 절대 화를 내지 않고 능글능글하게 토론을 잘 이어 가는 이유는 바로 이런 훈련을 받아서이다. 토론 훈련은 학교에서만 하는 것도 아니다. 친한 친구들 사이의 술자리에서도 열띤 토론이 자주 있다. 물론 이 경우 인신공격이 자주 들어오지만 영국인은 절대 화를 내지 않는다. 이때 화를 내면 상대하지 못할 수준의 속 좁은 친구로 찍혀서 왕따를 당하게 된다. 전제가 '친한 친구'이기 때문에 인신공격이나 놀림도 그냥 재미라는 전제하에 이루어진다는 사실을 서로 잘 알기 때문이다. 아무리 불편한 인신공격이라도 참고 넘겨야 한다. 결국은 이런 친구 사이의 심한 농담이나 토론도 일종의 훈련이고 사회생활의 연습이다.

격렬한 토론은 특히 펍에서 많이 이루어진다. 친한 친구들 사이가 아니라 동네에서 안면을 겨우 튼 정도의 사이에서도 토론이 벌어진다. 별다른 주제도 아닌, 예를 들면 지구상에서 어느 동물이 가장 빠른가 하는 토론이 벌어지면 펍 안에 있는 거의 모든 손님들이 가담하기 일쑤다. 잘 모르는 사람들 사이의 토론이라 예의는 지켜지지만, 재미로 하는 토론이라 토론 규칙이 잘 안 지켜질 때도 있다. 상대방의 말을 끊고 들어오는 등 아슬아슬하게 논쟁이 어어지지만 이 경우에도 결코 화를 내거나 욕하지 않는다. 물론 싸움으로 번지는 경우도 없다. 이런 펍 토론에서 가장 많이 쓰이는 책이 바로 '기네스 기록'이다. 누군가가 토론 중에 나온 각종 수치 기록을 증명하기 위해서 기네스 기록을 들이대면 바로 그 자리에서 승부가 끝나 버린다. 바로 이런 이유로 기네스 기록이 만들어졌고, 지금도 영국에서 가장 오랫동안 가장 많이 팔리는 책이 기네스 기록이다.

여기에 더해 영국 사회의 지도자를 양성하는 명문 사립학교는 학생들의 연극 경험까지 필수 과정으로 삼는다. 학생 전원이 1년에 두 번씩은 반드시 무대에 서는 경험을 하게 한다. 주인공이든 조연이든 그냥 엑스트라든지 간에 무대에 선다. 이런 경험을 통해 대중 앞에서의 발표력, 대사 전달 연습, 단원들과의 협동, 조역임에도 최선을 다하는 희생정신, 단체의 결정에 대한 복종 같은 사회구성원이자 지도자로서의 자질을 배운다. 영국 각 사회단체(자선·취미·정당·재단)의 모임도 사실 이런 토론과 토의를 기본으로 한다. 이런 토론 훈련을 받지 않고 사회로 나가면 결코 제 몫을 할 수가 없을 정도다. 영국 하원의 전체 의원 총회 방송을 보면 여야 지도부도 거의 펍에서의 토론 같은 형식으로 국정을 논의한다. 결국 영국 사회는 처음부터 끝까지 토론의 연장이다.

상명하복 서열 없는 사회

이제 상대가 누구이건 영국인이 '쫄지 않고 당당하게' 말하는 이유를 살펴보자. 영국인은 태어나서 가정이나 학교, 회사에서 무조건의 상명하복식 서열 관계를 평생 한 번도 겪어 보지 못한다. 영국인은 세상을 살아오면서 누군가에 의해 자신의 말이 중단되는 경험을 해 본 적도 없다. 우선 부모 자식 간에도 그렇다. 부모는 아무리 어린 자식이라도 말을 할 때는 '반드시' 경청을 해 준다. 부모가 반드시 지켜야 할 미덕이라서 지키는 일이 아니다. 부모도 어릴 때 자신의 부모로부터 말이 강제로 막혀 본 경험이 없다. 아예 자식의 말을 막으려는 시도 자체를 생각도 하지 못한다. 좀 심하게 이야기하면 영국인의 유전자 안에는 타인의 말을 윽박지르는 DNA가 없다고까지 말할 수 있다. "영국인이 굉장히 소심해서 자식을 윽박질러 말을 막을 때 생기는 긴장 관계와 불편이 겁나서 그런다"는 말도 있지만 이건 그냥 웃자고 하는 이야기이다. 영국인은 자식뿐만 아니라 누구의 말도 중간에 끊으려 하지 않는다. TV에서 정치인들끼리 토론을 해도 상대방의 말을 다 들은 다음에야 자기 말을 시작한다. 물론 자신의 말을 끊으려는 시도가 들어오면 그가 뭐라고 해도 자신의 말을 끝까지 한다.

물론 영국 아이들도 말이 안 통할 만큼 떼를 쓰는 경우가 있긴 하지만 그럴 경우에도 영국 부모는 일단 인내심을 가지고 아이의 말을 다 들어 준다. 형제자매 사이에도 영국 가정에는 엄격한 위계 서열이 없다. 형이라고 모든 걸 다 동생에게 양보해야 한다든지, 동생이라고 형의 말을 무조건 다 따라야 한다는 규칙이 없다. 그런 형이나 언니의 '압제'를 허락하지도 않지만, 동생들도 그런 관습을 어디서도 본 적이 없기에 고분고분 따르지도 않는다. 유치원에서마저도 가장 중요하게 지키는 원칙이 다른 아이를 괴롭히는 아이에 대한 제재이다. 만일 한 아이가 너무 심하게 행동하면 유치원에서는 반드시 제재를 가하고 부모에게 통보한다. 계속 반복되면 퇴원을 시킨다. 그래서 유치원에서마저 서로 존중하고 기다려 주는 모습을 볼 수 있다. 선생님들도 그런 행동을 가르치려고 노력한다.

영국 학교에서는 교사와 학생 사이도 절대 상하의 개념이 아니다. 영국 학교에서는 학생들이 아직도 선생님을 미스터Mr, 미세스Mrs,

영국 학교의 학생들은 전혀 주저하지 않고
선생님에게 자신이 하고 싶은 말을 한다.

미스Miss라는, 일반 사회에서는 이제는 잘 안 쓰는 최존칭으로 부른다. 동시에 교사들도 학생을 존중한다. 예를 들면 남학생들을 단체로 부를 때는 '신사들gentlemen'이라고 칭한다. 심지어 초등학교 저학년 학생들에게도 그렇게 부른다. 이런 단적인 예에서도 교사와 학생 간의 관계를 알 수 있다. 물론 존중에는 의무나 요구도 따른다. 초등학교 저학년이라고 응석을 받아 주지 않는다. 분명한 원칙과 규칙이 따른다. 동시에 학생들도 할 말은 다한다. 자신이 분명 잘못했음에도 미안해하기는커녕 선생님 앞에서 또박또박 왜 자신이 그런 행동을 했는지를 설명해서 정당화하려고 한다. 물론 선생님 입장에서 보면 말도 안 되는 변명이나 핑계에 불과하지만, 학생으로서는 자신의 심각한 의견이라고 당당하게 말한다. 그걸 교사는 끝까지 인내를 가지고 다 들어 준다. 말이 끝나면 그제야 교사는 말을 한다.

내가 봤던 가장 귀여운 장면은 한 학생이 숙제를 해오지 않아서 선생님이 책임 추궁을 하니 자신은 '안 해' 오지 않고 '못 해' 왔다고 변명을 하는 모습이었다. 자신이 어제 하교할 때 숙제를 적은 종이를 안 가지고 가서 숙제가 뭔지 몰라 못 했다고 당당히 이야기하고 있었다. 그러자 선생님은 "친구에게 전화해서 물어볼 생각을 왜 안 했느냐"고 반박하니 학생은 대답은 안 하고 어깨만 들썩하고는 선생님 얼굴을 빤히 쳐다봤다. 그래서 선생님이 재차 대답을 재촉하자 "그런 생각이 나지 않더라"는 말도 안 되는 변명을 대답이라고 했다. 선생님은 "앞으로는 하교할 때 내게 숙제 종이를 가지고 가는지를 반드시 확인하고 가라"고 마무리 지었다. 학생은 끝까지 그래도 전혀 자신이 잘못한 바가 없는데 왜 선생님이 야단을 치는지 모르겠다는 표정이었다. 선생님은 끝까지 학생의 말을 들어 주었고, 학생은 선생님의 눈을 똑바로 쳐다보고 또박또박 분명하게 말도 안 되는 핑계를 대는 장면이었는데 잊지 못할 경험이었다. 영국 학교에서는 학생에게 '말을 할 때 상대방 눈을 쳐다보고 하라'고 가르친다. 눈을 내리깔고 입 안에서 웅얼거리지 말라는 뜻이다. 무슨 말이든 당당하게 하고 설사 사과를 하더라도 분명하게 하라고 가르친다.

영국 학교에는 학생 간 엄격한 선후배 서열이 없다. 한 학년을 여러 그룹으로 나누어 아래위 선후배로 엮은 다음, '하우스'를 만들어 서로 여러 가지 면에서 경쟁을 시킨다. 이때도 형, 동생 같은 호의적인 관계의 선후배가 있을 뿐이다. 우리처럼 선배가 후배에게 기합을 주는 법은 있지도 않고 통하지도 않는다. 때문에 영국 사회에서는 학교 동창이라고 해서 생면부지의 성인이 친분 관계도 없이 금방 형, 동생 하는 일은 절대 없다. 물론 동창회 활동도 별로 없다. 같은 의미의 향우회도 없다. 그래서 영국인은 태어나서 죽을 때까지 서열이라는 개념을 별로 느껴 보지 못한다. 상명하복이라는 상황도 전혀 이해하지 못한다.

사회에 나와서도 마찬가지다. 회사든 단체든 일을 가르치고 배우는 관계는 있을 수 있으나 기수로 인한 선후배 관계는 없다. 심지어 영국 회사에는 상사와 부하의 관계도 없다는 말까지 있을 정도이다. 영국 TV드라마의 단골 인기 주제 중 하나는 상관을 부하들이 놀리고 골리는 에피소드이다. 가장 유명했던 드라마가 〈오피스Office〉였는데 경영층의 요구와 말 안 듣는 부하들 사이에서 곤혹을 겪는 중간 관리자인 매니저를 통해 영국 사회를 그린 드라마였다. 영국 사회는 수평사회이지 서열 관계가 분명한 수직사회가 아니다. 그래서 영국인은 부당한 강요나 명령에 복종해 본 억울한 경험이 없다. 영국 사회에는 갑을 관계가 거의 없다고 해도 과언이 아니다.

할 말은 하고, 불만도 없고

살아가면서 참고 넘어갈 수 없는 부당한 일을 당하면 하소연하고 해결해 줄 사회적인 기관이나 제도도 영국에는 아주 많다. 영국인이 공기관으로부터 부당한 일을 당하거나 목격하면 제일 먼저 하는 말이 '내 지역구 하원의원에게 편지를 쓰겠다'이다. 그만큼 영국 하원의원은 유권자의 발언에 귀 기울이며 고충을 해결해 준다는 방증이다. 그뿐만 아니라 시민들이 하소연하면 대충이 아니라 끝까지 나서서 해결해 주는 제도도 잘 되어 있다. 직장인은 노동조합에 제일 많이 의존한다. 그래서 영국 노동조합원들은 회비 내는 걸 절대 아까워하지 않는다. 각 지역마다 시민고충센터도 존재하고 관련 자선 단체도 많다. 또 고용주와의 관계로 직장인이 법적인 도움을 받아야 하는 단계에 가면 변호사 비용을 국가에 신청해서 받을 수도 있다. 그래서 영국인은 어떤 방법이든 자신이 당한 일로 인해 두고두고 고통받는 경우가 없다. '미투 사건'이 세상을 뒤집을 때도 영국은 잠깐 시끄럽다가 마는 정도였다. 결국 억울한 일을 당한 사람들이 많지 않고, 이미 해결을 다 하고 지나갔다는 의미다.

이렇게 어려서부터 당당하게 말하면서 살아온 영국인은 누구 앞에서나 움츠러들지 않는다. 평생 살아오면서 말을 중간에 잘려 본 적도 없고 윽박지름을 당해 본 적도 없으니 그럴 만하다. 어디서고 누구에게든 당당하게 자신의 의견을 제대로 표하면서 살아와서인지 영국인에게는 '한恨'이 없는 듯하다. 그래서 사회 체제와 자신의 처지에 대해 큰 불만도 없어 보인다.

젊은 노인(Young old)을 뜻하는 신조어로,
연령으로는 노인이지만 체력과 정신 등의 면에서는
젊은 사람을 가리킨다.

젊은 노인들, 영국의
'욜드족'이 사는 법

영국에도 '욜드yold: young old'가 늘어나고 있다. 욜드는 연령으로
는 노인이지만 체력·정신 등 모든 면에서 아직 젊어 노인으로 취급
하기 힘들다는 뜻으로 쓰이는 신조어이다. 영국에서는 욜드를 국가
연금state pension을 받는 65세부터 75세까지로 여긴다. 2020년 1
월 기준, 영국 인구 6772만 1912명 중 욜드 연령대는 13.6%인 921
만 2396명이다. 이 중 여자가 52.25%인 480만 2932명, 남자는
47.75%인 440만 9464명이다. 여자가 무려 39만 3468명이나 더 많
다. 영국도 여자가 더 오래 산다는 방증이다. 요즘에는 젊은 노인들
이 너무 많아져서 이제 욜드 구분을 65세가 아니라 최소 70세부터
시작해서 80세까지로 규정해야 한다는 말까지 나오고 있다.

영국에서는 2011년부터 종전의 법적 은퇴연령default retirement age 65세를 완전 폐지하면서 '젊은 노인' 현상이 더욱 현저하게 나타나고 있다. 은퇴연령 폐지 이후 이제 영국의 직장에서는 나이를 이유로 자동 해고를 하지 못하게 되었다. 그뿐만 아니라 구인 광고에서도 연령 제한을 두지 못한다. 직장에서도 노년층 종업원이 은퇴하는 상황을 대비하기 위해 "언제 은퇴할 거냐" 묻기도 조심스러워졌다. 만일 피고용자가 이런 물음을 은퇴 압력이라고 생각하면 소송이 가능하다. 실제 배상금을 물어준 사례가 있다. 그래서 근로자는 직장에 은퇴 시기를 말할 필요 없이 그냥 능력이 닿을 때까지 근무하면 된다.

실제 영국 직장에서는 노년층이 계속 일하게 되면서 긍정적인 효과가 부정적인 효과보다 더 크다는 통계가 많이 나왔다. 체력은 물론 판단력도 전혀 문제가 없다는 이유에서다. 그래서 은퇴한 노인이 무료하게 지낼 이유가 없어졌다. 더군다나 브렉시트 이후 식당 종업원이나 슈퍼 계

영국의 노인들은 은퇴 후의 시간을 '죽음을 기다리는 때'가 아닌 '제2, 제3의 삶을 누릴 기회'라고 여긴다. 그리고 체력이 닿는 한 일하고 배우고 즐기려고 노력한다.

산대 직원 같은 단순노동을 많이 하던 동구권과 지중해 연안 국가 젊은이들이 자기 나라로 돌아가 영국은 아주 심한 인력난을 겪고 있다. 그래서 욜드족이 별 책임 없고 육체적으로 힘들지 않은 일을 찾으면 정말 널리고 널렸다. 영국 업체들은 거기다가 코로나바이러스를 겪으면서 인력난으로 영업시간을 줄이고 심지어는 메뉴 중 거의 반을 줄이는 등 비상사태이다. 그래서 정년을 없애고 욜드족을 계속 일하게 한 정책이 앞을 내다본 '신의 한 수'였다는 칭찬도 나온다. 만일 그렇지 않았다면 경제가 인력난으로 심각한 상황을 맞았을 수도 있다는 말이다.

영국에서는 2021년 초 65세 이상 인구 120만 명이 현직에서 일하고 있다는 통계가 나온 적이 있고 현재는 200만 명도 넘는다. 앞서 말했듯 동구권 인력이 브렉시트로 돌아간 공백을 바로 욜드족이 채우고 있는 셈인데, 문제는 욜드족이 못하는 '체력을 소모하는 일'이다. 현재 영국에서 가장 심각한 인력난은 장거리 수송을 하는 트럭 운전자 부족이다. 브렉시트 전에는 주로 폴란드를 비롯한 동구권 인력이 메웠으나, 이들이 귀국하고 나서는 물건을 수송할 수 있는 인력이 없어 주유소가 문을 닫고 슈퍼 진열대가 비어 있는 모습이 이상한 일이 아닐 정도가 되었다. 욜드족도 그런 체력을 소모하는 일은 못하니 대체할 수도 없어 영국의 고민이 깊어지고 있다.

나이는 숫자에 불과하다

1992년만 해도 65세 이상 인구의 불과 5.5%인 47만 8000명만 현직에 있었는데 2020년 1월에는 10.2%가 일을 했다. 영국 인구 중 약 3230만 명이 노동인구인데 200만 명이면 영국 전체 노동인구의 6.1%에 달한다. 이 노령 노동인구 중 34.2%가 본래 다니던 회사에서 일을 하고 있다는 통계도 흥미롭다. 자신이 하던 일을 계속하고 있다는 뜻이다. 은퇴해서 손자 볼 나이에 평생 해 오던 일을 계속하면서 인생을 즐기고 있다는 말이다. 결국 그만큼 체력적으로 따라 준다는 뜻이기도 하다. 직장은 직장대로 숙련된 직원을 계속 쓸 수 있어서 좋다. 결국 회사와 직원이 모두 행복한 윈윈의 상황이어서 좋은 현상이다. 특히 계속해서 일을 하는 욜드족이 은퇴해서 집에서 쉬는 욜드족 보다 건강과 체력이 더 좋다는 통계도 흥미롭다. 또한 일하는 욜드족의 정신 건강이 그렇지 않은 욜드족보다 훨씬 더 좋다고 한다.

그래서 요즘 영국에서는 공공연하게 이런 말이 나온다. '세월로 나이를 드는 게 아니고 느낌으로 든다(You're Only as Old as You Feel Not as Your Age).' 거기다가 나이로만 드는 생체연령biological age과 자신이 믿는 체감연령subjective age이 다르다는 말도 나온다. 나이는 숫자에 불과하다는 말이 바로 생각난다. 물론 이를 경제적인 곤궁 때문에 자신이 원하지 않는데도 계속 일하는 것 아니냐는 식으로 부정적으로 볼 수도 있지만 영국 사회복지제도를 보면 그런 경우는 드물지 않나 하는 생각이다. 노령인구에 지급되는 영국 국가연금의 경우 1개월에 780파운드(약 128만 원)나 된다. 부부라면 1560파운드(약 257만 원)를 받는 셈이다. 넉넉하지는 않아도 소위 말하는 생계유지 금액은 된다.

또 다른 혜택도 상당히 많다. 영국 병원은 원래 모든 치료가 무료여서 어떤 치료를 받더라도 자기 부담이 전혀 없지만, 처방전에 따른 약 구매는 종류별로 돈을 낸다. 그러나 65세가 되면 약이 무료다. 많지는 않지만 100파운드(약 16만 원) 정도의 겨울 난방비도 나오고, 런던 시내 및 근교의 버스와 지하철은 모두 무료이고, 기차도 할인해 준다. 영국 전국의 관광지도 할인을 해 준다. 심지어는 일부 극장과 영화관도 할인해 주기도 한다. 이런 식으로 나이가 들면 무료나 할인 혜택이 많아져서 집을 가지고 있고 욕심만 부리지 않는다면 정부 연금만 받아도 부부가 굳이 노동하지 않고도 충분히 살아갈 수 있다.

영국 역사상 가장 부유한 세대

지금 욜드 세대는 영국 역사상 가장 부유한 세대라고 칭해진다. 우선 욜드가 결혼해 집을 사던 30대 때인 1980년대 이후 영국 집값이 수직 상승하기 시작했다. 런던 집값은 1986년만 해도 평균 5만 5000파운드(약 8800만 원)였는데 2014년에는 49만 2000파운드(약 7억

8720만 원)로 거의 9배가 올랐다. 또 당시 직장들은 지금에 비해 후한 직장연금을 운용하고 있어서 당시 좋은 직장을 다녔으면 지금까지도 혜택을 받고 있다. 62%의 영국 은퇴자들이 직장연금occupational pension 을 아직도 받고 있다는 사실이 이를 보여준다. 거기다가 젊을 때 집을 사면서 같이 붓기 시작한 개인연금private pension까지 챙기고 있다. 결국 제대로 자신의 삶을 관리해 왔다면 60대 이상 은퇴자, 즉 영국 욜드족은 국가연금, 직장연금, 개인연금까지

영국은 현재 은퇴한 노령층이 가장 부유한 세대들이다.

해서 세 가지 연금 혜택을 누리고 있다. 2020년 1월 기준, 영국의 60대 중반 세대는 평균 33만 2000파운드(약 5억 3120만 원)의 부를 어떤 형태로든 가지고 있다는 통계도 있다. 그에 비해 80세 그룹은 평균 18만 6000파운드(약 2억 9760만 원), 30대는 5만 5000파운드(약 8800만 원)밖에는 없다. 소위 말하는 베이비붐 세대들이 영국에서 가장 윤택한 삶을 사는 세대들이라는 뜻이다.

단순 통계로 봐도 60대가 영국 국민 평균보다 훨씬 많은 부를 보유하고 있다. 영국 국부國富는 2017년 기준 12조 8000억 파운드(약 2경 480조 원)인데, 국민 1인당 18만 9008파운드(약 3억 241만 원) 꼴이다. 이 통계에 비춰 보면 60대 중반의 부는 국민 평균의 1.75배이

다. 그뿐만 아니라 현재 영국 욜드족의 20%는 백만장자라는 통계도 있다. 100만 파운드(약 16억 원) 이상의 부를 쌓았다는 의미다. 이 세대의 96%는 부를 물려받은 것도 아니고 자신의 세대에서 재산이 늘었다. 2006년에는 이 연령대의 7%만 백만장자였다. 결국 주택 가격 상승으로 백만장자들이 만들어진 셈이다. 백만장자의 기준인 100만 파운드는 부동산, 연금, 유산 상속을 모두 포함한 금액이다.

 이 세대는 2006~2016년의 고율 이자와 주식 상승, 주택 가격 상승의 혜택도 모두 제대로 누린 세대이다. 그래서 영국 국부의 28%를 소유하게 되었다. 결과적으로 지금의 욜드는 영국 역사에서 가장 복 받은 세대라는 말이 나오지 않을 수 없다. 1945년 2차 대전이 끝나고 태어나서 한 번도 전쟁의 참화를 겪지 않고 계속 발전만 하던 시대에 살아온 세대이니 그런 말을 듣게도 생겼다. 이는 한국의 같은 세대도 같은 상황이다. 6·25 동란 이후에 태어나 전쟁 한번 겪지 않고 살았다. 물론 한창 일하는 나이에는 제대로 쉬지 못하고 일만 하고 살았지만 부모나 형님 세대와는 달리 좀 심하게 이야기하면 '단군 이래에 자기 돈을 가지고 은퇴하는 첫 세대'라는 말을 듣고 있다. 이 한국 베이비부머들이 제대로 인생을 설계하고 살았다면 거의 모두 집 한 채는 최소한 가지고 있고 해외 여행 정도는 여유롭게 다닐 수 있는 경제력을 가지고 있다. 그래서 단군 이래로 가장 여유로운 은퇴 생활을 하는 세대라는 말도 나온다.

철두철미한 욜드족의 인생 설계

욜드족들이 지금 안정된 삶을 즐길 수 있는 이유는 대부분 자신의 삶을 미리 예상하고 평생에 걸쳐 차곡차곡 준비하면서 살아온 결과이기도 하다. 영국인들이 은연중에 많이 쓰는 말 중에는 '예상 가능한 인생의 일과 예상치 못한 일(predictable life events and unpredictable life events)'이 있다. 예상이 가능한 인생의 일 중 가장 중요한 일이 바로 '교육을 시작하는 일, 취직하는 일, 가정을 가지는 일, 은퇴하는 일(starting school, starting job, starting a family and starting retirement)'이다. 반면 예상치 못한 인생의 일은 '이혼, 실직, 이사, 질병' 등이다. 영국인은 이사를 이혼이나 실직만큼이나 어려워한다. 새로운 곳에서 다시 이웃을 사귀고 삶을 시작하는 것을 그만큼 힘들어한다는 뜻이다. 태어난 고향에서 크고, 학교를 다니고, 취직해서 동네에서 배우자를 만나 결혼하고, 거기서 아이를 놓고 그러다가 은퇴하는 삶은 영국인들이 가장 선호하는 삶이다. 왜냐하면 익숙한 곳에서의 삶에는 긴장이 없어서이다. 누구나 새로운 일과 낯선 환경에 닥치면 긴장하고 스트레

영국에서 가장 아름다운 마을,
버튼 온 더 워터에서 노년을 즐기는 노인들.

스를 받기 마련이다. 그래서 가장 바라는 삶이 바로 '예측이 가능한 삶predictable life'이다. '언제 학교 졸업하고, 언제 취직하고, 언제 가정을 만들고, 언제 은퇴하고'가 머릿속에는 항상 있다. 이처럼 머릿속으로 구상한 인생 스케줄에 따라 모든 걸 하나하나 준비해 간다.

이뿐만이 아니다. 내일 퇴근 후에 뭘 하며 이번 주말, 다음 달 주말은 어떻게 보낸다는 계획도 머릿속에 꽉 짜여 있다. 심지어는 10년 뒤 혹은 20년 뒤 내가 뭘 하고 있을 거라는 것쯤은 대다수의 영국인이 잘 안다. 이들은 그렇게 하지 않고는 불안해서 못 사는 종족이다. 영국인은 보기보다 대단히 간이 작고 겁이 많고 수줍다. 그래서 세상 모든 일을 준비하고 대비해야 한다. 위에서 든 '예상치 못한 일'에는 갑자기 경비가 드는 돌발 사건도 포함된다. 예컨대 각종 가전제품을 비롯해 자동차와 보일러가 고장이 나는 일도 여기에 포함된다. 그래서 추가로 돈을 주고 제품의 공식 품질보증 기간을 정해진 기간보다 한참 더 연장해 놓는 영국인도 많다. 거의 기계 수명이 다할 때까지 말이다.

자동차를 사면 보증 기간이 보통 3년인데, 보증 수리 기간을 3년 더 늘려 놓는 식이다. 보일러도 보통 10년이 수명인데 이 기간이 지난 뒤 1~2년 사이에 발생하는 고장에 대한 수리 보험도 든다. 경비는 크게 부담되는 금액은 아니지만 이것저것 합치면 만만치 많다. 그래도 불안을 안고 살거나 갑자기 예상치 못한 거금을 들이기보다는 적은 금액으로 이런 횡액을 막아 놓아야 안심한다는 족속이다. 심지어 불가피한 이유로 내년 휴가를 못 가게 될 상황을 대비해서 보험을 들어 놓을 정도이다. 취소불가를 조건으로 염가로 아주 일찍 예약을 했는데, 가족이 아프거나 하는 상황이 생길 때를 대비해서 드는 보험이다. 기차표를 사도 항상 보험을 들라고 권유하는 항목이 있다. 취소 시 환불이 전혀 안 되는 표를 샀다가 혹시 불가피한 사정으로 표를 못 쓰게 되면 보험으로 보상을 받는다. 몇 파운드 되지 않기에 많은 영국인들은 혹시 하고는 보험을 들어 놓는다. 이 때문에 영국은 보험 천국이고, 보험 산업이 엄청 발달했다. 경비가 좀 들더라도 만일에 대비하고 안심하고 사는 방식이 간이 작고 소심한 영국인들의 삶이다.

은퇴 후, 삶이 더 바빠졌다

이렇게 잘 준비한 영국인들이 은퇴 후 무엇으로 사는가는 은퇴자마다 다르겠지만 대충 세 가지로 나눌 수 있다. 일단 '취미', '봉사', '일상'으로 보면 된다. 우선 '취미'에는 평생 해 온 취미도 있지만 나이 들어 시간이 풍부할 때 하려고 미뤄 놓았던 것도 많다. 이를 하나하나 해 보는 것을 취미라고 분류한다. 예를 들면 사교춤을 배운다든지, 기타를 배운다든지 평소에 해 보고 싶던 것을 하고 소일하고 보람도 느낀다. 각 동네마다 주민 센터 같은 곳에는 이런 프로그램들이 염가로 수도 없이 많다. 일종의 복직 수단으로 지방자치 기관들이 하는 경우도 있고, 자선 단체들이 하기도 한다.

다음이 '봉사'인데, 자원봉사 단체나 자선 단체에 들어가서 얼굴 모르는 타인을 위해 일하는 행동도 여기 속하지만 정당에 가입해 자원 활동을 하는 일이나 자연환경 보호 같은 사회 활동을 민간 기구에서 하는 일, 자선 상점에서 물건을 파는 일도 봉사에 들어간다. 사실 영국 노인들은 당당하다. 그래서 누구 눈치를 보지 않고 자기가 사회에 도움이 되는 일이라면 솔선수범 나서서 한다. 종합 병원에 가 보면 자신이 보살핌을 받아야 할 듯한 노인들이 팔에 완장을 차고 구석구석에서 내원 환자를 돕는 걸 볼 수 있다. 결국 집에 무료하고 우울하게 있느니 나와서 동료도 만나고 바깥 공기도 쐬고 봉사도 하며 즐겁게 산다.

'일상'은 가사를 돌보는 일이다. 예를 들면 집안 수리, 집안 장식, 정원 관리, 자동차 수리 등등이다. 워낙 인건비가 비싼 영국이라 집안의 사소한 수리 같은 일을 주말에 평생 해 오긴 했지만 이제 본격적으로 매달려야 한다는 말이다. 그래서 정말 영국 은퇴자들은 "일할 때보다 더 바쁘다"라고 즐거운 비명을 지른다. 소위 한국에서 말하는 '백수 과로사' 이야기와 같다.

내가 특히 관심을 두는 영국 은퇴자들의 '취미'를 좀 더 자세하게 살펴보자. 영국에도 한국과 마찬가지로 동네마다 은퇴자를 위한 교육 기관이 있는데 비용도 저렴하고 아주 다양하다. 일방적으로 배우기만 하지 않고 자신의 재능 기부를 통해 서로 가르쳐 주고 배우는 활동도 활발하다. 그런 단체 중 하나가 'U3AUniversity of the Third Age'라는 민간단체이다. 정규 대학과정이 아니라 이름만 대학인데 쉽게 말하면 한국의 노인대학 같은 곳이다. 그런데 여기에는 전문 강사가 없고 노인들끼리 서로 가르쳐 주고 배운다. 예를 들면 전공이 플루트인 은퇴 음악교사가 플루트를 가르쳐 주면서 동시에 옆의 코스에 가서 작문을 배우는 식이다. U3A의 특징은 따로 교실이나 캠퍼스가 없다는 점이다. 자신들의 집에서 삼삼오오 모여서 활동한다. 물론 동네 도서관, 공회당, 교회 같은 곳도 모임 장소로 쓰인다. 현재 영국에만 40만 명의 U3A 회원이 1000여 개의 캠퍼스에서 활동하고 있는데 그 산하에 개인들이 관심 분야별 그룹을 만들어 활동하고 있다. 전국에 몇 개의 그룹이 있는지는 다 파악도 안 된다. 예를 들면 영국 중부 지방 도시 세필드Sheffield U3A 홈페이지에만 들어가 봐도 피아노, 작문, 시사(정치·경제·역사), 언어, 독서, 과학, 기술, 산보, 음악, 악기, 철학, 길 찾기orienteering, 예술과 명상, 서예, 공예, 정원, 집 수리, 노래, 사이클링, 합창 등등 없는 게 없이 별별 코스들이 다 있다. 강사도 학생도 모두 은퇴자들이다. 소위 말하는 자기 돕기self-help의 상호 재능 기부인 셈이다.

'봉사'도 더 자세히 알아보자. 영국에는 약 16만 개의 자선 단체와

2만 개의 유사단체가 있다. 여기서 82만 7000여 명의 정규 직원이 일하고 1년 예산만 72조 원을 쓴다. 이들 82만 명과는 별도로 수도 다 셀 수 없는 자원봉사자들이 일을 돕는다.

실제 자선 단체의 거의 모든 일은 자원봉사자들에 의해 이뤄지고 있다고 보면 된다. 만일 단체 하나당 열 명의 자원봉사자가 일한다면, 무려 160만 명이 자원봉사를 한다는 말이다. 거기다가 각 정당 풀뿌리 민주주의 첨병인 평당원의 자원 활동을 비롯해, 각종 사회활동 단체까지 치면 정말 어마어마한 인원이 자신이 옳다고 믿는 바를 위해 시간을 내서 활동하고 있다. '편하게 인생을 즐긴다'는 명제와 함께 '살아가는 일에 적극적으로 개입한다'는 보람에 영국 은퇴자들은 기꺼이 봉사 활동을 한다. 봉사 활동을 한다고 여기지 않고 자신이 즐긴다고 생각한다. 나이가 들다 보니 보다 더 지혜로워져 다른 사람의 의견에 쉽게 휘둘리지 않고, 부양가족도 없기 때문에 자신이 하고 싶은 일을 아무런 제약 없이 할 수 있어서 좋다고 자신들은 생각한다.

은퇴자들이 중시 여기는 '일상'은 어떨까? 영국의 집은 우리 같은 아파트와 달리 낡아서 항상 손을 봐야 하는 일이 정말 많다. 크지도 않은 정원은 여름에는 일주일만 손을 안 대도 정글이 된다. 마당 잔디에 나는 각종 잡초는 물론, 잔디마저 하루 사이에 눈에 띄게 자란다. 이걸 즐거움이라고 받아들이고 손질을 해야지 골칫거리로 여기면 정원이 아니라 나를 괴롭히는 괴물이 된다. 정말 인건비가 워

영국 은퇴자들은 매일 반복되는 일상에서 행복을 느낀다.

낙 비싸서 집안일은 전부 내 손으로 해야 한다. 거기다가 자동차 손질까지 해야 한다. 간단한 엔진 오일, 공기 필터 교환 같은 일은 반드시 내 손으로 한다. 그렇게 하려면 기구도 있어야 하고 간단한 기술은 배워야 하니 동네에서 열리는 관련 강좌도 들어야 한다. 돈도 돈이지만 늘그막에 배운 이런 가정 일에 재미를 느껴 동네 DIYDo It Yourself(손수 하기) 상점에 가서 이것저것 사들이는 사람들도 많다.

이렇게 이런저런 집안일에 매달리다 보면 사소한 일상만으로도 하루가 짧다. 이런 일을 소소한 행복이라고 여기면 다행이지만 일로 생각하면 정말 골칫거리가 된다. 다행히 영국인들은 어릴 때부터 부모를 도와 옆에서 배우면서 몸에 배어 있어 일이 아니고 즐거움의 하나라고 여긴다. 정말 열심히 정원 가꾸고 가구와 자동차 등을 닦고 고치면서 살아가는 걸 보면 정말 즐거움은 멀리 있지 않고 가까운 곳에 있다는 생각이 든다. 항상 깔끔하게 정리된 옆집 정원을 봐도 마찬가지다.

대학도 노인 신입생들 늘어

주위의 영국 은퇴자들은 은퇴를 진짜 제2의 인생이라고 여긴다. 가장 중요한 이유는 생업 때문에 못 누려 본 인생을 살아 보는 기회가 열렸다고 생각하기 때문이다. 그래서 은퇴를 '재발견re-discovery'과 '재창조re-create'의 기회라고 말하는 사람들도 많다. 2019년 영국인의 예상 수명은 81.77세(여자 82.9세, 남자 79.2세)로 세계 29위를 기록했다. 참고로 한국은 83.5세로 세계 25위이다. 영국보다 더 오래 산다. 1위는 홍콩의 85.29세, 2위는 일본의 85.03세다. 이런 노인 대국에서는 65세에 은퇴를 했다면 20년은 더 인생을 설계할 수밖에 없다.

실제 욜드족에게는 '계속해서 일하고 계속해서 활동하여 참여하는 일(continue to work, and staying socially engaged)'이 저주가 아니라 축복이 되었다. 영국에서는 체력뿐 아니라 재력도 뒷받침되는 이 욜드족에 어떻게 대처해야 하는지 산업계의 논의도 뜨겁다. 이들을 자기네 비지니스로 연결하고자 하는 각종 콘퍼런스가 열리고 전시회도 활발하다. 노인용품, 식품업계, 서비스산업과 금융시장까지 새로운 판을 짜고 있다. 특히 항공산업과 관광업계는 욜드족들을 수용하기 위해 노심초사하고 있다. 영국 대학교도 은퇴 후 새로 공부를 시작하겠다는 노년 신입생Old Freshmen들을 맞아 고심하고 있다.

2018년 11월 초, 네덜란드 남자 한 명이 자기의 생체연령은 69세이지만 자신이 느끼기에 20년은 더 젊으니 나이를 바꿔 달라고 법원에 해괴한 신청을 했다. 이름은 물론 성별까지 바꾸는데 숫자에 불과한 나이는 왜 내가 느끼는 대로 못 바꾸냐는 논리였다. 의사도 자신의 신체 조건이 40대와 다름없다고 확인해 줬다는 증명서까지 제출했다. 신체적으로 아무 문제가 없음에도 나이 때문에 새 직장을 못 구하고 주택융자도 못 받아 좋은 집으로 이사도 못 간다는 불평도 늘어놓았다. 특히 데이팅 앱에서 나이 때문에 상대를 구할 수가 없다고 불평했다. 어찌 보면 상당히 설득력이 있는 주장이었고, 수많은 노인들이 환호를 지르면서 관심을 가지고 추이를 지켜보았다. 하지만 한 달 뒤에 나온 네덜란드 법원의 판결은 '불허'였다. 사정은 충분히 이해하지만 사회의 모든 제도가 나이에 기준을 두고 있어서 나이를 변경해 주면 사회에 너무 큰 혼란을 불러일으킨다는 이유였다. 욜드족이 늘어나는 현대 사회에서도 아직 절대 기준인 나이를 바꾸는 건 시도하기 어려운 일인가 보다.

5장

지금의 영국인을 만든
영국인

영국 낭만파 시인의 대표 주자인 워즈워스는 저작권과 관련된
사회 제도를 바꾸기 위해 거의 평생을 바쳐 노력했다.

모든 작가들이 빚진 시인,
워즈워스

2020년은 영국 낭만파 시인이자 호수파 시인으로 유명한 윌리엄
워즈워스William Wordsworth(1770~1850)의 탄생 250주년이었다.
이 유명한 시인을 기념할 법한데 영국에서조차 의외로 조용했었다.
《1984》,《동물농장》을 쓴 조지 오웰의 경우는 사망 70주기라고 책
도 많이 팔렸고, 베토벤은 탄생 250주년이라고 기념 음반 발매와 함
께 여러 곳에서 기념 공연이 열리고 있었는데 말이다. 영국인에게 있
어 워즈워스는 시인 소월 김정식이 한국인에게 주는 만큼의 주요한
정서적인 비중을 갖고 있다. 우리나라의 유행가 가사로 소월의 시가
가장 많이 쓰였듯이, 영국인들도 연애 편지 문구로 워즈워스의 시를
정말 많이 애용해서 연인에게 사랑을 호소했다. 그럼에도 탄생 250

주년이 너무 소홀한 듯했다. 결국 영국도 '시는 돈이 되지 않는다'는 인식이 퍼져 있는 게 아닌가 하는 생각까지 들 정도였다.

워즈워스의 대표작 두 편은 우리가 정확하게 누구의 시인지 모르면서도 눈에 많이 익다고 느끼는 시다. 우선 〈무지개The Rainbow〉부터 보자.

워즈워스의 모습을 담은 빈티지 그림.

하늘에 뜬 무지개를 볼 때
내 가슴은 뛴다.
내 삶이 시작될 때도 그랬고
어른이 된 지금도 그렇다.
내가 늙어서도 그러하길.
그렇지 않으면 차라리 나를 죽게 내버려 두라.
아이는 어른의 아버지
나의 모든 날이 타고난 신앙심에 서로 엉켜 있기를.

My heart leaps up when I behold
A rainbow in the sky:

So was it when my life began;

So is it now I am a man;

So be it when I shall grow old,

Or let me die!

The Child is father of the Man;

I could wish my days to be

Bound each to each by natural piety.

여기서 가장 유명한 시구는 바로 '아이는 어른의 아버지(The Child is father of the Man)'이다. 누구든 그 뜻을 알 듯하면서도 동시에 시인이 전하고자 하는 정확한 의미를 알 수 없는 듯한 시구이다. 이 시를 제대로 맛보려면 영국인처럼 영어로 시를 소리 내어 읽어 봐야 한다고 감히 주장한다. 이유를 살펴보자.

영어 원어가 갖는 흥과 맛

글을 근본으로 하는 소설과는 달리 시와 희곡은 말의 문학이다. 소설은 등장 인물의 성격 묘사와 그들이 함께 얽히고 설키는 이야기 줄거리, 지문地文으로 번역이라는 장애물을 거의 넘을 수 있다. 그러나 말을 근본으로 하는 시와 희곡은 모국어라는 장애물을 제대로 넘기가 불가능하다. 외국어로 번역해서는 절대 시를 전달할 수 없다는 말이다. 번역된 시는 시가 아니라 그저 의미와 분위기가 전달된 글일 뿐이다. 시란 언어와 문화를 절대 넘어설 수가 없다고 감히 말한다. 시와 희곡은 원어 그대로 읽어야 하고 읽혀져야 한다. 우리들의 고전 심청전은 한국인의 기본 정서 4.4조를 기본 골조로 한다. 예를 들면 심청이가 임당수로 끌려가기 전, 새벽에 읊조리는 한탄이 바로 이 4.4조이다. "닭아 닭아 울지 마라. 니가 울면 날이 새고 날이 새면 나 죽는다." 정확하게 모두 4자의 문구이다. 하긴 우리 정서를 가장 잘 대변한다는 트로트도 4분의 4박자가 기본이 아닌가? 가사 내용과 함께 박자의 신명이 중요시되는 우리 창唱의 흥과 맛을 어떤 번역이 감히 완성할 수 있는가 말이다. 거기다가 희곡은 어떤가?

유튜브에 들어가면 BBC 드라마 〈셜록〉으로 세계적으로 유명해진 베네딕트 컴버배치의 런던 바비칸 센터 햄릿 공연 장면을 볼 수 있다. 이 공연은 2015년 14주에 걸친 공연이었는데, 공연 1년 전인 2014년 8월 온라인 판매가 시작되자마자 순식간에 10만 장의 표가 다 팔려 영국 공연 역사상 가장 초특급 매진 기록을 남긴 역사적인 공연이었다. 여기서 컴버배치는 영화와 드라마 배우만이 아니라 연극 배우로서도 진정한 실력을 보여 자신에게도 기념비 같은 공연으로 만들었다. 비록 전체가 다 나오지는 않지만, 그래도 열연하는 컴버배치의 영어 억양과 음조를 통해 햄릿의 분노를 충분히 느낄 수 있다. 거의 기관총 소리처럼 대사가 쏟아지지만 그 속에도 리듬이 있고 고저가 분명해 마치 노래나 연설을 듣는 듯하다. 아버지 살해의 복수심에 불탄 햄릿의 절규는 섬뜩할 정도로 인상적이다. 영국인들은 이를 '다 다 다 단 다(da da da dan da)'라고 표현한다. 이런 영어 대사 특유의 맛을 보여 주지 못하는 번역 연극은 극작가의 의도를 제대로 전달하지 못하는 반쪽의 연극이 되고 만다. 이 말은 시뿐만 아니라 희곡도 번역으로는 제 맛을 반도 못 느낀다는 말이다. 연극은 바로 말로 만들어지는 예술이다. 영화는 그나마 음악도 있고 장면도 있지만 연극은 대사가 전부라고 해도 된다. 그럼에도 불구하고 지금도 세계 여러 나라에서 번역된 셰익스피어 연극이 현지인들의 절찬리에 공연되고 있다. 말맛을 제외하고 뜻 전달만으로도 세계인을 감동시키니, 그만큼 셰익스피어가 위대하다고 볼 수 있다.

번역된 셰익스피어 연극을 세상 사람들이 즐기든 말든 어찌 되었건 소설은 몰라도 희곡과 시는 번역이 되어서는 절대 맛과 멋을 제대로 느낄 수 없다. 우리가 번역된 셰익스피어 연극을 영어 특유의 운율과 억양과 음조의 맛을 모르고 보면 햄릿의 울분을 제대로 이해하지 못해 겨우 머리로만 이해할 뿐 가슴으로는 받아들이지 못한다. 그래도 그나마 연극은 최소한 소설처럼 출연 인물들과 사건의 인과 관계를 통해 줄거리와 대사는 이해할 수 있다. 그러나 시는 완전히 다른 차원의 예술이다. 영어 원어가 가지는 흥과 맛을 모르고 시를 읽는 것은 베일을 한 겹 씌운 채 숨막히는 미모의 여인과 키스를 하는 일이나 다름없다.

워즈워스가 가족과 함께 살았던 영국 호수지방의 도브 코티지.

　다시 이전의 무지개 시를 보자. 여기서 보면 바로 영시의 가장 중요한 원칙인 압운rhyming을 맞춘 단어 어미들을 볼 수 있다. Behold, old의 'ld', sky, piety의 'y', began, man의 'an'이 주는 발음의 묘미를 빼놓고는 영시를 감상할 수 없다. 그냥 눈으로만 읽지 말고 입으로 직접 소리를 내서, 그것도 영어식으로 음률과 음조를 맞추어 읽어보면 이해가 될 듯하다. 같은 발음으로 똑똑 떨어지는 각 시구를 리드미컬하게 읽어 보면 영시의 맛을 느끼리라 믿는다.

　워즈워스의 다음 시 〈수선화〉를 보자.

　나는 한 조각의 외로운 구름이 되어

계곡과 언덕 위를 방황했네.
어느 순간 나는 하나의 무리들을 보았네.
한 무리의 황금 수선화들이
호숫가 옆에서, 나무 밑에서
산들바람 속에서 떨리면서 춤추고 있었네.

빛나는 별들마냥 언제까지나
은하수 속의 별들처럼 반짝이면서.
둔덕 옆을 따라
끝없이 줄지어 선 수선화들,
내 눈에 보이는 수만 송이 수선화가
저들 모두의 머리를 흔들며 산들댄다.

수선화는 옆에서 춤추는 물결도
기쁨에 반짝이는 물결도 이겨 버리네.
저렇게 즐겁기만 한 친구들 속에서
시인인들 어찌 즐겁지 않으리.
나는 멍하니 바라보고 또 바라보았네,
그 광경이 불러다 준 즐거움을.

내가 때로는 한가하거나 우수에 잠겨
내 침상에 누워 있을 때,

수선화가 내 한적함의 축복인 양하고

내 꿈속으로 홀연히 들어온다.

그러고 나면 내 가슴은 기쁨으로 넘쳐나고

그리고는 수선화와 같이 춤을 추었네.

Daffodils

I WANDER'D lonely as a cloud

That floats on high o'er vales and hills,

When all at once I saw a crowd,

A host, of golden daffodils;

Beside the lake, beneath the trees,

Fluttering and dancing in the breeze.

Continuous as the stars that shine

And twinkle on the Milky Way,

They stretch'd in never-ending line

Along the margin of a bay:

Ten thousand saw I at a glance,

Tossing their heads in sprightly dance.

The waves beside them danced; but they

Out-did the sparkling waves in glee:

A poet could not but be gay,

In such a jocund company:

I gazed—and gazed—but little thought

What wealth the show to me had brought:

For oft, when on my couch I lie

In vacant or in pensive mood,

They flash upon that inward eye

Which is the bliss of solitude;

And then my heart with pleasure fills,

And dances with the daffodils.

   여기서도 시구 끝에 있는 단어의 끝 발음에 주의해 보자. cloud, crowd의 거의 비슷한 두 단어 발음과 끝 철자 'd'의 발음, 그리고 다음 줄에 있는 hills, daffodils의 'ills'와 'ils', 그리고 trees, breeze의 'ees'와 'eeze'의 발음이 같다. 이로 미루어 보았을 때, 거의 모든 시구가 압운을 맞추지 않으면 형성될 수 없음을 알 수 있다. 앞서 나타난 발음의 여운이 미처 사라지기 전에 다시 같은 발음이 나오는 묘미는 영어 원어민의 발음과 억양으로 들어 보면 이해가 갈 듯하다.

   다음 단락의 shine과 line, 또 Way와 bay, 그리고 glance와 dance.

이어서 glee, gay, company뿐 아니라 thought와 brought도 있다. 그리고 그 다음 단락의 lie와 eye, mood와 solitude, 그 다음의 fills와 daffodils까지 가면 감탄에 빠져 무릎을 치지 않을 수 없다. 이런 단어 어미 일치의 압운은 단어 장난이 아니다. 앞 단어의 발음의 여운이 채 사라지기 전 같은 발음이 나타나는 그 묘미는 정말 대단하다. 우리 가요에서 앞뒤 문장의 대구를 맞추는 노력과 닮아 있다.

그래서 영국 시인들은 아주 고달프다. 시의 의미는 물론 압운을 맞추기 위해 거기에 맞는 단어를 일일이 찾아야 하니 말이다. 시란 낭송할 때 운이 맞아 떨어지는 즐거움을 맛볼 수 있어야 한다. 우리나라에서 소월의 시가 노래 가사로 많이 쓰이는 이유는 결코 뜻 때문만이 아니다. 소월의 시에는 우리 민족의 운율이 살아 있기 때문이다. 현대 한국 시는 운율을 잃어버린 지 오래되었다. 교묘한 말장난을 시구 모양으로 갈라놓으면 시가 되는 줄 아는데, 그건 시가 아니라 그냥 좋은 격언이고 말장난일 뿐이다. 그걸 시라고 해서 시를 능욕하지 말고 그냥 좋은 뜻의 문장이라고 하자.

다행히 아직도 영국 시에는 운율이 (전부는 아니지만) 많이 남아 있다. 그래서 영국인들은 시 낭송을 좋아한다. 노벨 문학상을 받은 가수 밥 딜런이 존경해 마지 않아 자신의 성을 '딜런'이라고 따라 개명하게 한 영국 국민 시인 딜런 토머스마저도 수백 년 전 선배 시인들의 압운을 충실히 따르려고 노력했다.

낭만과 서정이 태어난 곳, 호수지방

영국인들이 위 두 시를 접할 때는 워즈워스가 태어나고 살다가 죽어 묻힌 '호수지방The Lake Distrcit'을 반드시 머리에 그린다. 해외여행이 일반화되기 전, 잉글랜드 서북부의 호수지방은 영국인들에게는 낭만과 서정의 고향이었다. 수도 없는 아름다운 산과 호수가 골짜기마다 늘어선 호수지방은 바로 영국인들의 선망의 휴양지였다. 호수에 비치는 산의 모습은 천상의 아름다움을 간직한 듯하다. 이 지상의 천국 같은 호수지방에 살면서 낭만적인 시를 쓴 시인들이 바로 호수파 시인들이다. 워즈워스를 비롯해 새뮤얼 테일러 콜리지, 로버트 사우디, 그리고 워즈워스의 여동생 도로시 워즈워스, 찰스 램, 메리 램, 토머스 드 퀸시의 이름만 들어도 영국인들은 가슴이 뛴다.

아름다운 호수지방의 풍경.

그러나 워즈워스는 낭만적인 시만 쓴 순수 시인으로 살지 않았다. 케임브리지 대학에 다니던 시기, 대혁명 중인 프랑스를 여행하며 대혁명의 대의에 너무나 공감한 그는 일찍이 공화파가 되었다. 비록 워즈워스는 정치는 하지 않았지만 당시 여러 가지 사회제도를 바꾸려고 노력했다. 특히 자신의 이익과도 직접 연관이 있는 저작권 기간 연장을 위해 각고의 노력을 기울였다. 당시는 작품이 출간된 후 작가의 생존 여부에 상관없이 작품 발표 후 14년까지만 작가의 권리를 인정했다. 그에 반해 출판사의 권리는 거의 무기한이었다. 모든 작가가 출판사에게는 항상 을의 위치였다. 워즈워스는 이를 고치고자 사방으로 뛰어다녔다. 1808년에는 작품의 저작권을 14년에서 28년으로 연장하는 것을 골자로 한 계류 법안이 있었는데, 워즈워스는 이 또한 충분하지 않다고 항의를 하면서 당시 고위직 하원의원이던 리처드 샤프에게 편지를 썼다. 작품 발표 후 28년이라는 시간도 작가의 명성을 세상이 알기에는 충분한 시간이 아니라는 논지였다. 때로는 그보다 훨씬 뒤에 가서야 세상이 작가를 알아보는 경우도 많기에, 최소한 직계 가족이 득을 보기 위해서는 저작권 기한이 더 길어져야 한다는 주장이었다. 이를 시작으로 워즈워스는 평생에 걸친 저작권 연장 운동을 시작했다.

사후 61년이 지나 이뤄진 꿈

워즈워스의 뜻은 작가들이 그냥 자신의 작품을 통해 경제적인 이득을 취하자는 뜻이 아니었다. 작가가 작품 하나를 만들어 내기 위해서는 작가는 물론 가족들의 희생과 협조 없이는 불가능했기에, 작가 사후에 생계 대책이 없는 직계 가족만이라도 혜택을 주자는 주장이었다. 그래서 최소한 출판 후 60년은 저작권이 보호되어야 한다고 주장했다. 당시는 워낙 출판사 입김이 세서 작가들이 목소리를 내기 힘들었다. 하지만 워즈워스는 만년에는 계관 시인이 될 정도로 워낙 유명한 인사였고, 고위층에 지인들도 많아 출판사의 미움을 받는 이런 일에 앞장설 수 있었다. 그러나 워즈워스가 죽기 8년 전인 1842년이 되어서야 출판 후 42년, 혹은 작가 사후 7년 중 긴 쪽으로 저작권을 적용하는 방식으로 저작권 기한이 겨우 연장되었다. 결국 워즈워스의 꿈은 워즈워스가 죽고도 61년 지난 뒤인 1911년에야 이뤄졌다. 그때 작가 사후 50년으로 저작권이 연장되었고, 1995년에 이르러 지금처럼 작가 사후 70년으로 연장되어 이제는 세계적인 기준이 되었다. 어찌 되었건 워즈워스는 자신의 생의 절반을 저작권 연장에 몸바쳤으니 현재 세계의 작가들은 워즈워스에게 신세를 지고 있는 셈이다.

판권에 관계되는 일화라면 찰스 디킨스도 빠질 수 없다. 중산층이었던 디킨스의 집안은 중급 관리였던 아버지가 빚으로 감옥에 갇히

게 되면서 파산 가정으로 몰
락한다. 디킨스는 사립학교에
다니다가 갑자기 구두약 공장
에서 일을 하면서 돈을 벌어
야 했다. 그런 아픔이 있던 디
킨스는 영국 작가 중 유난히
돈에 대한 개념이 뚜렷하고,
소비 절제를 지나 지독한 구
두쇠로 유명했다.

찰스 디킨스의 흉상.

　그런 디킨스가 1842년 1월 부인과 같이 미국 순방을 나섰다. 신세
계 같은 미국 구경도 할 겸, 자신의 소설이 워낙 미국에서 인기가 있
다니 차후 작품을 위한 조사도 할 겸 나선 길이었다. 당시 미국인들
은 디킨스를 우상화해서 현대 록스타를 환영하듯 했다. 당시 미국인
들의 환영 분위기를 비틀즈의 1964년 첫 미국 방문과 비교하기도
한다. 그러나 흥분에 차 있던 디킨스는 저속한 문명과 세태에 젖은
미국인과 미국에 실망하기 시작했다. 특히 미국에 지천으로 깔려 있
던 자신의 해적판 소설책을 보고 기절할 정도로 놀라면서 격분했다.
심지어는 해적판인지 모르고 서명을 받으러 책을 들고 온 독자를 소
리질러 내쫓기까지 했다. 당시는 미국과 영국 사이에 판권협약이 맺
어져 있지 않았다. 그래서 미국 출판업자들은 마음 놓고 디킨스 책을
펴내서 재미를 보고 있었다.

특히 경제관념이 유별난 디킨스로서는 분노에 기절할 지경이었다. 여러 초청 강연회에서 디킨스는 돈 내고 들어온 미국 청중들이 듣고자 하는 이야기는 하지 않고, 판권 문제를 빠지지 않고 언급했다. 급기야 미국 언론과 여론도 그에게 등을 돌렸다. 디킨스는 영국 친구에게 '나는 현행법에 의해 가장 손해를 보는 생존 작가다'라고 편지까지 썼다. 디킨스를 위대한 작가로 봤는데 돈만 밝히는 '천한 신분 출신'이라고 욕하는 미국인들이 늘기 시작했다. 미국인들로서는 영국도 미국 인기 작가 에드거 앨런 포의 작품을 마구 출판해서 재미 보면서 웬 난리냐는 항의였다. 결국 디킨스의 미국 첫 방문은 이렇게 비극으로 끝났다. 이게 바로 그 유명한 디킨스와 '미국과의 불화(Quarrel with America)'이다. 결국 디킨스는 영국에 돌아와 천한 미국인과 미국을 조목조목 맹렬하게 비난하는 《아메리칸 노트American Notes》를 써서 미국인들을 더욱 격분하게 만들었다. 이 책에서 디킨스는 '미국인들은 하루 세 끼로 동물 음식animal food(햄버거 같은 정크 푸드를 말한다)을 들이마시고swallow 있다'고까지 혹평했다.

크누트 대왕은 덴마크 왕자 출신으로, 잉글랜드를 정복하며 왕좌에 올랐다.
스스로 왕권의 한계를 드러냄으로써 영국인들의 권력관에 큰 영향을 미쳤다.

왕은 신(神)이 아니다,
크누트 대왕

영국 역사에는 두 명의 위대한 대왕大王이 있다. 이들의 이름 뒤에는 대왕The Great이라는 별칭이 붙는다. 우선 잉글랜드 7국을 통일한 앨프레드 대왕Alfred The Great(재위 871~899년)이다. 이 왕은 통일 후 라틴어 문헌들을 고대 영어로 번역 출간해 영어를 영어답게 만들면서 잉글랜드의 정체성을 확립했다. 바이킹들의 침입을 막아내기도 했다. 많은 사람이 영국의 대왕은 앨프레드만 있다고 알고 있지만 사실 크누트 대왕(잉글랜드 왕 재위 1016~1035년)도 앨프레드와 함께 영국인에게서 대왕으로 존경받는 인물이다.

정복자에서 칭송받는 왕까지

　그러나 크누트는 영국인이 아
니고 정복자이다. 덴마크의 왕
자이던 26살의 크누트는 1016
년 당시로는 엄청난 대군인 1만
명의 병력을 '긴 배long ship'라
고 불리던 바이킹 특유의 초생
달 모양의 유선형 선박 200척에
싣고 쳐들어와 잉글랜드를 정복하고 왕위를 쟁취했다. 그러고는 잉
글랜드를 19년간 강권 통치했다. 자신에게 반항하는 토착지주들을
무자비하게 탄압하고 토지를 빼앗아 자신을 수행해 온 덴마크인들
에게 넘겨주었다. 전국에 중세重稅를 매겨 왕국을 유지하면서 재화
의 대부분을 덴마크로 보냈다. 그런 뒤 잉글랜드가 완전히 자신의 손
에 잡혔다는 판단이 내려지자, 강권 통치를 누그러뜨려 잉글랜드인
들에게도 귀족 작위와 봉토를 나누어 주고 잉글랜드인을 관리로 등
용해 충성을 바치게 하고 자신의 수하로 만들었다.

　그리고는 당시 잉글랜드를 수시로 침공하던 스칸디나비아 바이킹
의 침공을 막아냈다. 당시 또 하나의 권력인 교회와도 좋은 관계를
유지하며 십일조를 확실하게 제도화했다. 바이킹 침공으로 무너진
교회와 수도원 건물을 모두 수리하고 교회가 없는 지역에는 교회를
신축해 주어 교계와 국민들로부터 칭송을 받았다.

햄릿의 배경이 된 크누트제국

그렇게 해서 28세의 크누트는 덴마크 왕(1018~1935년)과 노르웨이 왕(1028~1035년)을 겸하고 스웨덴 일부까지 통치해 명실공히 '북해제국(앵글로-스칸디나비아제국)'을 건설했다. 당시 지도를 보면 북해가 바로 크누트제국의 내해內海였음을 알 수 있다. 이때가 바로 윌리엄 셰익스피어의 희대의 걸작《햄릿》의 배경이 된 시기이다.《햄릿》의 정식 제목이 바로 '덴마크 왕자 햄릿의 비극(The Tragedy of Hamlet, Prince of Denmark)'인 이유이다. 덴마크의 수도 코펜하겐에서 44킬로미터 떨어진 북해 해변 크론보르 성이 바로 햄릿의 무대인 '엘리노어 성'이다. 덴마크는 물론 해외에 한 번도 나가 보지 못한 셰익스피어가 북해 바닷가 성을 주 무대로 삼아 극본을 쓸 수 있었던 이유도 바로 이런 잉글랜드와 덴마크의 역사적 관계 때문이다.

이런 업적 외에 크누트는 '왕의 힘의 한계(the limits of royal power)'

햄릿의 무대가 된 덴마크의 크론보르 성.

라는 금과옥조 같은 불멸의 가르침을 남겨 후세 영국의 사회제도와 영국인의 사고방식에 엄청난 영향을 끼치기도 했다. 현재의 영국을 만든 말들 중 하나가 "너희들이 지금 보았지 않느냐? 이제 왕의 힘이 얼마나 허망한지를 모든 사람이 알게 하라(Now let all men know how empty is the power of kings)"라는 크누트의 말이라는 평가가 나올 정도다. 거의 모든 영국인이 이 말과 함께 여기에 얽힌 일화를 알고 있다.

이야기는 이렇게 시작한다. 크누트 왕이 방에 들어올 때마다 신하들은 칭송을 멈추지 않았다. "당신은 지금까지 그 어느 분보다도 더 최고로 위대한 분이십니다"라고 누군가 말하면 다른 신하가 "왕이시여! 당신처럼 전지전능한 분은 없습니다"라고 외쳤다. 그러나 현명한 왕은 바보 같은 칭송에 지쳐 싫증과 짜증이 나기 시작했다. 해변가를 신하들과 같이 걷던 중, 신하들이 평소와 같이 또 칭송을 시작하자 크누트는 그들에게 교훈을 주기로 결심했다.

어느날 크누트는 "내 의자를 가지고 와라. 우리 모두 바닷가로 나가자"라고 신하들에게 명했다. 신하들은 즉시 왕좌를 바닷가 모래로 가지고 왔다. 크누트는 "내가 보기에는 파도가 밀려들기 시작한다. 너희들은 내가 파도에게 멈추라고 하면 파도가 멈출 것이라고 생각하느냐?"라고 신하들에게 물었다. 신하들은 혼돈에 빠졌다. 자기네들이 지금까지 수도 없이 해 온 말이 있기에 감히 "아니요"라고 말할 수는 없었다. 동시에 자신들이 믿고 따르는 위대한 왕이 정말 신탁神託

의 힘을 소지하고 있었으면 하는 간절한 갈망도 있었다. 왕이 신력
神力을 발휘해 물결을 세워 주기를 바라기도 했다.

왕이 직접 파괴한 왕의 권위

그런 모든 희망과 갈망과 염원을 합쳐 신하들은 "위대한 왕이시
여! 명령만 내리소서! 파도는 폐하의 말을 들을 겁니다"라고 소리 높
여 외쳤다. 왕은 "그렇다면 좋다. 바다야! 나는 너에게 더 이상 앞으
로 오지 말라고 명한다. 더 이상 밀려들어 오지 마라! 파도야! 더 이
상 밀려 들어와 내 발을 건드리려 하지 마라!"라고 소리쳤다. 말을 마
치고는 왕은 조용히 기다렸다. 이윽고 조그만 물결이 왕의 발끝을 건
드리기 시작했고, "바다야! 지금 당장 뒤로 물러서라!"는 왕의 명령
에도 불구하고 파도는 더 밀려와 왕의 발을 건드렸다. 급기야 바닷물
은 왕좌까지 차올라 왕의 발은 물론 어의까지 적시기 시작했다.

신하들은 왕의 옆에 서서 왕이 미치지는 않았는가 하고 걱정하기
시작했다. 왕의 신력을 바라기도 하고 믿기도 했지만, 결국 현실을
보고는 당황할 수밖에 없었다. 그러자 마침내 왕은 왕좌에서 일어서
면서 주위의 신하들에게 말했다. "친구들이여! 봐라! 너희들이 가지
기를 바랄 정도의 힘은 내가 갖고 있지 않은 듯하다. 아마도 너희들
은 오늘 무언가 하나를 배웠으리라 믿는다. 이 세상에는 단 하나의

강력한 왕이 있어 그만이 바다를 지배할 수 있다는 걸 너희가 기억하길 바란다. 바다를 비롯한 온 세상을 자신의 손안에 거머쥔 단 하나의 왕, 우리들의 신 말이다. 나는 너희들이 그에게만 칭송을 바쳤으면 한다." 그러자 신하들은 고개를 숙이고 부끄러워했다. 그러고 난 뒤 크누트는 왕좌에서 일어나 왕관을 벗어 십자가에 건 다음 절대자에 대한 존경의 표시로 다시는 왕관을 쓰지 않았다.

크누트 왕의 일화는 이렇게 끝난다. 크누트는 '왕이 신적 존재가 아님(the King was not divine)'을 신하들과 국민들에게 가르치려고 했다. 비록 왕이라 할지라도 자연현상을 막을 신탁의 힘divine power이 있지 않다는 걸 증명해 보여, 신하들과 국민들로 하여금 허망한 미망未忘에서 깨어나게 했다. 지금은 너무나 당연한 말로 들리지만 이는 당시로서는 엄청난 일이었다. 누구도 의심하지 않고 흔들리지 않던 신앙을 왕이 손수 깨 버렸다는 사실이 주는 함의는 엄청나게 크게 받아들여졌다. 그래서 지금도 크누트 왕은 영국인의 존경을 받는다. 영국인들은 자신들의 왕이 그 옛날에 앞장서서 왕의 권위를 직접 파괴함으로써 후세 왕들에게 교훈을 준 사실을 아주 중요하게 여긴다.

신 앞에서 겸손을 내보이다

당시 기독교 왕국의 신민들은 '왕은 신의 가호로 왕위를 받아 행복한 왕국의 지배자 자리를 누려도 된다'고 믿었다. 이 왕권신수설은 누구도 감히 이론異論을 제기할 수 없는 너무나 당연한 이론이었다. 왕은 신의 신탁을 받은 자라는 불가침의 믿음이 있던 시절이었다. 그러나 크누트는 그런 힘이 왕에게 있지 않다고 증명하면서 신 앞에서 자신의 겸손humility을 내보였다.

크누트가 보인 겸손의 일화는 세 가지 측면에서 살펴볼 수 있다. 왕정 국가에서 왕에게 무조건 충성하고 따르는 신하들과 국민들은 자기네들의 왕은 무오류라고 믿는다. 그가 하는 일은 모두 옳고 전지전능하다고 진심으로 믿고 싶어 한다. 그래서 왕이 신에게 임무를 받고 세상을 구하는 구세주라고 믿고 그를 따르는 일도 당연하다고 믿는다. 크누트의 신민들은 크누트가 그런 힘을 가지고 있을 거라고 믿어 의심치 않았다는 점이 이 일화를 보는 첫 주안점이다. 신의 대리인인 군주를 위해 기꺼이 목숨을 바치겠다는 신민들의 믿음을 누리고 즐겨야 할 크누트가 오히려 신민들이 믿음이 잘못되었다는 점을 자신이 나서서 깨우쳐 주었다. 여기에 바로 크누트의 위대함이 있다고 영국인들은 여긴다. 세상의 모든 일은 왕이 아니라 신만이 할 수 있다는 진정한 신앙인으로서의 겸손한 자세가 영국인들이 크누트에게 갖는 존경심의 근원이다. 그 겸손함을 영국인들은 존경한다.

크누트 이후 영국 역사에는 절대권력을 누린 왕도 많지 않고, 왕권신수설을 주장하면서 왕의 무오류성을 주장하는 횡포를 부린 왕이

다른 유럽 왕정 국가에 비해 극히 적다. 이는 견제와 균형check and balance을 잘 겸비한 영국 왕정제도와 사회구조 덕분이다. 영국 왕은 프랑스 왕처럼 절대권력을 갖지 않았다. 그렇다고 왕이 거의 힘이 없던 독일처럼 철저하게 지방분권국가도 아니었다. 독일의 지방분권과 프랑스의 중앙집권을 적절하게 조합한 왕국이었다. 독재를 휘두를 정도로 과하지 않았으나, 그렇다고 귀족들에게 휘둘리지는 않을 적당한 왕권. 그와 함께 왕권의 횡포를 막을 수 없을 정도는 아니나, 왕의 권위에 도전할 정도의 힘은 가지지 않던 귀족들의 나라가 영국이었다. 영국 왕과 귀족들은 서로 견제하면서 균형을 이룬 덕분에 독재나 혼란을 겪지 않았다.

물론 전횡을 시도한 왕도 있었다. 의회를 무시하고 전비 마련을 위한 증세를 시도하다가 결국 시민군에 져서 마그나카르타에 서명한, 유럽 왕으로서는 처음으로 자신의 권리를 이양해 영국 왕 중 가장 굴욕적이라고 평가받는 존 왕(재위 1199~1216년)이 그중 하나다. 존 왕은 워낙 영국 역사에서 인기가 없어서 이후 영국 왕 중에는 존 2세 왕이 없다. 그는 템스강을 건너다가 옥쇄를 잃어버리는 멍청한 왕이기도 했다. 의회의 동의 없이 증세를 하려다가 시민전쟁에 패배해, 결국 올리버 크롬웰에 의해 참수된 왕권신수설의 신봉자 찰스 1세(재위 1625~1649년)가 그렇다. 하지만 이들을 제외한 영국 역대 왕들은 자신의 자리와 권한을 알고 의회와 귀족들과 적당하게 협상, 타협하면서 통치를 했다.

독재에 대한 영국인들의 반감

찰스 1세를 참수하고 호국경Lord Protector이 되어 영국 역사상 처음으로 공화국을 만든 크롬웰(통치 1653~1668년)은 역설적인 교훈을 남긴 인물이다. 그가 정권을 잡자 처음에 영국인들은 희망에 부풀었다. 왕이 아니라 자신들이 선출한 의회가 지배하는 '선출된 권력'의 나라, '한 번도 경험하지 못한 나라'인 공화국에 대한 기대가 컸다. 그러나 약속과는 달리 의회가 갈라져 큰 혼란을 겪는 사이 크롬웰의 실정과 원두당圓頭黨, Roundhead의 극심한 횡포로 국민들은 넌더리를 냈다. 결국 크롬웰의 공화정 실험은 11년 만에 끝났다. 대권을 물려받은 크롬웰의 아들인 리처드 크롬웰이 자신의 능력의 한계를 절감하고 자신의 안위를 조건으로 찰스 1세의 아들인 찰스 2세에게 자발적으로 권력을 이양했다. 이로써 영국 역사에 유일무이한 공화정은 크롬웰의 엉성한 실험으로 11년 만에 끝났다. 이후 왕정이 복구되었고, 영국 왕정은 다시는 위협 없이 현재까지 잘 유지되고 있다.

시민혁명 기간 동안 영국인들이 겪은 독재의 공포는 이후 영국의 권력구조와 사회구조에 지대한 영향을 미쳤다. 집권 초기 신민들이 모두 왕으로 즉위하라고 권했으나 크롬웰은 사양하고 왕권보다 더 큰 절대권력의 호국경으로 남았다. 영국인의 권위에 대한 반감과 혐오를 잘 파악한 탓이다. 그러나 크롬웰의 권력은 그전 어느 왕의 권력과는 비교가 안 되게 강력하고 무자비했다. 덕분에 크롬웰 이후 영국인들은 왕국이든 공화국이든 절대권력을 가진 정치제도에 원초적 반감을 가지게 되는 엄청나게 큰 교훈을 얻게 되었다. 대통령제인 프랑스와는 달리, 입헌군주제와 내각책임제라는 현명한 선택을 한 것도 바로 이런 비극적이고 불행했던 역사적 경험이 있었기 때문이다.

영국인들은 아무리 역사적으로 위대한 인물이라도 결코 영웅시하지 않는다. 한 개인의 공헌이 아무리 위대해도 영웅으로 만들지 않는다. 그래서 영국의 각종 공항 이름이나 길, 혹은 광장 이름 어디에도 개인의 이름을 발견할 수 없다. 영국을 보나파르트 나폴레옹 프랑스 황제의 지배하에 들어갈 위기에서 구한 호레이쇼 넬슨의 승전을 기념한 트라팔가 광장도 (넬슨 동상이 비록 52미터 높이의 탑 위에 있지만) 넬슨 광장이 아니고, 전투 이름을 따서 트라팔가라 부른다. 영국 최

넬슨의 트라팔가 전투를 기념한 트라팔가 광장.

대의 히드로 공항도 영국인들이 가장 존경한다는 윈스턴 처칠의 이름을 따서 윈스턴 처칠 공항이라고 불러도 될 듯한데, 그냥 지역 이름을 따서 히드로 공항이라고만 부른다. 프랑스의 관문 파리 공항을 샤를 드골 공항이라고 부르는 프랑스인과는 다르다. 물론 런던 시내 각 골목 이름이나 광장에는 개인 이름이 들어간 곳이 많지만 이는 일대를 개발한 부동산 소유권자인 귀족이나 부자들의 이름이지 그들을 존경해서 붙이는 이름이 아니다. 이렇게 개인 재산에 대한 존중은 있어도 국가적 영웅에 대한 명명에는 인색한 영국인이다. 개인을 영웅시하면 또 언제 크롬웰 같은 비극이 되풀이될지 모른다는 우려가 그 이유이다.

권력자를 백안시하는 전통

영국은 의회가 거의 전권을 가진 의원내각제 국가이다. 말이 의원내각제이지 사실 따지고 보면 의원 독재국가 같다. 하원의원 650명이 모든 국정을 좌지우지한다. 특히 하원 의석 과반수인 325석 이상을 차지한 여당 의원은 의회와 내각의 장관은 물론 행정부 차관, 심지어는 국장급까지 꿰찬다. 정말 선출된 권력이 지배하는 국가이다. 그런데 여기서 하나 주의해야 할 사항은 영국 같은 의원내각제에서는 정부 수반인 총리를 국민들이 직선으로 뽑지 않는다는 점이다. 의회 의석의 과반수를 차지한 여당의 당수가 바로 총리가 된다.

과거에는 의원들의 총회에서 당수를 바꾸면 바로 총리가 바뀌었다. 지금은 당원과 의원들이 투표해서 당수를 바꾸면 총리가 총선 없이 바뀐다. 세 번의 총선을 승리로 이끌어 영국 역사상 가장 장기간인 11년을 총리로 지낸 철의 여인 마거릿 대처(재임 1979~1990년)도 그렇게 물러났다. 인두세 비슷한 주민세 도입으로 인기가 떨어지는 바람에, 당내 반란으로 임기도 못 채우고 중도에 눈물을 흘리면서 밀려난 것이다. 그래서 영국 총리는 문자 그대로 장관minister 중 수석prime이라는 뜻의 'prime minister'이지 전권을 휘두르는 'president', 즉 대통령이 아니다. 절대적 권력자를 절대 용납하지 않는 영국인들에게 이런 내각책임제는 정말 안성맞춤의 정치제도이다. 굳이 선거나 탄핵을 거치지 않고도 최고 권력자를 바꿀 수 있는 길이 있는 제도이기 때문이다.

영국인들은 모든 일에 냉소적이긴 하지만 특히 권력에 대해서는 거의 본능적인 반감을 나타낸다. 정치인이 '애국심' 어쩌고 하면 사기꾼으로 볼 정도다. 지나친 사명감을 입에 올리고 독선으로 일관하면 덜떨어진 인간으로 취급한다. 그래서 영국에서는 미국 정치인처럼 애국심을 강조하면서 열변을 토하는 정치인을 잘 볼 수가 없다. 영국인들은 웬만해서는 공식 모임에서 국가國歌도 잘 안 부른다. 그래서인지 엘리자베스 여왕 재위 당시 18세에서 24세 영국 젊은이 중 43%가 영국 국가 첫 구절 '신이여! 우리의 자애로운 여왕을 구하소서(God save our gracious Queen)'를 모른다고 답했다. 13%는 국가의 음을 전혀 모르고, 28%는 한 번도 국가를 불러 본 적이 없다는 기막힌 통계도 있다. 그렇다고 영국인들이 국기와 국가에 감정을 대입하는 미국인들보다 애국심이 없다는 말은 아니다. 단지 영국인들은 남에게 보여 주기 위한 애국심을 표현하지 않을 뿐이다. 영국인들은 애국심도 얼굴 표정 변화 없이 조용하게 표한다.

영국인 할아버지와 손녀.

모든 권력과 권위에 대한 영국인의 초연한 자세는 어쩌면 크누트 대왕의 냉소와 같은 영국인 특유의 기질 때문이 아닌가 싶다. 정치인 누군가가 자신의 불순한 목적을 위해 미사여구와 교언영색巧言令色을 늘어놓아도 영국인들은 잘 선동되지 않는다. 크누트가 가르쳐 준 대로 영웅을 영웅시하지 않는 그들에게는 권력자 누구도 영웅이 아니다. 정치인을 항상 의심의 눈초리로 바라보기에 영국에서는 독재가 자리 잡을 방법이 없다는 말도 나온다.

정치적 평등을 추구한 영웅일까, 무자비한 권력을 휘두른 악당일까?
사후 360년이 지났지만 크롬웰은 여전히 논란의 중심에 서 있다.

광적 추종자를 낳은 정치인,
크롬웰

역사를 자신에게 유리하게 자의적으로 해석하거나, 자료를 선별해서 결론을 내면 역사 해석은 완전히 다른 방향으로 갈 수밖에 없다. 그래서 우리가 역사에서 무언가를 배우려면 오로지 선한 해설자를 만날 때만 가능하다. 그러나 영국인들은 좀 다르다. 선의의 해설자 없이도 자신이 민족과 국민, 더 나아가 신을 위한다고 굳게 믿는 절대권력자가 어떤 일을 저질렀는지를 역사를 통해 쉽게 배운다. 그 대표적 역사가 영국의 운명에 지대한 영향을 끼친 영국시민전쟁 English Civil War(1642~1651)이다.

당시 올리버 크롬웰(1599~1658)이라는 희대의 혁명가는 영국 인구 650만 명 중 3%가 넘는 거의 20만명의 죽음을 딛고 권력을 차지했다. 9년간에 걸친 처참한 유혈 사태 끝에 권좌에 올랐다. 그리고는 절대권력을 휘두르며 자신이 믿는 바대로 '영국연방공화국 the Commonwealth of England'이라 불리는 유일무이한 '청교도 공화국the Puritan Commonwealth' 실험을 했다. 그래서인지 크롬웰은 2000년 BBC 시청자들이 뽑은 '가장 위대한 영국인'에 윈스턴 처칠 전 총리와 이점바드 브루넬 빅토리아 시대 토목공학자에 이어 3위를 차지했다. 어찌 보면 영국인의 자존심 중 한 명이라고 해도 된다. 그래서 런던 템스강변에 있는 영국 국회의사당 마당에는 크롬웰의 동상이 의회의 보호자 자격으로 서 있다.

뜨거운 논쟁의 중심이 되다

그러나 영국 역사에서 크롬웰의 공과功過에 대한 평가는 시각 차이에 따라 크게 엇갈린다. 아직도 국민적, 국가적 합의를 보지 못하고 있다. 인터넷에서 크롬웰에 대한 평가를 찾아보면 '올리버 크롬웰, 영웅일까? 악당일까?(Oliver Cromwell, Hero or

영국 역사상 유일무이한 '청교도 공화국' 실험을 한 올리버 크롬웰의 초상화.

Villain?)'라는 글이 수도 없이 떠오른다. 죽은 지 370년이 다 되어 가는데도 불구하고 아직도 논쟁의 중심에 서 있는 인물이다.

크롬웰을 이르는 호칭도 극단으로 갈라져 천차만별이다. '자유의 쟁취자', '민권의 수호자', '영국 공화정의 아버지', '종교 관용주의자', '평등주의자', '종교 자유의 수호자'까지는 우호적이다. '야심의 혁명가', '영국 최초의 사회주의자'는 보기 드문 중립적인 호칭이다. 그런가 하면 악평도 다양하다. '종교 근본주의자', '야망의 모사꾼ambitious schemer', '권력욕에 물든 위선자hypocrite corrupted by power'는 그나마 온건한 편이지만 '아일랜드인 인종청소자', '희대의 살인자', '유럽 최초의 파시스트', '광신적 국왕 살해자a fanatical regicide'에 이르면 거의 엽기적 범죄자이다. 스코틀랜드의 계몽주의 경제학자이자 온건한 역사학자인 데이비드 흄은 크롬웰을 '광적인 적극주의자이고 가장 위험한 위선자'라면서 '유럽 파시즘의 아버지'라고까지 악평을 퍼부었다. 반면에 영국 작가이자 역사학자이면서 평소 공정한 글을 쓴 토머스 칼라일은 크롬웰을 '선과 악의 전쟁에서 선을 위한 영웅'이라고 호평하면서 "정치적 평등과 종교적 관용을 획득하는 데 큰 공헌을 했다"라고 했다.

시민전쟁 결과 찰스 1세가 처형돼 왕이 없던 대공위시대大空位時代, Interregnum에 크롬웰이 세운 영국연방공화국 11년(1649~1660)은 그만큼 논쟁적인 시기다. 형식상 이 시기는 국민이 선출한 의원들이 국민의 의사를 대변해 국정을 이끌어 간 영국 역사상 유일한 공화국 기간이었다. 그러나 속을 들여다보면 크롬웰이 호국경護國卿, Lord Protector이라는 이름으로 군주 같은 절대권력을 행사하면서 자신이 이루고자 한 모든 야망을 군사정권을 통해 현실에서 마음껏 펼치고 실험한 기간이었다. 어찌 보면 의회와 귀족들의 견제를 받던 왕보다 더 큰 권력을 가지고 마음껏 독재를 한 셈이다.

비신사적인 목표 지상주의자

크롬웰의 생각을 규정한 가장 중요한 잣대는 반反가톨릭이었다. 그는 가톨릭을 그리스도교가 아니라 우상 숭배를 하고 미신을 믿는 사악한 이단 종교라고 전적으로 믿었다. 헨리 8세에 의해 가톨릭에서 성공회로 종교개혁을 한 지 이미 100년이 넘었는데도 그는 가톨릭 잔재가 영국인의 마음속과 영국 사회 도처에 남아 있다고 보았다. 성공회도 종교개혁으로 완벽하게 개혁되지 않은 채 아직도 구악舊惡인 가톨릭의 영향 아래 계속 죄악을 저지르고 있다고 굳게 믿었다. 그래서 성공회 내에 상존하는 가톨릭 잔재를 완전하게 제거하지 않으면 영국은 결코 구원받을 수 없다고 생각했다. 특히 지배층이자 기득권층인 왕실과 귀족들은 아직도 가톨릭 구체제의 종교적 관성에 머물러 있다고 판단했다. 청교도정신Puritanism에 흠뻑 빠져 있던 크롬웰은 이런 세태를 몹시 개탄하면서 일찍부터 사회 개혁의 필요성을 깊이 느끼고 있었다. 그러다 찰스 1세 왕이 세금 문제로 의회와 대립하여 일어난 소요를 계기로, 크롬웰은 동조자들을 규합해 행동에 나섰다. 자신이 믿는 신神의 정부를 세우기 위한 호기로 보고 참전을 결심한 것이다.

왕당파와 의회파 시민군과의 싸움에서 처음에는 잘 훈련된 데다 전투 경험도 많고 장비도 건실한 왕당파 군대가 연전연승했다. 그러나 거듭된 전투를 통해 신앙심에 불타는 지원병들의 능력이 갖추어지고, 크롬웰의 철기대鐵騎隊, Ironside라 불리는 신모범군新模範軍, New Model Army들이 진용을 갖추기 시작하면서부터 전쟁은 의회파 시민군에 유리해지기 시작했다. 확고한 신념으로 뭉친 군대는 누구도 당해내지 못한다는 진리를 크롬웰 군대가 증명한 셈이다. 2022년 우크라이나를 침공한 막강한 러시아군의 고전이 바로 이를 증명한다. 그리고 베트남전의 미군을 비롯해 역사에 이런 예는 수도 없이 많다. 성경에 나오는 다윗과 골리앗의 이야기가 가장 오랜 교훈이다.

당시 크롬웰의 시민군은 적이라는 존재는 패배, 복종시켜 거느리는 대상이 아니라 쳐부수어 말살시켜야 한다고 생각하고 일당백의 역량을 발휘했다. 크롬웰 역시 적인 왕당파는 설득해서 공존해야 하는 존재가 아니라 지상에서 사라지게 해야 세상이 바로 잡힌다고 보았다. 그런 자신의 투쟁이 성전聖戰이기 때문에 피가 흐르고 무자비하게 적을 대하는 일은 당연하다고도 여겼다. 자기 편에게만 공정하게 대하고, 적에게는 어떤 계략을 써도 무방하다는 철학이었다. 흡사 한쪽의 진영논리에 빠져 있는 세력들이 '우리가 세상을 구하기에, 그걸 이루기 위해서는 무슨 일이든 정당하다'라고 믿는 생각과 같다.

그중 하나의 예가 9년의 시민전쟁에서 시민군에 최종 승리의 전기를 마련해 준 '티타임tea time' 공격 전략이었다. 당시는 전쟁 중이라도 티타임에는 상대를 공격하지 않는다는 오랜 원칙이 있었다. 지금도 영국에는 근무 시간 중 오전·오후 두 번의 티타임이 허용될 정도로 이는 불가침의 시간이다. 그러나 크롬웰은 이런 전통을 어기고 왕당파가 티타임으로 무장 해제된 틈을 타서 공격을 퍼부어 전쟁 시작 2년 만인 1644년 7월 2일 마스턴무어 전투에서 첫 승리를 올렸다. 불과 두 시간 동안의 이 전투에서 의회파는 300명의 전사자를 낸 데 비해 왕당파는 4000명이 전사하고 1500명이 포로가 되는 괴멸적인 패배를 당했다. 찰스 1세는 이 패배로 북부 잉글랜드 지역을 잃어버려 시민군과의 세력 균형이 완전히 무너지고 말았다. 최종 패전으로 찰스의 목이 날아가는 비극의 씨앗이 어찌 보면 대단히 비신사적인 전략에서 시작되었다고도 할 수 있다. 크롬웰은 자신이 믿는 바를 성취하기 위해서는 과거의 전통과 관습마저 부셔도 된다고 여기는 목표 지상주의자였다.

국민의 즐거움을 빼앗다

웨스트민스터 영국 국회 의사당에 있는 크롬웰 동상.

1651년 시민전쟁에서 승리한 후 크롬웰은 처음에는 '치유와 안정healing and settling'을 구호로 내걸고 수많은 개혁 정책을 야심 차게 추진한다. 그러고는 15명의 장군과 차석 장군들을 '신의 통치관godly governors'으로 임명해 전국 10개 지역을 나누어 통치하게 만들었다. 장군들은 군인경찰militia을 이용해 보안 유지뿐 아니라 세금 징수도 하게 했다. 찰스 왕이 지주들에게 자신을 대신해 세금 징수를 허용함으로써 결국 지주들에게 휘둘리게 된 교훈 때문인지 자신의 직할 수하들에게 세금 징수를 맡겨 골치 아픈 문제를 사전에 없앤 셈이다. 하지만 영국 전국을 장군Major-General(보통 Major-General을 '소장'이라고 번역하는데, 사실은 현대 군인 계급의 호칭인 소장이 아니라 당시 행정 책임을 맡은 장군들을 이르는 일반 직책명이다)들을 통해 통치한 정책이 결국 발목을 잡아 공화국의 생명을 줄인 패착이 되었다는 사실에 주목할 필요가 있다. 크롬웰 이후, 영국에서 군인경찰이 사라졌고 일반적인 경찰마저도 1829년이 되어서야 정식으로 생겼다. 이 정도로 영국인들은 크롬웰 이후 경찰에 대해 극도의 경계심을 가지고 있다. 그래서 영국 경찰은 부단의 노력을 해서 현재 명실공히 민중의 지팡이 역할을 잘 해내고 있다.

당시 지방 통치 장군들은 모두 독실하고 엄격한 청교도들이어서 주민들의 모든 즐거움을 금지시켰다. 지금도 영어 단어 'killjoy(즐거움을 죽인다)'의 대표적 사례로 당시 이야기가 들먹여질 정도다. 거기다가 장군들마다 규칙을 자의적으로 만들어 지방과 도시 마을 사이에 규칙이 달라 큰 혼란을 야기했다. 당시 장군들이 활용한 군인경찰들은 현재 무슬림 국가의 종교경찰과 비슷한 역할을 했다. 이들은 국민을 지나치게 감시·감독하면서 국민의 반감을 사게 만들었다. 자신들만이 세상을 바르게 할 수 있다는 지나친 사명감으로 너무 엄격하게 강압 통치해서 결국 국민을 크롬웰 통치의 적으로 만들어 버렸다. 그때의 영향 탓인지 지금도 영국인에게는 군부 통치에 대한 강한 반감, 군대에 대한 강한 경계심이 남아 있다.

크롬웰은 왕정제와 상원제를 폐지하고 연방공화국을 설립하기 위해 헌법 제정을 시도했다. 하지만 의회가 말을 듣지 않자 결국 기존 의회를 해산시키고 거수기 의회를 새로 만들어 독재의 길로 들어섰다. 자신이 내쫓아 사형시킨 찰스 1세를 답습한 셈이다. 그뿐만 아니라, 그는 "(내가) 필요하면 법은 없어도 된다(Necessity hath no law)"라고 서슴없이 말했다. 법에 의한 통치를 표방하고 집권을 했음에도 자신만이 옳다는 지나친 자기확신에 빠져 버렸다. 1655년에는 왕당파 반란을 계기로 독재를 더욱 강화했다. 특히 인간의 욕망을 극도로 제한하는 청교도 교리에 입각해 사회적인 풍기를 아주 강하게 단속했다. 음주, 성 풍속, 춤, 흥청거리는 분위기의 극장, 술집, 경마, 도박, 심지어는 당시 서민들의 가장 싸구려이자 무해無害한 즐거움인 곰싸움마저도 모두 금지시켰다. 또 성탄절 행사를 비롯한 모든 종교 행사와 계절마다 전국에서 벌어지는 각종 지방 축제도 금지하고 단속했다. 이후 다른 유럽 나라들과는 달리 영국에서는 종교적인 축제나 공휴일을 거의 찾아볼 수 없게 되었다. 영국에는 그냥 은행휴일Bank Holiday이라는 왜 휴일인지도 모르는 네 번의 휴일과 부활절, 성탄절 말고는 무언가 특별한 이유가 달린 휴일이 없다. 공항이든 무엇이든 영웅의 이름을 붙이지 않고, 휴일도 무엇을 대단하게 기념하는 이름이 붙은 휴일이 없다. 영국인들은 이렇게 뭔가를 특별하게 내세우고 기념하는 것을 진짜 싫어한다.

무자비한 독재를 뒷받침한 자들

크롬웰은 열성적인 추종자들을 이용해 절대왕정보다 더 무자비한 독재를 자행해 자신이 하고자 하는 일을 모두 자행했다. 광적인 추종자들은 그의 무오류를 추호도 의심없이 믿어 그런 독재가 가능하도록 전적인 지지를 했다. 이른바 청교도 원두당Puritan Roundhead으로 불린 이들의 광기 어린 행패는 1930년대 독일 히틀러 시대의 갈색 셔츠단 또는 1960년대 중국의 홍위병과 흡사했다. 이들은 떼로 몰려다니면서 자신들의 눈에 청교도 교리에 어긋난다고 보이는 모든 행위나 물건들을 신성모독desecration이라는 이유로 아무 법적 절차 없이 단속하고 파괴했다. 필요하면 신도는 물론 사제들에게까지 아무런 근거없이 자신들의 판단과 결정으로 린치를 가하고 처형도 했다. 특히 교회 내에 남아 있던 모든 가톨릭 상징이나 흔적을 파괴했다. 이때 피해를 당하지 않은 영국 내 성당은 거의 없었다. 특히 가톨릭이었다가 성공회로 바뀐 성당의 채색 유리 창문, 제단 난간, 성상, 성찬대 등도 모두 가톨릭 잔재이자 우상숭배라는 이유로 파괴됐다. 오르간도 부숴 버리고 그 목재 잔해로 성당에 불을 지르기도 했다. 2020년, 세계적으로 일어난 '흑인 생명도 귀중하다(Black Lives Matter)' 운동 와중에 영국에서도 대영제국 시절의 식민지 역사와 관련된 인물 동상을 철거하는 등 소동이 일어났다. 이러한 움직임이 당시 사례와 비교되곤 한다.

심지어는 성당 내 십자가나 성화도 우상이라고 파괴하고 불태웠다. 성당의 수백 년 된 문화재들이 무식한 원두당 졸병들에 의해 파괴됐다. 중국 홍위병들이 공자의 사당 같은 과거 유산을 파괴한 행태와 너무 닮아서 "홍위병을 사주한 중국 공산당 지도부가 영국 원두당의 역사를 배우지 않았느냐"는 말이 나왔을 정도다. 물론 원두당 당원들은 자신들의 행위를 정당하다고 여겼다. 한 원두당 기록에는 이런 대목이 있다. "이렇게 비도덕적이고, 끔찍한 가톨릭적인… 이는 소돔을 연상하게 하고 고모라의 상징이었다. 분명 그것보다 더했다."

인간은 이렇게 한번 독단적인 신조에 빠지면 세상 모든 사물이 그렇게 보이기 마련이다. 흡사 선글라스를 쓰면 세상의 색깔이 모두 일시에 변하듯이 말이다. 선글라스를 벗기 전까지는 아무리 옆에서 뭐라고 해도 그의 눈에는 분명 그렇게 비치니 다른 말이 들릴 리 없다. 완벽하게 눈에 보이는 대로 믿을 수밖에 없다.

크롬웰은 이런 원두당의 행패를 저지하지 않고 부추기기까지 했다. '신의 뜻을 거스른 가톨릭은 적그리스도'라고 여긴 크롬웰은 자비심을 가지지 않았다. 오히려 그 정도는 적당한 양념이라고 보고 원두당의 행패를 즐겼다. 크롬웰은 자신의 모든 생각과 결정을 신이 내린다고 믿고 행했다. 자신을 '신으로부터 영감을 받아 생긴 정치적인 예지력을 갖고 정부와 법과 사회를 개혁한 영웅'이라고 자처하기까지 했다. 그는 세상 모든 사람을 적과 동지로만 구분한 후 동지의 결속을 통해 적의 궤멸을 노렸다. 세상 모든 현상도 자신들에게 유리한지 불리한지만을 따져서 판단했다. 자신들에게 유리하면 영국과 영국인들에게도 이익이 되는 일이고, 그것이 바로 신의 뜻이라고 판단했다. 크롬웰은 사실 교리를 판단할 만큼 신학 공부를 제대로 하지도 않은 인물이다. 케임브리지 대학교를 1년 정도 다니다가 말았을 뿐인데도 불구하고 자신이 세상 모든 이치를 안다고 착각한 것이다.

크롬웰의 맹목, 독선, 아집은 결국 자신이 추구하던 개혁을 파괴하게 만들었다. 절대권력자 주변에 꼬이는 정치 모리배와 원두당의 무분별한 충성으로 인한 폐해가 크롬웰이 평생 걸려 만들다시피 한 공화국의 종언을 앞당기게 만들었다. 자신들만이 옳고, 자신들의 집권이 영원할 줄 알고 국민들을 일방적으로 밀어붙여 적으로 만든 탓이다. 모든 즐거움을 빼앗고 생활의 구석구석까지 간섭하고 강요하는 청교도들에게 국민들은 피로감과 염증을 느꼈고, 과거를 그리워했다. 결국 영국인들은 '왕의 귀환'을 열렬히 환영하게 되었다.

왕위 제안은 거절, 연봉은 155억 원?

크롬웰은 처음부터 자신을 '인민의 친구man of the people'로 포장하면서도 왕처럼 행세했다. 왕으로 즉위하라는 주위의 빗발치는 권유를 거절하고 끝까지 호국경을 자처했지만 호칭만 달랐을 뿐 1653년 웨스트민스터 사원에서 왕의 대관식 못지않을 정도로 화려한 호국경 수여 행사를 치렀다. '왕 전하Royal Highness'라고만 하지 않았을 뿐이지 자신을 '전하Highness'라고 부르게 했다. 또 현재 금액으로 1035만 1720파운드(약 155억 2700만 원)에 해당하는 엄청난 돈을 연봉으로 받았다. 그러고 보면 크롬웰은 현대에 가져다 놔도 결코 어색하지 않은 뛰어난 대중 정치가였다. 군중들을 흥분에 몰아넣는 언변은 휘하 조직을 철저하게 통제하는 능력도 가졌다. 물론 군대를 조직하고 강하게 훈련까지 시켜 결국 시민전쟁을 승리로 이끄는 문무를 모두 갖추었다. 거기다가 왕으로 즉위해도 전혀 문제 없을 상황에서도 결코 왕을 자처하지 않았다. 왕보다 더한 권력을 가졌음에도 불구하고 호국경으로 포장해 신민들로 하여금 겸손하다는 칭송을 하게 만들었다. 현대 정치인 못지않게 대중들에게 비치는 자신의 이미지에 신경을 썼다는 뜻이다.

크롬웰의 도를 넘는 독재를 지켜보던 의회가 1657년 '미운 놈 떡 하나 더 준다'는 식으로 왕이 되기를 권했지만 그는 6주를 고민하다가 결국 거절했다. 국민들이 원한다면 왕이 되는 길이 국가를 위해 좋은 일이 아닌지, 그렇게 되면 의회를 보다 더 효율적으로 통제할 수 있지 않을지 고민했다고 했지만 자신을 보다 멋지게 포장하기 위해 고민하는 척했다고 영국 사가들은 말한다. 그러고는 결국 왕위 제안을 거절했다. 왕이 되기 위해 왕을 죽인 사람이라는 인상을 주지 않으려는 이유였다. 거기다가 자신의 몰락을 바라는 의원들이 왕으로 만들어 놓고 '결국 왕이 되고 싶어 혁명을 했다'는 여론을 형성해 흔들려는 속셈을 알아챘기 때문이기도 하다. 이렇게 왕이 되지 않고 버틴 덕분에 크롬웰은 지금도 영웅이냐 악한이냐는 논쟁의 대상이 되었다. 크롬웰을 옹호하는 사가들은 끝까지 왕이 되지 않은 사실을 가장 큰 이유로 든다. 또 시민전쟁을 시민혁명이라고 명명할 정도로 정통성을 인정받는 이유 역시 그가 왕위를 마다하고 호국경을 고집하는 기막힌 술수를 썼기 때문이다. 이처럼 많은 논란을 낳은 독재자 크롬웰도 1658년 말라리아와 담석증으로 59세의 나이로 사망한다.

크롬웰의 11년간의 공화정 실험 덕분에 영국인들은 이후 역사에서 신정국가나 군정국가에 대한 어떤 미련도 가지지 않았다. 그리고 어떤 세력이든지 지나친 권력을 가지는 것을 엄청나게 경계하게 되었다. 그뿐만 아니라 일개 개인이 아무리 훌륭하고 위대해도 절대자로 숭배하거나 영웅시하는 걸 극도로 혐오한다. 절대권력을 가졌다고 자만해서 상대방을 인정하지 않고 독재를 하면서 국가와 국민을 오로지 자신이 옳다고 믿는 쪽으로만 끌고 간 크롬웰의 실험은 왕의 귀환을 환영하는 국민들 앞에서 허무하게 끝나 버렸다. 평생을 추구해 온 청교도 공화국 이상향은 겨우 11년을 버티다가 크롬웰이 죽은 지 채 2년이 안 되어 무너지고 말았다. 크롬웰의 아들 리차드 크롬웰은 호국경 자리를 물려받은 지 9개월이 채 안 되어 자신의 능력으로는 더 이상 공화국을 끌고 갈 자신이 없음을 느꼈다. 또 신민들의 정서가 왕정복고를 원한다는 사실을 재빨리 파악하고, 권력을 자신의 추밀원Privy Council에 물려주어 공동 집권을 하게 했다. 그 후 1년 뒤, 프랑스에 망명해 있던 자신의 아버지가 죽인 찰스 1세의 아들 찰스 2세를 불러들여 왕정을 복원시켰다. 그리고 자신은 프랑스로 망명을 가서 가명을 쓰며 유럽을 여행하다가 20년 뒤 영국으로 돌아와 85세까지 평화롭게 살았다. 리차드 크롬웰은 자신의 능력을 알고 현명한 판단을 한 덕분에 편안하게 천수를 누렸다.

그래서 지금도 영국의 공화파들은 크롬웰의 어설프고 섣부른 공화정 실험으로 인해 영국이 프랑스 같은 공화국이 될 기회를 영원히 놓쳤다고 통탄한다. 그래서 이들 공화파는 오히려 크롬웰을 자신들의 영웅으로 받아들이지 않고, 영원히 공화국이 못 되게 하여 영국을 망친 설익은 무모한 모험가라고까지 심하게 평가 절하한다. 만일 크롬웰의 실험이 없었으면 영국도 왕정제를 폐지하고 일찍 공화정이 되었을 거라고 한탄하면서 말이다.

그러나 크롬웰을 아직도 민권의 선봉자, 의회의 수호자로 여기는 사람들도 많다. 특히 영국 의회는 논란의 크롬웰을 자신들의 수호자라고 여겨 의사당 마당의 제일 잘 보이는 곳에 동상을 세워 놓았다. 그 위치가 아주 수상하다. 크롬웰이 바로 바라볼 수 있는 성 마거릿 성당 벽에 바로 자신이 목 자른 찰스 1세의 두상이 달랑 부착되어 있다니 수상하지 않은가? 더군다나 성 마거릿 성당은 평민성당이라 일

왕실 성당 웨스트민스터 사원 경내의 서민 성당 성 마거릿 성당.

컬어진다. 거대한 왕의 성당인 웨스트민스터 사원 옆 귀퉁이에 있는 조그만 성당이다. 그 벽에 찰스 1세의 머리를 붙여 놓고 그걸 크롬웰이 언제까지나 감시하듯 쳐다보고 있다는 사실이 놀랍지 않은가? 물론 다른 의견도 있다. 찰스 1세 두상은 크롬웰을 바로 바라보고 있지만 크롬웰 동상은 고개를 숙이고 있다. 그래서 크롬웰이 미안해서 시선을 피하고 있다는 식으로 해석도 한다. 크롬웰 지지자들에 의해 크롬웰 동상이 세워지고도 60년 뒤에 찰스 1세의 두상이 지지자들에 의해 붙여졌으니 차라리 후자의 해석이 더 그럴듯하긴 하다.

이렇게 역사는 과거만이 아니고 내일을 위해 현재에 존재하기 위해서는 선한 해설자가 필요하다. 크롬웰의 시험이 무슨 의미인지는 두고두고 토론해 보아야 한다.

마거릿 대처는 영국 최초의 여성 총리이자 최장수 총리다.
강경한 정치적 태도로 '철의 여인'이라 불렸고,
대처가 영국 경제를 살리기 위해 추진했던 정책은
'대처리즘'이라는 이름이 붙었다.

두 얼굴을 가진 철의 여인,
마거릿 대처

2013년 4월 마거릿 대처 전 영국 총리의 장례식을 두고 벌어지는 논쟁을 보면서 '유명인은 되기도 어렵지만 죽어서 잘 묻히기도 어렵구나' 하는 생각을 했었다. 영국 최초의 여성 총리이자 총선에서 세 번이나 승리한 11년 최장수의 총리였으니 그녀의 죽음이 뉴스의 중심이 되는 것은 너무나 당연하다. 하지만 장례식 문제로 이 정도 논란이 일어날 줄은 몰랐다. 한편에서는 국장國葬을 거절한 대처의 유언이 평소 대처의 깔끔한 성격과 잘 맞는다는 말을 했다. 하지만 데일리메일을 비롯한 우파 언론은 대처 같은 국가적 영웅을 '제대로 갖춰 보내지(proper send-off)' 않는다고 국장을 하자는 서명 운동을 벌이기도 했다.

당초 영국 정부는 4월 17일 런던 세인트폴 성당에서 치러질 대처의 장례식을 국장state funeral으로 치를 계획이었으나, 장례식 비용을 낭비하지 말라는 고인의 유지와 일부 여론을 고려해 국장에 거의 준하는 '추모 장례식ceremonial funeral'

예를 갖춰 옮겨지는 마거릿 대처의 관.

으로 한 단계 격을 낮추었다. 그러나 실제 치러진 장례식은 이름만 국장이 아니지 격이 전혀 떨어지지 않는 완벽한 국장이었다. 반면 정말 가까운 측근들은 "대처는 어쩌면 국장보다 가족장을 마음속으로 원했을지도 모른다"는 말도 했다. 의식이니 격식이니 하는 법석을 피해 자신의 죽음을 마음으로 진정 슬퍼하는 가족과 측근 사이에서 조용히 영면하고 싶었으리라는 말이었다.

여왕이 전통을 깨고 국장이 아닌 장례식에 참석하는 문제도 논란이었다. 일부 전통주의자들은 비록 전 총리이긴 해도 일개 민간인의 장례식에 여왕이 참석하면 격에 맞지 않는다고 불평했다. 영국의 국가수반head of state은 여왕이고 정부수반head of government은 총리이므로 둘의 관계는 미묘하다. 영국의 정치역학 관계로 보면 가깝고도 멀어야 하는 관계다. 아무리 총리라고 해도 그동안 윈스턴 처칠의 장례식 딱 한 번을 제외하고는 어떤 총리 장례식에도 여왕이 참석하지 않았다. 여왕 자신이 정말 좋아해 반드시 참석하고 싶어 했던 벤저민 디즈레일리(1804~1881) 총리의 국장에도 친필 서한과 화환을 보내는 선에서 그쳤다. 그런데 대처 장례식의 경우, 이런 전통을 깨고 국장이 아닌데도 여왕이 참석을 한다니 설왕설래가 없을 수 없었다. 여왕의 대처 장례식 참석 이유에 대해 누구도 분명한 설명을 하지 않았지만 '국민의 따가운 시선을 감안한 듯하다', '신에서 인간으로 내려오는 제스처' 등 다양한 해석이 나왔었다.

여왕처럼 군림한 총리

누가 내게 영국 역사에서 가장 유명한 여왕 세 명을 들라면 엘리자베스 1세와 엘리자베스 2세, 그리고 감히 '무엄하게도' 대처 전 총리를 들고자 한다. 엘리자베스 1세는 정말 어렵게 여왕의 자리에 올랐다. 세 살 때 생모 앤 불린이 생부 헨리 8세에 의해 처형당하는 불행을 겪으며 여왕이 되던 25세까지 22년의 긴 세월 동안 외줄에서 생사의 줄타기를 했다. 따라서 엘리자베스 1세는 '그냥 아버지로부터 왕좌를 물려받은 여왕'이 아니라, '어렵게 목숨을 걸고 자신이 쟁취해서 보좌에 오른 총리 같은 여왕'이라고 평할 수 있다. 또 당시 유럽의 다른 절대 왕조의 왕들과는 달리 신민들의 여론에도 무척 신경을 썼다는 이유로 '중세판 선출직 총리와 같은 여왕이었다'는 말을 듣는다.

거기에 비해 엘리
자베스 2세는 곱게
왕위에 올랐다. 아프
리카 방문 때 나무 위
에 사는 한 종족의 집
에 올라갔다가 선왕
의 부음을 받았고, 그
래서 나무에서 여왕

연설 중인 마거릿 대처.

의 신분이 되어 내려왔다. 그래서 '나무 위에서 왕위를 물려받은 여
왕'이라는 별칭이 따라붙는다. 과거와 달리 현대에서 왕위를 유지하
기란 정말 어렵다. 왕이라고 무엇 하나 봐주지 않고 있는 사실 없는
사실 미주알고주알 다 보도하는 언론부터 왕위 폐지를 주장하는 왕
정폐지 운동가, 좌파 정치인, 세금 도둑이라고 비판하는 국민에 이르
기까지 매일이 좌불안석이고 가시방석이다. 그래서 엘리자베스 2세
여왕은 '선출된 총리보다 더 어렵게 왕권을 유지한 여왕'이라 불러
마땅하다.

이런 두 여왕의 처지와 빗대어 보면 대처는 '선출된 여왕'이었다.
영국의 총리를 나타내는 영어 단어 'prime minister'를 풀어보면 '장
관minister들 중에서 수석prime'이라는 말이다. 그래서 우리 식의 총
리라는 명칭보다는 우두머리를 뜻하는 수首, 장관을 뜻하는 상相을
합친 수상이 더 정확한 해석이다. 영국 총리는 엄밀히 말하면 왕권국

가의 집사장 같은 역할이다. 명목상으로는 왕의 일을 처리하는 장관들 중에 좌장일 뿐 그 이상도 이하도 아니다. 영국 국민은 대통령 중심제 국가처럼 총리에 투표하지 않는다. 자기 지역구 하원의원에 투표하면 그 의석이 모여, 하원 의석 650석 중 과반을 차지한 당의 대표가 총리가 되는 내각책임제다. 총리도 하원의원의 한 명에 불과하다. 그래서 총리는 비록 집권 여당의 대표이고 행정부의 수반이긴 하지만 내각을 이끌며 팀플레이를 당연히 해야 한다.

대처는 이런 총리에 대한 관념을 깨뜨려 버렸다. 내각 내의 팀플레이를 무시했고 대통령과 같은 권한을 휘둘렀다. 그래서 영국 언론들은 총리prime minister와 대통령president을 합친 것 같다고 해서 대처를 '수석대통령prime president'이라 불렀다. 측근들이나 고위 공직자, 기관장들에게 엄청나게 혹독한 상관이었다. 제대로 회의 준비를 안 해 오거나 보고서가 시원찮으면 그 자리에서 특유의 쇳소리 나는 목소리로 앙칼지게 야단쳤고, 그보다 약한 경우는 눈을 흘겼다. 여왕처럼 군림했고, 결국 근신들에 의해 궁내 반란이 일어나 쫓겨나는 여왕처럼 물러났다. 그래서 그녀를 '선출된 여왕'이라 부르고자 한다.

스탈린의 눈과 마릴린 먼로의 입

전 프랑스 대통령 프랑수아 미테랑은 대처를 '스탈린의 눈과 마릴

지폐에 그려진 스탈린과 우표 속 마릴린 먼로의 모습.

린 먼로의 입'을 가졌다고 했다. 정말 그녀에게는 두 개의 이미지가 있다. 무엇보다 그녀의 눈이 주는 이미지가 그렇다. 대처의 얼굴을 가만히 보면 눈이 짝짝이다. 오른쪽 눈은 날카로워 보이고 왼쪽 눈은 부드럽다. 그래서인지 부드러운 어머니 모습과 세상을 바꾸는 철의 여인의 모습이 동시에 보인다. 아들의 셔츠를 손수 빨아 반듯하게 다림질까지 해 주는 인자한 어머니의 모습과, 아일랜드공화국군IRA의 무장 군인들 중 테러로 수감된 수인들이 단식으로 열 명이나 죽어 나가도 눈 하나 깜짝하지 않는 총리의 모습이 동시에 존재한다. 그녀의 목소리 또한 아주 카랑카랑한 쇳소리가 나고 딱딱 부러지는 듯한 강함이 있다. 하지만 말하는 스타일은 음의 높낮이가 있어 부드럽고 아리따운 여인이 곧 간이라도 내어 줄 듯이 간드러진다.

그녀는 자신이 크게 성공했기over achieved 때문인지 성공 못한 under achiever 사람들을 이해하지 못했다. 내각 동료(대통령제의 각료라기보다는 같은 하원의원이니 동료가 맞다)들을 통치한 수단인 공포는 결국 공포를 넘어 증오로까지 발전했다. 대처는 동료 의원들 사이에서도 인기가 없어 친한 의원도 없었고, 결국 마지막에는 측근 각료들마저 그녀에게서 등을 돌렸다. 대처는 자신이 하는 일이 국가를 위해 옳은 일이라 믿었고, 측근과 동료들이 자신과 같은 애국심과 열정을 가지고 같은 방향으로 가는 배를 탔다면 자신이 아무리 험하게 다뤄도 이해하리라 믿었다. 그러나 가장 가까운 오른팔이던 제프리 하우 부총리마저도 그런 그녀를 이해하지 못했다. 그가 유로화 관련 이견으로 사임하면서 들어올린 '배반의 불'은 영원히 흔들리지 않을 듯했던 대처호의 침몰을 알렸다. 당시 인두세poll tax라 불리던 주민세 community charge 법안이 워낙 인기가 없자, 영국 최초의 여성 총리이자 최장기 총리가 최초로 집권 중 밀려나는 불명예를 당했다. 자신이 전임 대표 히스를 몰아낼 때 들고나왔던 '귀 기울이는 지도자'가 자신이 되지 못한 결과로 동료 보수당 국회의원들의 손에 의해 권좌에서 끌려 내려왔다.

취미는 정치, 친구는 남편

가족은 대처의 이런 불행을 예상했었는지 모른다. 특히 남편 데니스는 아내의 총리 취임 10년이 되는 해에 '은퇴하라'고 권했다. 대처가 말을 듣지 않자 옆의 딸 캐롤에게 "1년 내에 믿지 못할 정도로 인기가 떨어진다"라고 예상했는데, 1년 반만에 그런 일이 실제 일어났다. 결국 그녀는 "내가 들어오던 11년 반 전에 비해 훨씬 좋은 영국을 남기고 갈 수 있어 행복하다"는 말을 남기고 철의 여인답지 않게 정치생활을 하면서 한번도 보이지 않던 물기로 붉어진 눈을 하고 다우닝가를 떠났다. 그래도 퇴임하는 순간 다우닝가 앞에서 차를 타는 대처 옆에는 남편이 있었고, 차문을 잡고 있는 건 아들 마크였다.

대처가 취미가 없다는 사실은 유명하다. 같이 한담을 나누거나 식사를 함께할 친구나 친지마저 없었다는 것도 잘 알려져 있다. 그녀에게 있어 취미는 오직 정치였고 친구는 남편 데니스 뿐이었다. 남자들이 대종을 이루는 험한 정치 세계에서 살아남기 위해서는 누구보다 더 열심히 일해야 했고 누구도 믿을 수 없었다. 개인적인 관계를 맺을 수도 없었고 맺으려 하지도 않았다. 그래서 대처는 재임 중이든 은퇴 후든 오직 汚職이나 돈 관련으로 한 점의 오점도 남기지 않았다. 그런 면에서는 정말 철두철미하고 심하다고 할 정도로 자기 관리와 주변 관리에 철저했다.

대처에게는 세상 사람들은 '자신이 이용할 사람'과 '자신을 이용할 사람' 두 종류밖에 없었다. 그런 인간관계에서 그녀의 유일한 탈출구는 가족이었다. 대처의 일생에 있어 아버지, 남편, 아들 세 남자는 중요했다. 특히 남편 데니스 대처와 아들 마크는 스트레스 많은 정치 세계에서 쓰러지지 않고 그녀를 버티게 만든 두 개의 기둥이었다. 두 기둥은 용도가 달랐는데, 데니스는 그녀가 기댈 수 있는 '바위rock' 였고 마크는 자신이 사랑을 줌으로써 긴장을 풀 수 있게 만드는 '해독제antidote'였다. 본인의 말이다.

대처는 자서전에서 남편 데니스에 대해 이렇게 말했다.

"데니스가 옆에서 도와주지 않았다면 11년 동안의 총리직을 도저히 수행할 수 없었을 것이다."

"데니스의 기막히게 예리한 충고는 큰 도움이 되었고, 그 충고를 나 말고는 아무도 모르게 했다. 내가 힘들어서 아주 바보스러운 짓을 생각할 때에도 그와 한참 이야기하고 나면 제정신을 차릴 수 있었다."

데니스는 대처의 총리 재임 11년간 한 번도 기자들과 인터뷰한 적이 없다. 그는 자신의 위치에 대해 "나는 이 세상에서 가장 위대한 여인과 결혼했고, 내가 할 수 있는 일은 사랑과 충성이라는 아주 작은 것밖에 없었다"라고 아주 겸손하게 이야기했다.

데니스는 철저한 '대처주의자'였다. 성공한 기업가였으면서도 자신의 타고난 좋은 자질을 영국 최초의 여자 총리가 되는 부인을 위해 숨기고 희생했다. 1990년 대처가 사임하고 한 달 뒤, 데니스는 2

차 대전 참전 공로로 남작 작위를 받았다. 데니스에게 주어진 작위는 아들에게 물려줄 수 있는 세습작위로 1964년 이후 왕족이 아닌 경우로는 처음이었다. 그래서 대처는 자작부인으로 불리게 됐다. 그리고 2년 뒤 대처 역시 하원에서 은퇴하면서 자신의 공적으로 남작 작위를 받았다. 부부가 각자 힘으로 작위를 받은 아주 드문 경우다. 그래서 대처는 '남작baron'과 '남작부인baroness'을 동시에 가진, 영국뿐만 아니라 유럽 역사에서도 보기 드문 귀족이 되어 상·하원 의원을 모두 해 봤다.

대처와 남편 데니스의 관계는 영국이 가장 빛나던 시절의 대영제국 빅토리아 여왕과 남편 앨버트 공 사이와도 견줄 수 있다. 70년간 재위한 엘리자베스 2세 여왕 다음으로 64년이라는 오랜 기간 동안 재위를 누린 빅토리아 여왕은 앨버트 공을 보내고 상심한 나머지 거의 10년간을 외부와 단절하고 살았다. 그래서 빅토리아 여왕의 초상화와 사진은 검은 상복을 입고 있는 경우가 많다. 그만큼 깊이 사랑했기 때문에, 남편을 잃자 충격을 받았다는 뜻이다. 대개 정략결혼을 하기에 진정한 사랑을 한 경우는 극히 드문데, 빅토리아 여왕과 앨버트 공의 경우는 정말 특이했다. 앨버트 공이 죽고 거의 10년 동안 은둔생활을 하던 빅토리아 여왕은 1869년 런던 템스강 블랙프라이어 브리지가 개통했을 때 모습을 드러냈다. 그 당시 연변沿邊의 런던 시민들이 유난을 떤다고 야유를 할 정도로 대단한 사랑을 했다.

엘리자베스 2세도 자신이 업무를 수행하는 데 남편 필립 공이 가장 큰 공헌을 하고 있다고 공개적으로 이야기했다. 다섯 살 연상인 필립 공이 먼저 죽으면 엘리자베스 여왕도 아주 큰 상처를 받을 것이라고 사람들은 걱정했다. 그러나 2021년 필립 공이 먼저 세상을 뜬 후에도 여왕은 거인처럼 공식 일정을 중단 없이 꿋꿋하게 치르는 모습을 보여 주었다.

그러나 대처는 2003년 데니스가 죽고 나서 심각한 충격을 받았다. 1990년 총리 자리를 내놓고 2년간 더 평하원의원backbencher으로 의석을 지키는 등 왕성한 활동을 하던 대처는 남편이 사망하자 건강이 급작스럽게 나빠졌다. 이후 10년간 제대로 회복을 하지 못하다 2013년 결국 치매를 극복하지 못하고 세상을 떠났다. 버팀목이 사라지자 거목도 같이 쓰러져 버린 셈이다.

데니스에 비해 아들 마크는 대처의 속을 새카맣게 태운 적이 한두 번이 아니다. 사하라 사막을 종단하는 '죽음의 자동차 경기' 다카르 랠리에 참가했다가 실종되기도 했고, 2004년 아프리카 적도 기니 쿠데타 사건에 연루되어 재판을 받고 유죄 판결과 4년의 집행유예를 받기도 했다. 대처가 "데니스가 살아 있지 않아서 저런 모습을 안 보게 돼 다행이다"라고 할 정도였다. 마크는 쿠데타 사건에 연루됐다가 석방된 후 가족이 살고 있는 미국행 비자가 거절되어 어머니 집에서 살기도 했는데, 대처는 아들이 먹고 살지 못할까 봐 걱정을 많이 했다. 2002년 미국의 외교전문지 '포린 폴리시'는 마크를 김정

일의 아들인 김정남과 함께 '최악의 아들'로 선정하기도 했다. 하지만 이렇게 사고를 치고 다녀도 마크에 대한 대처의 사랑은 식을 줄 몰랐다.

마크 대처의 두 번째 부인은 영국 상류층 집안 출신 사라 제인 러셀이다. 그녀의 아버지는 영국 귀족들의 전형적인 사업인 부동산 개발 및 임대업으로 돈을 번 거부다. 그녀는 한국과의 인연으로 주목을 받기도 했다. 그녀는 영국 유력지 소유주 데일리 메일 회장이고 로이터 통신까지 소유했던 로더미어 3세 자작 뷔어 함워스의 부인인 재일동포 출신 이정선씨의 며느리와 자매간이다. 즉, 이정선씨의 며느리가 마크의 두 번째 부인과 자매간이라는 말이다. 이정선씨는 런던 필하모니아 오케스트라와 가수 조용필 씨를 소록도에 초대해 한센

2007년 5월, 공식 석상에서 마거릿 대처의 모습.

병 환자들을 위한 무료 공연을 열어 한국에도 알려졌다. 또 그녀는 템스강변의 영국군의 한국전 참전비 건립에도 크게 기여를 했고 한국 관련 행사에는 항상 참석한다.

영국을 흔든 거인의 마지막

대처의 마지막 몇 년은 일반적으로 알려진 것보다 훨씬 더 참혹했다. 돈도 생각보다 많지 않아서 데니스가 살아 있을 때부터 돈 걱정을 많이 했다. 마지막까지 살던, 버킹엄궁에서 멀지 않은 체스터스퀘어의 집도 장기 임대 주택이었다. 대처는 은퇴 후 수입으로 간신히 구입해서 아들에게 물려주었다. 은퇴 후 총리의 수입원은 주로 강연이다. 토니 블레어는 은퇴 총리 중 강연 수입이 제일 높아 엄청난 재산을 모았다. 그러나 대처는 돈을 준다고 해서 아무 곳이나 가지 않았고 아무리 돈을 많이 주어도 자신의 뜻이 맞이 않는 장소에서는 강연도 하지 않았다. 그래서 보기보다는 수입이 별로 많지 않았다.

대처가 사망한 후 들리던 이야기에 따르면, 아들에게 물려주는 집을 조세회피 지역에 있는 역외권 재단이 소유하는 식으로 등록해 상속세를 피했다고 한다. 그로 인해 대처는 언론의 지탄을 받았다. 결국 못난 아들이 못내 못 미더워 사후에도 보살피려는 어머니의 눈먼 자정慈情 때문에 지독한 결벽증이라고 할 정도로 깔끔했던 일생에 유일한 옥의 티를 만든 셈이다. 은퇴 시점에는 돈도 많았고 수입도 많았지만 나가는 돈이 워낙 많다 보니 감당이 되지 않았다. 특히 대처가 아프고부터는 외부 활동을 못해 강연 수입도 줄어들어 24시간 보살피는 간병인 월급 주기도 힘들어했다. 정말 불쌍한 사실은, 말년의 대처는 귀가 어두웠는데도 불구하고 보청기도 사용하지 않아 사람들에게 무시당하고 고통을 당했다는 점이다. 그런데 언제부턴가 보청기 없이도 다른 사람의 말을 잘 알아듣기 시작했는데, 그 이유가 남의 입술을 읽는 방법을 터득했기 때문이라고 한다. '거인'이 불쌍하게도 눈치 보는 아이처럼 처절한 생존법을 터득한 셈이다.

원래 동물을 좋아하던 대처는 동물을 싫어하던 남편이 죽고 나자 개를 키웠다. 대처는 '마빈'이라고 이름 붙인 개를 어디든 데리고 다녔다. 하지만 병원에 입원했다 돌아온 후로는 자기 집에 개가 있는지도 몰랐다고 한다. 2005년 당시 총리 토니 블레어와 여왕까지 참석한 80세 생일 파티가 집에서 멀지 않은 오리엔탈 만다린 호텔에서 열렸을 때, 대처는 주어진 연설을 기가 막히게 했다. 하지만 가까이 있는 사람들이 볼 때 대처는 무슨 일이 벌어지고 있는지 제대로 모르는 듯했다고 한다. 당시 여왕이 대처의 손을 잡고 입장하는 모습을 카메라가 잡았는데, 나란히 손을 꼭 잡고 걷는 두 거인의 다정한 모습은 정말 아름다운 작품이었다. 대처가 권력에 있을 때는 서로 경계를 했다고 전해졌지만, 이 사진 이후 두 사람 사이가 거북했다는 말은 어디론가 사라진 듯했다.

퇴임 후 거창하게 시작됐던 '대처재단'마저도 이젠 사람들에게서 잊혀졌고, 현재는 수입도 없는 상태에서 거의 활동이 중단됐다. 대처의 사망이 전해진 후 그녀의 체스터스퀘어 집 앞에는 총을 든 경관도 볼 수 없었고 불만 환하게 켜져 있었다. 사람의 출입은커녕 인기척도 들리지 않는 집 앞에 그녀의 안식을 비는 사람들이 가져다 놓은 꽃다발 몇 개만 놓여 있을 뿐이었다. 그 화환에 꽂힌 '철의 여인! 평화의 안식을(Iron lady! Rest in peace!)'이라는 문구는 영국 신문에 실린 사진 속 문구인 '철의 여인? 평화 속에 녹슬어라(Iron Lady? Rust in peace!)'는 낙서와 대비되며 만감이 교차했다. 대처는 정말 이렇게 '사랑과 증오는 받았어도 무시는 당하지 않은(loved, loathed but never ignored)' 주인공으로 인생의 막을 내렸다.

핫하고 힙한 영국

1판 1쇄 인쇄 2022년 10월 15일
1판 1쇄 발행 2022년 10월 20일

지은이 권석하
펴낸이 이윤규
사진 권석하, 셔터스톡(Shutterstock)

펴낸곳 유아이북스
출판등록 2012년 4월 2일
주소 (우) 04317 서울시 용산구 효창원로 64길 6
전화 (02) 704-2521
팩스 (02) 715-3536
이메일 uibooks@uibooks.co.kr

ISBN 979-11-6322-078-7 03920
값 16,800원